하룻밤에 읽는 종교개혁 이야기

Rescuing the Gospel

Copyright © 2016 by Erwin Lutzer
Originally published in English under the title
Rescuing the Gospel: The Story and Significance of the Reformation by Baker Books,
A division of Baker Publishing Group
P.O. Box 6287, Grand Rapids, MI 49516, U. S. A.
All rights reserved.

Used and translated by the permission of Baker Publishing Group
through rMaeng2, Seoul, Republic of Korea.
This Korean edition copyright © 2017 by DMI Publishing, a division of SarangPlus,
Seoul, Republic of Korea.

이 한국어판의 저작권은 알맹2 에이전시를 통하여 Baker Books와 독점 계약한 (사)사랑플러스에 있습니다.
신저작권법에 의하여 한국 내에서 보호받는 저작물이므로 무단 전재와 무단 복제를 금합니다.

하룻밤에 읽는
종교개혁
이야기

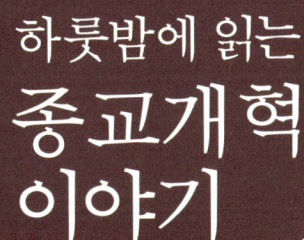

어윈 루처 지음

손현선 옮김

国제제자[훈련원]

신앙의 옹호자,
복음을 사랑하는 사람,
신실한 벗,
존 앵커버그에게

"성도에게 단번에 주신 믿음의 도를 위하여 힘써 싸우라"(유 1:3).

이 말씀대로 우리를 섬기는 삶으로 부르신
하나님께 감사드립니다.

추천의 글

우리는 복음 외에 세상의 부질없는 것에 많은 관심을 쏟고 있지만, 종교개혁자들은 복음 외에는 아무것도 알기를 원치 않았다. 본서는 500년 전, 종교개혁의 의미를 복음의 회복에 두고 그것을 위해 자신의 생명과 생애를 바친 주인공들의 감동적인 스토리를 드라마틱한 전개와 수려한 필치로 써내려간 종교개혁의 원(原) 보고서이다. 이 책은 종교개혁을 기념하는 해를 맞이하여 이 시대를 살아가는 하나님의 백성에게 주는 최상의 선물이며, 우리를 500년 전의 그 현장으로 데리고 가는 놀라운 타임머신과 같다.

− **전광식**, 고신대학교 총장

이 책은 종교개혁 500주년을 맞아 유럽 종교개혁 유적을 탐방하려는 독자들에게 최적화된 안내서이다. 루터, 츠빙글리, 칼빈, 재세례파의 활동을 난해한 신학적 쟁점을 끌어들이지 않고 비교적 평이하게 소개했다. 루터가 종교개혁자로 등장하게 된 배경과 분투, 그의 영적 순례를 서술하는 데 많은 지면을 할애했고, 종교개혁의 유산이 오늘날까지 유효한지를 질문하고 거기에 응답하는 데 심혈을 기울였다. 이들이 활동했던 도시들을 파노라마처럼 보여주는 사진 및 도상(圖像) 자료는 독자들에게 이 유적지를 직접 답사해보도록 유혹한다.

저자는 16세기 종교개혁이 단지 회고로 끝날 박물관 속 역사가 아니라 교권주의와 형식적 번문욕례에 감금된 예수 그리스도의 복음을 구출한 위대한 은혜의 역사임을 시종일관 강조한다. 지금도 맘몬주의와 여러 세속 이데올로기에 여전히 갇혀 있는 복음을 구출해내는 데 동참하도록 우리를 초청하고 있다.

− **김회권**, 숭실대학교 기독교학과 교수

종교개혁에 관한 책 중에 이처럼 지루함을 느낄 겨를도 없이 단숨에 읽어버린 책은 없었던 것 같다. 저자는 교인의 눈높이에 맞추는 탁월한 전달력을 갖춘 목회자답게, 종교개혁의 복잡다단한 역사를 독자들의 머릿속에 쏙쏙 들어가게끔 정리하여 핵심을 정확히 짚어준다. 아주 쉽고 간명하게, 꼭 알아야 사안이 빠짐없이 들어가 있다. 종교개혁이 역사적 변혁의 큰 원동력이 되는 데 결정적으로 기여한 인물과 사건들 그리고 종교개혁의 핵심 논쟁들을 놓치지 않고 추적했다. 개신교인이라는 우리의 정체성을 빚어낸 역사의 큰 흐름을 그 발원에서부터 탐색한 것이다.

결국, 이 책은 지금의 우리를 만든 스토리 속으로 독자를 안내한다. 그리하여 우리가 얼마나 숭고한 희생으로 이룩한 터전 위에 서 있는지, 그 진귀한 유산이 얼마나 놀라운지를 깨닫게 한다. 종교개혁 500주년을 맞아 그 역사적 의의를 되새기기 원하는 모든 이에게 이 책은 독서의 즐거움을 선사할 것이다.

— **박영돈**, 고려신학대학원 교의학 교수

어윈 루처는 이 책에서 독자들이 쉽게 이해할 수 있는 방식으로 종교개혁과 관련된 기본적인 사건과 가르침을 추적하고 있다. 이 작지만 알찬 입문서는 종교개혁이 이 시대에도 여전히 중요함을, 그리고 왜 중요한가를 일깨워준다. 종교개혁의 큰 흐름과 그 위력적이고 성경적인 가르침을 더 많이 알고 싶은 사람들은 이 책에서 큰 유익을 얻을 것이다.

— **조엘 비키**, 퓨리턴 개혁신학대학원 총장

500년이라는 시간적 거리로 인해 우리는 종교개혁의 혁명적 반향에 관한 감각이 무뎌졌다. 그래서 난 명징하고 진솔한 이 책이 참 고맙다. 위클리프, 후스, 루터와 같은 이들의 용기로 잉태된 신학과 역사를 통해 자기 생각을 갱신하고 나아갈 바를 분별할 수 있을 것이다. 오늘날에도 여전히 순전한 복음 메시지의 선포가 필요하다. 이 책은 그 목적을 위해 우리를 부르고, 바로잡고, 도전한다.

— **폴 니쿼스트**, 무디 신학교 총장

우리는 종교개혁자들에게 믿기 힘들 만큼의 신학적 부채를 지고 있음을 인정할 수밖에 없다. 종교개혁 500주년을 맞아 어윈 루처는 왜 종교개혁이 서구 역사에서 가장 의미심장한 사건인지, 그리고 왜 오늘날 교회를 향해서도 여전히 중요한 교훈을 담고 있는지를 일깨워준다. 루처가 이 책에서 제시하듯이 루터, 츠빙글리,

칼빈의 신학적 신념은 이 시대 많은 개신교 강대상에서 선포하는 물 탄 복음에 대한 해독제로 재발견되어야 한다. 이 책은 그들의 삶과 사역, (가장 중요하게는) 신학을 당신에게 소개하고 있다.

— **앨버트 몰러 Jr.**, 미국 남침례신학대학원 총장

역사로부터 배우지 않는 민족과 개인은 필연적으로 그 역사를 되풀이할 수밖에 없다. 저자가 쓴《하룻밤에 읽는 종교개혁 이야기》와 함께 개혁기 이전과 종교 개혁기를 관통하는 경이로운 역사 여행을 함께 거친다면 복음, 하나님 은혜, 교회, 종교의 자유에 관해 무엇을 알아야 할지 분명히 깨닫게 될 것이다. 어윈 루처는 과거 역사의 결정적 시기에서 우리가 배워야만 하는 것을 풍성한 정보와 흥미진진한 방식으로 제시하고 있다. 이런 주제에 관해 수많은 견해가 난무하는 이 시대에 정말 중요한 화두를 던졌다.

— **데럴 보크**, 댈러스 신학교 신약학 선임연구교수

종교개혁 500주년을 맞아 관련 서적이 참 많이 나왔다. 하지만 이 책만큼 영적 민감성과 신학적 깊이, 역사적 정확성을 두루 갖춘 책은 찾기 힘들다. 마르틴 루터가 비텐베르크에서 대담무쌍한 행보를 보인 이후 만난 많은 굴곡과 위험을 제대로 짚어냈을 뿐만 아니라 종교개혁의 본래 영광을 돌아보며 새로운 종교개혁을 소망하고 있다. 이 책은 어쩌면 저자의 가장 중요한 작품이 될지도 모르겠다.

— **로버트 제프레스**, 댈러스 제일침례교회 담임목사

우리가 진정 오늘날에도 적실한 메시지를 전하려면 옛 복음을 선포해야만 한다. 마르틴 루터와 종교개혁자들이 16세기에 선포했던 복음은 예수님과 사도들이 선포했던 그 복음이었으며, 우리도 오늘날 같은 복음을 선포해야 한다. 목회자의 혜안과 열정으로 루처 박사는 종교개혁의 놀라운 이야기를 고찰하면서, 왜 종교개혁 이야기가 실은 우리 이야기인지를 호소력 있게 제시한다. 루처는 유일한 복음으로부터 재빨리 다른 복음으로 돌아서고 있는 이 세대에 절실하고 분명한 경종을 울린다. 종교개혁이라는 주제에 즐겁고 쉽게 접근하도록 저자가 참신한 관점을 제공해준 것과 종교개혁의 핵심이 다름 아닌 예수 그리스도의 변함없는 복음이라는 점을 확실히 했음에 깊이 감사한다.

— **버크 파슨스**, 미국 세인트앤드루스 채플 공동 목사

나무를 가장 빨리 죽이는 방법은 뿌리를 자르는 것이다. 우리는 자신의 영적, 역사적 뿌리를 잊어서는 안 된다. 과거 수고했던 자들의 어깨 위에 차곡차곡 쌓아가야 한다. 《하룻밤에 읽는 종교개혁 이야기》는 권위와 실천의 중심에 성경을 두고자 힘써 싸웠던 우리의 신앙 선배들을 다시 불러들인다. 나는 지금껏 어윈 루처가 쓴 모든 책을 탐독하면서 많은 것을 배웠고 생각할 거리를 얻었다. 이 책에서 저자는 그 이상의 일을 한다. 위대한 개혁자들이 진리를 향한 사랑을 일으키고 복음 나무의 뿌리를 견고히 하는 데 어떤 어마어마한 공헌을 했는지를 실감 나게 전한다.

— **스킵 하이트지그**, 캘버리 알부커크 교회 담임목사

우리 시대에 가장 영향력 있는 복음주의 목사로 꼽히는 저자가 종교개혁에 관한 견실한 책을 썼다는 것 자체가 루터의 종교개혁이 지금도 지속해서 영향력을 미치고 있다는 강력한 증거다. 시카고 무디교회 원로목사, 어윈 루처 박사가 그 일을 해냈다. 모든 복음주의자는 이 책에서 큰 유익을 얻을 것이다. 핵심교리인 칭의에 관한 가톨릭과 개신교의 차이는 한 번도 극복된 적이 없으며 전투하는 교회의 연합에 여전히 장애물로 남아 있다는 저자의 인식은 특히 중요한 지적이다.

— **존 워윅 몽고메리**, 영국 베드퍼드셔 대학교 법학/인류학 명예교수, 프랑스 스트라스부르 변증 및 복음주의 & 인권 국제아카데미 국장

시카고 무디교회 원로목사인 어윈 루처 박사는 치밀한 연구가 뒷받침한 이 책을 우리에게 선사했다. 그는 종교개혁이 냉랭한 신학자들의 상아탑 토론으로 도출한 결과물이 아니라, 은혜의 선물로 사람들에게 주어지는 용서, 생명, 구원에 관심을 가진 목회자와 평신도 지도자들이 모여 이룬 역동적 운동이었음을 보여준다. 루처는 정중앙에 복음주의적 전통을 배치함으로써 온갖 종교적 색채를 지닌 다양한 사람들이 그리스도와 그분의 은혜에 관해 말할 때 무엇을 깊이 생각해야 할 것인지를 알려준다. 이 책을 읽으면 왜 500년 전에 이 논의가 그렇게 중요했는지, 그리고 왜 아직도 중요한지를 깨닫게 될 것이다.

— **그레고리 셀츠**, 미국 어빈 컨커디어 대학교 신학과 교수 역임

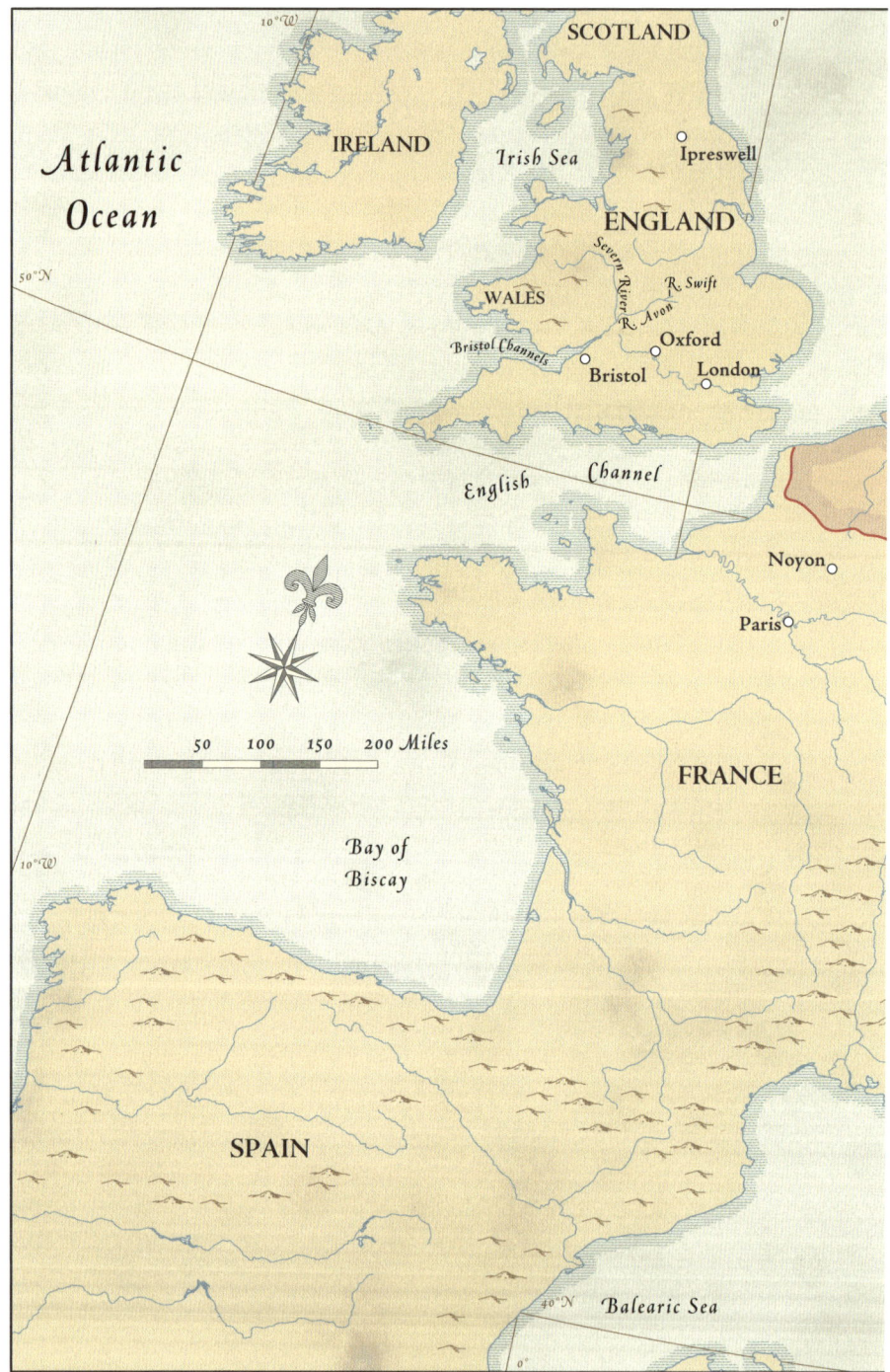

차례

추천의 글   6
감사의 글   14
서문: 성도에게 단번에 주신 믿음의 도를 지키는 길   15

1 권력, 스캔들, 부패   22
2 새벽별, 거위, 백조   28
3 비텐베르크 문   45
4 마르틴 루터는 누구인가?   56
5 위대한 발견   68
6 무너지기 시작하는 도미노   84
7 주님의 포도밭에 있는 멧돼지   99
8 여기 내가 섰으니   110
9 우리는 이제 프로테스탄트다   130

10	분쟁, 불일치, 운명	144
11	루터와 성경	164
12	루터, 카타리나, 자녀, 죽음	177
13	츠빙글리: 취리히를 개혁하다	194
14	재세례파: 약속과 박해	206
15	칼빈: 제네바를 개혁하다	217
16	칼빈주의의 지속적 영향	231
17	종교개혁은 끝났는가?	246

| 주 | 264 |
| 이미지 출처 | 274 |

감사의 글

이 책에 관한 비전을 피력하며 왜 내가 이 책을 써야 하는지를 설득한 브라이언 보스에게 감사한다. 아울러 제임스 콜스모와 베이커 북스 출판팀 모두에게 감사를 전한다.

루터에 관한 책은 이미 넘쳐 나지만, 그중에 롤런드 베인턴의 고전 《여기 내가 섰으니》(*Here I Stand: A Life of Martin Luther*)와 헤이코 오버만의 《루터: 하나님과 마귀 사이에 선 남자》(*Luther: Man between God and the Devil*)에 깊이 감사한다. 나는 이 두 권을 두루 인용했으며, 저자의 학문과 통찰에 큰 도움을 받았다.

마지막으로 사랑하는 아내 레베카에게 특별한 공을 돌리고 싶다. 그녀는 남편이 책을 쓸 때면 컴퓨터 앞에서 무한정 시간을 보낸다는 것을 너무나 잘 안다. 그녀의 인내심과 격려가 없었더라면 이 책은 나오지 못했을 것이다. 또한, 독일의 루터 유적지 답사에 동행하며 도움을 준 것에도 감사한다. 우리가 더 많은 이들에게 종교개혁을 소개하는 특권을 누리기를 고대한다.

서문

성도에게 단번에 주신
믿음의 도를 지키는 길

이 중요한 여행에 동참한 여러분에게 감사드린다. 우리는 앞으로 이 책에서 비텐베르크, 보름스, 에르푸르트, 제네바, 취리히를 방문할 예정이다. 또한, 성당을 탐방하고 시내 광장에서 설교를 듣고 그 지성과 용기로 세상을 뒤흔들어놓았던 사람들을 만날 것이다. 그들의 용기와 비겁함, 배반과 신앙의 이야기를 들을 것이다. 그래서 여행이 끝날 즈음에는 우리 자신과 사회를 훨씬 더 깊이 이해하게 되리라 기대한다. 실제로 세상을 바꿀 수 있는 단 하나의 메시지에 대한 새로운 열정이 우리 안에 타오를 것이다.

교회 역사가 빌리 그레이엄 전도 집회와 함께 시작된 줄 아는 사람도 많다. 성경에서 우리 믿음을 끌어오는 한, 지난 2천 년 동안 일어났던 하나님 백성의 역사는 잘 몰라도 무방하다는 생각도 있다. 그저 학자나 역사가만 교회사 공부에서 유익을 얻을 것이라는 논리를 펼친다.

하지만 교회사 공부는 하나님의 길을 공부하는 것과 같다. 그 과정에서 우리는 하나님이 자기 백성을 섭리로 인도하심을 실감할 수 있다. 우리가 신약에서 출발하여 오늘날까지 이어지는 풍성한 역사의 상속자라는 점을 얼마나 쉽게 망각하며 사는지 모른다. 어제를 제대로 알면 오늘을 더 깊이 이해한다는 사실을 잊고 산다.

'종교개혁'은 16세기에 유럽에서 일어난 영적 재탄생을 가리킨다. 많은 이들은 종교개혁이 신약시대 이후에 일어난 가장 중요한 복음 회복 운동이라고 믿는다. 개혁자들이 논란과 열띤 논쟁이라는 용광로 속에서 자기 신앙을 명확히 할 것을 강요받았을 때 그들의 결정은 전 세계를 뒤흔드는 반향을 일으켰다. 그리고 우리는 아직도 그 여파를 느낀다. 오늘날 복음주의 세계를 보면, 교회가 하나님 영광을 위해 최상의 모습이 되려면 종교개혁자들이 발견한 바로 그 진리를 재발견해야 한다는 생각이 든다.

많은 이들이 종교개혁의 근본 신념은 외면한 채 세속주의, 이교적 영성, 거짓 종교 확산의 포화로부터 이 나라를 구출할 길이 무엇인지를 묻는다. 어떤 이들은 종교개혁의 근본 사안들이 오늘날 어떤 의미가 있는지는 고사하고 진짜 쟁점이 무엇이었는지에 대해서도 무지하다. 이 나라의 그리스도인에게 만연한 교리적 무관심과 냉담함을 보면 울고 싶을 정도다.

교회 성장 전문가들은 새로운 교회를 탐색하는 대부분 사람은 교리에 관해서는 별 관심을 두지 않는다고 주장한다. 그들은 주로 교회 시설, 영유아학교, 성도 사이의 친교에 관심을 보였는데, 새신자 반에서 교리를 가르친다면 교회에 들어오려던 사람도 도망갈 것이라고 한다. 오늘날 교인들은 개인적이고 관계적인 필요를 더 잘 채우는 교회가 나타나면, 설령 미심쩍은 교리를 가르치더라도 뒤도 안

마르틴 루터가 교황의 파문 칙서를 불태우는 장면(가운데).
가장자리에는 루터와 다른 개혁자의 초상화와 함께 주요 사건을 보여준다.

돌아보고 교회를 옮길 것이라고 전문가들은 말한다. 자기 영혼을 파멸로 내몰 수 있는 대가를 지불하는 대신 더 나은 시설과 건물을 선택한다는 것이다.

많은 이들은 마을 광장에서 면죄부를 팔지 않는 한, 교황의 고삐 풀린 탐닉에 재원을 대려고 교회 금고를 텅 비게 하지 않는 한, 종교개혁 당시의 사안들은 이제 현실과는 무관하다고 여긴다. 하지만 이것이 얼마나 틀린 생각인지! 종교개혁의 거의 모든 갈등은 오늘날에도 여전히 재현되고 있다. 출연 배우와 배경이 달라졌을 뿐이다. 우디 앨런의 말이 맞다. "역사는 반복된다. 그럴 수밖에. 처음엔 아무도 귀담아듣지 않았으니."[1]

당신은 그렇게 생각하지 않는다니 참 반갑다. 교회를 위대하게 만든 진리에 관해 더 많은 것을 배우길 원하는 당신에게는 큰 보상이 기다리고 있다.

이 여행에서 다뤄야 할 화두가 몇 가지 있다.

우리는 먼저, 마르틴 루터의 영적 순례 과정을 살펴봄으로써 신학에 관해 자신에게 해보아야 할 가장 중요한 질문을 던지면서 시작하려 한다. 가령 이런 질문이다. 어떻게 죄인이 하나님 앞에 설 수 있을까? 천국에 가려면 우리는 얼마나 완전해져야 할까? 여기서는 개신교와 가톨릭 교리 사이에 어떤 충돌이 있는지 그 맥락을 파악하기에 충분할 정도만 제시하겠다. 그 과정에서, 당신이 과거에 들었던 복음은 성경이 제시하는 온전하고 건전한 기준에 미치지 못한다는 사실을 발견할지도 모르겠다.

그 여정에서 우리는 다음과 같은 질문을 던지고 또한 답할 것이다.

- 선한 사람이 천국에 가는가? 그렇다면 우리는 얼마나 선해야 천국에 갈 수 있는가?
- 하나님 보시기에 사제와 목사에게는 평신도가 접근할 수 없는 특권이 있는가?
- 교회의 본질은 무엇인가? 하나의 지리적 영역 안에 사는 모든 사람을 포괄하는 지역교회가 존재해야 하는가, 아니면 그리스도를 인격적으로 믿는 사람들로 그 구성원을 제한해야 하는가?
- 교회 생활과 신념 체계에 전통을 어느 정도까지 받아들여야 하는가? 전통은 다 나쁜가? 만일 그게 아니라면 어떤 전통은 지키고 어떤 전통은 폐기해야 하는가?

- 그리스도가 '교회의 머리'라는 말은 무슨 의미일까? 이 말씀은 교회에서 어떻게 구현되고 있는가?
- 성찬에 참여할 때 그리스도의 살과 피를 먹고 마신다는 것을 축자적으로 이해하는가, 상징적으로 이해하는가? 유아세례는 그리스도인의 삶으로 진입하는 수단이 되는가?

그리고 아마도 가장 중요하게는, "종교개혁은 끝났는가?"라는 질문이 나올 텐데, 여기에도 답을 하겠다.

이런 문제의 뿌리에는 '오직 성경'(*sola Scriptura*)이라는 이슈가 있다. 즉, 성경이 하나님의 계시로서 충분하고 완전한 것인가에 관한 질문이다. 루터 시대에도 지금과 마찬가지로 성경이 신앙과 실천의 유일한 근거라는 사실을 부정하는 사람이 많았다. 오늘날에도 하나님께 추가로 직통 계시를 받았다고 주장하는 자칭 선지자와 설교자가 넘쳐난다. 루터는 당시 이런 '선지자들'의 주장에 격분했다. 오늘날 TV 복음 설교자 중에서도 루터가 한 말을 귀담아들으면 좋을 사람이 많다.

우리는 또한 종교의 자유라는 문제를 살필 것이다. 서구에 사는 우리는 종교의 자유를 당연시하지만, 2천 년 교회 역사 중 대부분 기간 이런 자유가 없었다는 사실은 실감하지 못한다. 이단(그들 중에는

울리히 츠빙글리가 목회했던 그로스 뮌스터 대성당의 모습. 취리히에 있다.

진실한 그리스도인도 있었다)으로 드러나면 화형에 처했다. 루터가 보름스 제국회의에서 "내 양심은 하나님 말씀의 포로로 사로잡혔다. … 양심을 거스르는 것은 옳지도 안전하지도 않다"라는 유명한 선포를 했을 때, 그는 천 년도 더 된 교회 전통에 저항한 것이었다. 실상 루터야말로 나중에 1648년 베스트팔렌 평화회의에서 실현된 '양심의 자유'라는 씨앗을 심은 장본인이다. 이 소중한 선물을 당연시해선 안 된다.

종교개혁은 또한 이 시대에 교회와 국가의 관계가 어떠해야 하는지에 관해서도 화두를 던진다. 비록 미국에서는 대체로 '정교분리'를 인정하는 분위기이지만, 과거 개혁자들은 이 문제와도 씨름했으며, 그리스도인이 시민 권력과 어떤 관계를 맺어야 하는지를 두고 그들 사이에서도 견해가 달랐다. 루터는 국가(시민 권력)가 타락한 교회의 권력 남용을 바로잡아야 한다고 믿었으나, 그리스도인은 무릎으로 기도하며 싸우는 자라고 생각했기에 프로테스탄트가 가톨릭에 대항하여 종교 전쟁을 수행하는 것에는 극구 반대했다. 하지만 츠빙글리는 루터와 반대 노선을 걸었다. 그는 프로테스탄트 군의 종군 사제로 취리히 외곽에서 가톨릭 군에 맞서 싸우다가 전사했다. 교회/국가에 관한 사안은 복잡하지만, 쟁점을 밝히는 데 이러한 역사적 고찰이 도움될 것이다.

여행이 끝날 즈음엔 하나님이 불완전한 사람을 쓰신다는 사실이 분명해질 것이다. 우리는 루터의 용기에 탄복하면서도 그의 분노와 사사로운 앙심에 당황하기도 할 것이다. 우리는 존 칼빈의 지성에 깊은 감동을 하면서도 제네바 시의회가 이단 미카엘 세르베투스에 대한 화형 결정을 내렸을 때 그가 동조한 것이 과연 현명한 처사였는가에 의문을 제기할 것이다. 또한, 츠빙글리가 유아세례 교리를 거부한(그리고 신자에게만 세례를 주어야 한다고 주장하는) 자는 사형시킨다는 취리히 시의회의 결정에 동의한 사실에 깊은 실망을 보일 것이다.

이 모든 것을 통해 신앙은 값을 치러야 한다는 사실을 배운다. 콘스탄츠 공의회에서 자기 신념을 피력했다는 이유로 화형당한 얀 후스, 리마트 강에서 강제 수장된 펠릭스 만츠, 그리고 신앙 때문에 순교한 허다한 사람들을 보며 우리는 새삼 놀란다. 독일에서 가물거리는 작은 불빛이 활활 타오르는 불길로 번져 결국 온 세상에 빛을 발하기 전까지 하나님이 얼마나 오랜 세월 이 세상을 흑암 가운데 내버려 두셨는지를 보면서 놀랄 것이다.

나는 독일과 스위스의 종교개혁 유적지를 대여섯 번 답사하면서 팀을 인도하는 영예를 누렸다. 매번 답사가 끝날 때마다 "성도에게 단번에 주신 믿음의 도"(유 1:3)를 변호하는 일에 더 깊이 헌신하겠다는 결의를 다졌다. 이 여행에 책으로 동행하는 당신도 가르침을 받고 영감을 얻어서, 어떤 값을 치르더라도 복음의 선명성을 수호하는 일에 함께하겠다는 결의를 다지게 되길 바란다. 우리는 지적으로 성장하고 영적으로 풍성해지면서 온갖 왜곡과 싸구려 대체품과 무지로부터 복음을 지켜내야 한다.

우리는 교회를 위대하게 한 그 진리를 재발견할 것이다.

1

권력, 스캔들, 부패

기독교는 복음이 없더라도 살아남을 수는 있다. 더 명확히 말하겠다. 중세시대에 생겨나 지금까지도 그렇게 복음 없이도 잘 살아남은 기독교가 있다. 물론 이는 사람들에게 구원의 확신을 줄 수 없고 거룩한 삶으로 인도하지도 못하는 무능한 기독교다. 그런데도 여전히 '기독교'라고 불린다. 가톨릭이든 개신교든, 우리를 비롯한 모든 세대는 복음의 순수성을 위해 싸워야 한다. 우리는 본성적으로 자신에 대한 복음의 판결을 거부하고 은혜의 변혁적 메시지와 그 심오한 단순성에 저항하기 때문이다. 그렇기에 복음은 늘 변호 되어야 하고, 때로는 구출이 필요한 경우도 있다.

어떤 관점에서 보아도 15세기 말과 16세기 초 가톨릭교회는 개혁이 절실한 실정이었다. 많은 교회 지도자가 부끄러운 줄 모르고 퇴폐적으로 살았고, 이로 인해 평신도 예배자들은 냉소주의에 빠졌다. 카스티유의 이자벨라 여왕(Isabella of Castile, 1451~1504)은 이렇게 썼다. "대다수 성직자가 대놓고 축첩을 한다. 사법부가 개입해 처벌하려 들면 반역하거나 야단법석을 피운다. 또 우리를 얼마나 무시하는지 스스로 무장병력을 갖출 정도다."[1]

안드레아 디 스트루미는 중세 기독교를 이렇게 평가하기도 했다. "그 시대엔 교회 질서가 너무 많은 잘못으로 부패하여 본연의 자리를 제대로 지키는 성직자를 찾기 어려울 정도였다. 사냥개와 매와 돌아다니며 사냥에 탐닉하는 자도 있었고, 술집을 운영하거나 사악한 감독관 노릇을 하는 자도 있었다. … 거의 모두 공개적으로 아내나 첩을 여럿 두고 파렴치한 삶을 살았다."[2]

이즈음 복음은 수 세기의 전통과 미신 아래 매몰된 상태였다. 어느 작가의 말처럼 "우리에겐 너무 많은 교회와 너무 많은 (진짜와 가짜) 유물, 너무 많은 거짓 기적이 있다. 우리는 유일하고 살아계신 주님 한 분을 예배하기보다는 죽은 뼈를 경배한다. 불멸의 그리스도 대신 필멸의 빵(미사에서 쓰는 성별된 빵)을 예배한다."[3]

가톨릭교회의 세력이 날로 불어남에 따라 자신의 영적 권위를 주장하는 목소리도 날로 커졌다. 사제들은 말씀을 문자적으로 적용하여 자신이 평범한 빵과 포도주를 그리스도의 몸과 피로 변화시킬 수 있는 권능을 가졌다고 가르쳤다. 또한, 자신이 원하는 사람 누구에게나 구원을 베풀거나 거부할 수 있다고 믿었다. 교황은 분명 자신의 친구에게 천국 문을 열어주고 원수를 지옥으로 보낼 수 있는 권능의 소유자였다. 명백한 사실은, 중세 기독교의 이러한 그릇된 전통에서 복음을 '구출'할 필요가 있었다는 것이다.

열렬한 가톨릭 신자조차도 교회 개혁의 필요성과 긴박성을 인정할 정도였다. 루터의 주도하에 이루어진 개혁처럼 대대적이지는 않을지라도, 교회가 수 세기 동안 부패에 빠져든 상태이며 이제는 그 전횡을 멈출 때가 되었음을 누구나 시인할 수밖에 없었다.

교회의 바벨론 유수

잠시 역사를 돌아보자. 1305년부터 1377년까지 이어진 72년간, 죄다 프랑스 출신인 여섯 명의 교황이 연달아 프랑스 남부 아비뇽에서 통치했다. 자기가 사는 도시에는 성 베드로의 유골이 묻혀 있다고 수 세기 동안 믿어왔던 로마 시민들이, 로마에 더는 교황이 거하지 않는다는 사실을 어떻게 받아들였을지 상상이 되는가? 이탈리아뿐 아니라 독일도 이러한 직위 찬탈에 깊은 앙심을 품었다. 로마가 '반역자' 교황을 지지하기를 거부했으므로 프랑스 출신 교황들은 세금, 전쟁, 뇌물 등 온갖 수단을 동원해 재정을 조달해야 했다.

교회사는 이 시기를 '교회의 바벨론 유수기'라고 부른다. 교황이 로마에 부재했고, 이스라엘이 70년간 바벨론에서 유배생활을 했던 것처럼 교황직이 프랑스에 70년간(정확히는 72년) 유배되었다는 말이었다.

1377년 마침내 이탈리아 출신의 교황이 선출되고 교황직이 로마로 회귀하자 이탈리아는 뛸 듯이 기뻐했다. 그러나 이 시점에 더 낯뜨거운 사태가 벌어진다. 아비뇽에서 다스리던 교황이 사임을 거부한 것이다. 이제 동시에 두 명의 교황이 다스리게 되었다. 추기경들이 두 교황을 모두 폐위시키고 새 교황을 선출하자 두 교황 모두 이 결정을 수용하지 않았고 사임을 거부했다. 결과적으로 세 명의 교황이 동시에 다스리는 상황이 되었다. 세 명 모두 자신이 베드로의 정통성을 이은 후계자라고 주장했고, 상대방을 '적그리스도'라고 부르며 투쟁 자금을 확보하기 위해 면죄부를 팔았다.

1414년 콘스탄츠 공의회에 이르러서야 비로소 세 교황 모두 물러나 한 명의 후임에게 자리를 내주었다. (신뢰성과 겸손의 본보기와는 거리가 멀었던) 다수의 라이벌 교황들이 존재했던 이 36년간을 '교황직 분열기'라고 한다.

이런 일련의 스캔들로 인해 사람들은 교황이 교회의 머리인 그리스도를 대표한다는 관점을 의심하기 시작한다. 더욱이 유럽 여러 나라가 이 교황, 저 교황 편을 드는 과정에서 교회의 혼돈과 부패상이 만천하에 적나라하게 드러났다. 아직 교황직에 대한 충성심을 전면 부인하지는 않았지만 적어도 의문을 제기한 것이다.

물론, 이 수 세기 동안의 영적 암흑과 혼돈 가운데서도 진실하게 복음을 이해하고 믿는 사람들이 있었다. 성경을 가까이했던 수도사들은 종종 그리스도를 인격적으로 만나는 체험을 했다. 수 세기 동안 복음은 좌충우돌하는 전통 아래 파묻혀 있는 상황이었지만, 열심히 그것을 찾는 사람은 복음을 발견했다. 하나님은 자기를 드러낼 증인을 늘 남겨두셨다.

전횡을 묵인하다

교회를 끈질기게 괴롭히는 여러 형태의 전횡이 있었지만, 재판에 넘겨진 성직자들은 이러저러한 이유로 세상 법정이 아닌 교회 재판소에서 재판을 받았다. 오늘날 미국인 사제들은 미국 헌법과 민·형사법을 적용받지만, 당시 사제들은 자기 동료가 해석하는 교회법으로 재판을 받았다. 재판관으로 임명된 교계 인사들은 사람을 위한 최선의 길, 더 중요하게는 하나님께 영광을 돌리는 길이 아니라, 동료를 두둔하고 권력을 장악하는 길에 더 촉각을 곤두세웠다. 결과적으로 얼마나 많은 전횡을 묵인했을지는 어렵지 않게 가늠할 수 있다. 누가 봐도 교회는 자기 죄를 은폐

교회 직분을 파는 수도원장을 보여주는 12세기 그림. '시몬주의'는 사도행전 8장에서 돈을 받고 성령을 팔라고 사도들에게 제의한 시몬 마구스로부터 유래한다.

하기에 급급했다.

　영적 직분을 돈으로 사고파는 '시몬주의'(Simony)가 횡행했다. '주교 벽돌'을 가장 높은 가격으로 입찰한 자에게 팔기도 했다. 교회는 4세기 콘스탄틴 치하에서 이뤄진 기독교 합법화 이래 부와 권력을 축적하며 승승장구했다. 이로 인해 교회 지도자들은 '헌금'을 받고 영적 직분이나 성직을 맞거래하려는 유혹을 많이 받았다. 고로 교회는 땅과 돈을 얻어 부유해졌고, 예상 가능한 일이지만 그렇게 돈을 내고 신분 상승을 이룬 영적 통치자들은 부도덕하고 부패한 자가 태반이었다.

　수 세기 전에 교회는 이미 사제의 개인 삶이 성례(聖禮, sacrament)의 유효성에 영향을 주지 않는다고 공포했고, 교구민들은 이것을 감사하게 여겼다. 기실 다른 누구도 아닌 위대한 신학자 어거스틴이 그렇게 말하지 않았던가. 비록 '도둑과 강도'가 성례 의식을 집전한다고 해도 의식은 사효적(事效的, *ex opere operato*, "행위의 작용 밖에서" 혹은 "그 자체로, 그리고 그 안에서") 가치를 지닌다고 말했다. 그러므로 사람들은 자신이 받는 성례에 아무런 효력이 없을까 봐 우려하지 않아도 되었다. 또한, 영생의 확신을 줄 복음을 듣는 특권이 일반인에게

는 허락되지 않았다. 개인 구원에 관한 의심(종종 두려움으로 가득 찬 의심)이 일반적인 현상이었고 실제로 교회는 이러한 의심을 조장했다. 자신이 확실히 구원받았다고 믿는 건 '주제넘음의 죄'라고 몰아세웠다.

마르틴 루터가 무대에 등장하기 오래전부터 개혁의 잔물결이 나타나 사람의 영혼에 대한 교회의 독점권은 약해졌다. 영국과 유럽 대륙에서는 수천 명이 더는 개혁을 미룰 수 없음을 알았고,

체코 필사본에 실린 이 삽화는 마르틴 루터가 95개 조 반박문을 발표하기 거의 30년 전의 것인데, 면죄부를 파는 마귀를 묘사하고 있다.

개혁이 오면 지지할 마음을 먹었다. 앞으로도 살펴보겠지만, 루터는 이미 동일한 교리적 확신을 가졌던 사람들의 어깨를 딛고선 것이었다. 공교회는 루터 선대의 개혁 운동은 진압할 수 있었지만, 루터가 터뜨린 물꼬는 막지 못했다. 로마와의 결별은 최종적이었고 불가역적이었다.

다음 장에서 우리는 개혁의 두 목소리를 살펴볼 것이다. 이들이 시작한 실개천은 결국 마르틴 루터의 리더십 아래 종교개혁이라는 대하(大河)로 도도히 흐르게 된다. 이 개혁 운동의 두 선구자가 미친 충격파를 이해하지 못한다면 루터도 제대로 이해할 수가 없다. 이 말은 결코 과장이 아니다. 루터 자신도 이 거인들의 어깨 위에 자신이 서 있음을 인정했다.

2

새벽별, 거위, 백조

마르틴 루터가 95개 조 반박문을 비텐베르크의 성(城)교회 문에 못 박은 그 유명한 사건을 종교개혁의 시발점으로 알고 있는 이들이 많다. 하지만 그의 영웅적 행동에 앞서 양심 없는 지도자들, 정치적 음모, 교리적 타락으로 얼룩진 교회에서 복음을 구출하고자 목숨을 내놓은 몇몇 사람이 있었다.

이 선대의 개혁자들은 우리가 보통 종교개혁이라고 부르는 시기 이전부터 교회 개혁을 시도했다. 비록 그들의 성공이 제한적이었고 대체로 특정 지역이나 몇몇 구체적 사안에 국한되어 있었지만, 그러한 시도는 교회의 대중 장악력을 약화했고 루터가 들어올 길을 예비했다.

존 위클리프: 종교개혁의 샛별(1330~1384)

영국의 종교개혁 사적지를 답사하던 중 유럽 전역에서 가장 인상적인 교회로 꼽히는 런던의 세인트폴 성당을 방문한 적이 있다. 우리 팀은 예배 참석 후 교회 마당의 북동쪽 모퉁이에 서 있는 '십자가의 성 바울' 동상을 보러 갔다. 성당의 이름이 된 바울을 기리기 위해 세워진 기념비였다.

이곳은 수 세기 전에 영어 성경책 화형식이 거행된 장소였다. 교회는 성서 사본을 파기할 목적으로 사본을 압수한 개인들에게 포상금까지 주었다. 이 성경들은 '종교개혁의 샛별'(새벽의 도래를 알리는 별인 금성을 지칭한다)로 알려진 사람, 존 위클리프의 추종자들이 공들여 제작한 필사본이었다. 위클리프는 교회에 반발하여 항거했고, 그가 주도한 이 항거는 영국과 유럽의 영적 흑암을 꿰뚫고 들어갈 최초의 작은 빛이 되었다.

존 위클리프는 누구인가

그는 1330년 영국의 이프레스웰(Ipreswell, 지금의 힙스웰)이란 그림 같이 아름다운 작은 마을에서 태어났다. 그는 옥스퍼드에 입학했고 그곳에서 설교 훈련을 받았다. 그가 살던 시절이 교회의 바벨론 유수기 및 교황직 분열기와 중첩되었기에 위클리프는 교회의 부패상을 잘 알고 있었다.

당대의 위대한 사상가였던 위클리프는 철학과 신학에 관한 중요한 저서를 집필하기도 했다. 간단히 말해 그는 옥스퍼드를 대표하는 신학자였다. 위클리프는 영국의 부패한 성직자 사회와 교황에게 의분을 쏟아내며, 부당하게 다스리는 자들은 하나님의 권한 위임 조건을 어겼다고 가르쳤다. 그의 일부 사상은 급진적이었고 실행하기 힘든 것이었다. 가령 부패한 성직자에게 속한 땅을 정부가 몰수해야

독일 보름스의 루터 기념관 내에 있는 존 위클리프 동상

한다는 급진적 신념을 전파했다. 이런 생각은 비록 실행에 옮길 수는 없었지만, 교회가 자행하는 횡포에 맞서도록 사람들을 독려하는 효과가 있었다.

영국의 교회는 부유했다. 영국 토지의 3분의 1 정도를 소유했지만, 세금은 내지 않았다. 위클리프는 이 점에 분개했다. 그는 눈에 보이는 교회 지도자, 특히 타락한 교회 지도자에게 복종하는 것은 필요치 않다고 주장했다. 하나님 관점에서 중요한 것은 택자들로 구성된 보이지 않는 교회다. 그리스도인의 삶에 필요한 모든 배움은 교황이나 그의 대표자들이 아니라 성경을 공부하면서 찾으면 그만이라고 생각했다.

그는 또한 화체설(化體說)을 공격했다. 화체설은 사제가 명령하면 빵과 포도주의 실체가 문자적으로 그리스도의 몸과 피로 변화된다는 가르침이다. 어떤 의미에서는 그리스도가 빵과 포도주 안에 임재하지만, 정결 의식 이후에도 빵은 그대로 빵이고 포도주는 그대로 포도주라고 그는 믿었다. 이러한 견해는 실체 변화의 기적을 베푸는 권능을 갖고 있다고 설파하는 성직자들의 권위에 타격을 입혔다.

성경의 최고 권위

위클리프가 개혁에 가장 크게 공헌한 바는 성경을 대중화한 일이었다. 당시엔 라틴어 역본만 허용되었고, 이조차도 대부분 사람은 가까이할 수 없었다. 교회는 라틴어 성경을 소장하고, 성직자는 본문을 읽어주고 번역해 가르쳤다. 위클리프는 보통 사람들이 자기 언어로 된 성경을 가진다면 글을 읽을 줄 아는 소수가 주위 사람에게 읽어주고, 이로써 복음을 재발견할 수 있으리라 믿었다.

그의 영역본은 라틴어 불가타(Vulgate) 성서를 번역한 것이므로 최고의 번역은 아니다. 그렇지만 그 덕분에 사람들은 불완전하나마 성직자에게 귀동냥

위클리프는 라틴어 불가타 성경을 영역하는 작업에 뜻을 세우고 주도했다. 자신이 신약성서를 번역하고 동료들이 구약을 번역했을 가능성이 크다.

하는 것보다 더 정확하게 신약의 내용을 읽을 수 있었다. 우리가 가장 주목하는 부분은 위클리프가 성경의 완결성, 즉 성경은 하나님의 온전한 계시를 담고 있음을 믿었다는 사실에 있다. 고로 교회법, 교회 전통, 심지어 교황직까지도 성경으로 판단받아야 한다. 성경을 따르지 않는 전통이나 교회를 다스릴 교황도 필요치 않다. 교회가 필요로 하는 유일한 머리는 그리스도이다.

위클리프는 교황직이 인간의 제도라고 믿었다. 그래서 교황 그레고리 11세가 18개의 칙서(교황 칙령)로 정죄했을 때도 그는 이러한 협박과 이단죄 고발을 무시했다. 사실 위클리프가 보기에는 교황이 적그리스도였다.

2. 새벽별, 거위, 백조   31

교회는 만일 보통 사람들이 성경을 읽게 되면 온갖 이상한 해석이 난무할 것이라고 주장했다. 하지만 위클리프는 그들이 복음을 이해하면 구원받으리라 믿었기에, 그런 위험 부담도 감수하길 원했다. 그래서 그는 성직자나 일반인 할 것 없이 가능한 한 많은 사람에게 성경이 읽혀지기를 원했다.

이때는 아직 구텐베르크 인쇄기가 발명되기 전이었음을 명심하라. 따라서 모든 성경책은 전문 필사자가 손으로 필사했다. 한 명의 필사자가 성경 한 권을 필사하는 데 대략 10개월이 걸렸다고 한다. 수백 권을 제작하기 위해서는 수백 명의 공이 들어가야 했다. 위클리프 성경책이 아직도 170권이나 남아 있다는 사실은 당시 얼마나 많은 필사가 이뤄졌는지를 입증한다. 감사하게도 교회 권력자들이 다 찾아내지는 못했던 것이다.

위클리프의 추종자들

사람들은 위클리프의 제자들을 '롤라드'(Lollard)라고 불렀다. 비록 이 용어의 정확한 의미는 역사 속에서 소실되었지만, 가장 가깝게 추측해보자면 '중얼거리는 자'가 아닐까 한다. 그러니까 이 명칭은 위클리프의 추종자를 증오하던 자들이 그들을 조롱하며 사용한 말이었다. 또는 '부랑자'를 의미한다는 설도 있고, '알곡 중 가라지'라는 라틴어에서 따온 것이라는 설도 있다. 무엇이 됐건 이 표현에는 위클리프 추종자에 대한 경멸과 멸시가 담겨 있다.

롤라드는 그들의 신앙 때문에 큰 고난을 받았다. 지금도 런던의 람베스 궁(캔터베리 대주교의 런던 거주지) 근처에는 롤라드 탑이 있다. 너무도 많은 롤라드 순교자가 투옥되었기 때문에 붙은 이름이다. 이 그리스도인들은 인근의 람베스 밭에서 자기 신앙으로 말미암아 무차별로 살육당했다.

존 위클리프는 제자들에게 핍박과 순교까지도 감내할 준비를 시켰다. 위클리프의 교육 커리큘럼에는 청빈하게 사는 법, 사제의 주장에 반박하는 법, 신앙을 위해 기꺼이 죽는 법과 같은 주제가 포함되어 있었다. 추종자들은 너무도 신실했기에 위클리프 사후 145년이 지나도록 여전히 롤라드는 명백을 유지했다.

위클리프는 사형 날짜를 받아둔 1384년 12월 28일 연설 도중 쓰러져 며칠 후 세상을 떠났다. 그렇게 그는 교계 권력자들을 골탕 먹이면서도 자신을 죽일 특권은 허용하지 않았다. 하지만 위클리프 사후 30년 후, 콘스탄츠 공의회는 그의 유골을 파헤쳐 불사르고 그 재

위클리프가 '가난한 사제들'에게 자신이 번역한 성경책을 나눠주고 있다.

를 스위프트 강에 뿌리라는 결정을 내렸다. 유골이 파괴된다면 부활할 길도 막힐 것이라는 미신적 믿음이었다.

역사는 롤라드파와 후일의 프로테스탄트 종교개혁 간에 연속성이 있음을 보여준다. 사람들에게 성경을 유포하고 교황직에 대한 불만을 불러일으킴으로써 더 폭넓고 더 급진적인 개혁의 씨앗이 뿌려졌다. 그리고 앞으로 보겠지만 이러한 위클리프의 영향력은 멀리 프라하에까지 미쳤다. 그곳에서 한 용감한 개혁자가 위클리프에게서 배운 바를 가지고 도시 개혁에 나선 것이다.

위클리프와 달리 이 사람은 화형을 당했다.

얀 후스: 백조가 된 거위(1369~1415)

개혁 운동은 또 다른 여러 운동을 낳았고, 이내 존 위클리프의 사상은 영국을 넘어 유럽 대륙으로 확산했다. 1348년 신성로마제국의 황제 카를 4세는 프라하에 대학을 신설했다. 그리고 선의의 제스처로 딸 앤을 영국 국왕 리처드 2세에게 시집보내 우호 동맹을 맺었다. 그 과정에서 체코 대학생들은 옥스퍼드 대학교에서 유학할 기회를 얻었다.

옥스퍼드에서 위클리프의 가르침을 접한 학생들은 그 사상을 저술과 함께 프라하로 가지고 갔다. 위클리프를 이단시한 이들도 있었지만 옹호하는 이들도 상당했다. 그의 저술은 이내 날로 커지는 교회 개혁의 열망을 위한 불쏘시개가 되었다. 위클리프의 가르침에 큰 영향을 받은 사람 중에는 훗날 프라하의 저명한 종교개혁자가 된 얀 후스가 있었다.

얀 후스는 누구인가

후스는 비록 가난한 가정에서 태어났지만(1369년경), 프라하 대학을 졸업하고 결국 그곳에서 교편을 잡았다. 그는 존 위클리프의 저술을 읽고 나서 과격한 사상은 거부했지만, 성직자들이 타락했고 개혁이 필요하다는 점에는 동의했다. 그래서 그는 프라하의 베들레헴 채플에서 개혁 사상을 설교하기 시작했다.

그는 헌금을 내고 유물을 관람하는 사람에게는 특별한 유익이 있다는 유물 교리를 성토했다. 유물 교리란 과거의 순교자에게 속한 유물(머리카락 한 움큼, 옷조각 등)을 만지면 천국에 있는 순교자로부터 땅의 예배자에게로 특별한 은혜가 전달된다는 가르침이었다. 후스는 이 교리를 배격했으며 이런 특권을 얻기 위해 '헌금'을 바치는 것은 은혜를 부정하는 것이라고 가르쳤다.

또 면죄부 문제도 있었다. 면죄부는 일정 금액을 내고 구입하면 죄로 인한 현세적 결과에서 벗어난다고 보장하는 증서다. 수 세기 동안 이 교리는 성직자를 위한 모금 수단으로 사용되며 부패의 온상이 되었다.

위클리프와 흡사하게 후스 역시 교회나 공의회, 전통이 최종 권위가 될 수 없으며, 오직 성경만이 영적 권위의 토대라고 말했다. 성경이 충분히 영적 길잡이 역할을 할 수 있게 하려면 만인에게 성경을 제공해야 한다고 주장했다.

위클리프의 저술은 프라하에서 이단으로 공식 규정되었지만, 그의 신념을 공유했던 후스는 대학 학장에 임명된다. 이 소식을 들은 교황은 후스가 베들레헴 채플에서 설교하는 것을 금지했다. 하지만 후스는 그곳에서 매일 늘어나는 대규모 청중을 놓고 하루 두 번 설교했다. 후스는 교황의 설교 금지령에 복종하길 거부했고 결국 대주교는 후스를 출교했다. 영국에서 위클리프의 책 2백 권에 대한 공개 화형식이 거행된 바로 그 해에 후스는 로마로 출두하라는 소환장을 받았다. 그는 현명하게도 출두를 거부하며 대리자들을 보냈다.

더 많은 면죄부

교황 요한 23세가 나폴리 국왕에 대해 십자군 전쟁을 일으키자 후스는 격노했다. 군사를 모으기 위해, 전쟁에 동참하는 자에게 죄의 온전한 사면을 내리겠다는 약속을 교황이 내걸었기 때문이다. 요컨대 면죄부에 대한 대가로 목숨을 요구한 셈이었다. 후스는 정치적 유익을 얻고자 영적 축복을 조건으로 내거는 발상에 격분했고 이를

17세기 교황 칙서(bull). 문서의 진위성을 표시하는 납 봉인 'bulla'(라틴어로 '봉인'이라는 뜻) 때문에 'bull'이라고 칭했다.

'시몬주의'의 한 형태라고 공격했다. 프라하의 주민들은 후스에 동조했고, 면죄를 부여하는 교황 칙서(교황의 공식 문서)를 불사르는 화형식을 거행하면서 항거했다.

이 개혁 활동의 결과, 프라하에는 교황의 성례 정지령이 선포되었다. 세례, 미사, 장례, 결혼식 등 어떤 성례도 집행할 수 없다는 의미였다. 교회는 천국에 가는 데 필요한 성례 집전을 오직 사제만 할 수 있다고 가르쳐왔다. 사제의 수중에 교구민의 구원이 달려 있었던 것이다. 교회에서 내침을 당하는 것은 하나님께 내침을 당하는 것과 동의어였다. 당시 사람들은 성례 없이는 지옥에 간다고 믿었던 터라, 이번엔 교황의 성례 복원을 위해 후스 반대 집회가 열렸다.

오직 정치적인 이유로 후스를 지지한 자들도 있었다. 독일의 영향권에서 벗어나고 싶어 했던 보헤미아는 후스가 체코 민족주의의 대변자가 되어주길 바랐다. 이 민족은 후스의 개혁이 교회와 그 정치 권력으로부터 독립을 가져다줄 것이라 기대했다. 수십 년 후 동일한 이유로 많은 이들이 마르틴 루터를 추종한다.

성례 정지령을 둘러싼 소요를 겪으며 후스는 프라하를 떠나기로 마음먹고 보헤미아 남부로 갔다. 그곳에서 그의 중요한 두 저서인 《교회》와 《시몬주의》(Simony)를 집필했다. 그는 또한 자신의 영향력을 확장하기 위해 널리 다니며 설교했다.

그의 책 《교회》에서 후스는 오직 그리스도만을 머리로 삼는 그리스도의 몸이 바로 교회라고 정의했다. 비록 성직자의 권위를 옹호하긴 했지만, 사제 없이도 하나님은 죄를 사하실 수 있다고 가르쳤다. 그는 참 교회가 이생의 거짓 교회와 공존하며(알곡과 가라지는 함께 자란다), 성경에서 찾을 수 없는 명령이라면 복종하지 않아도 된다고 믿었다. 그는 또한 형상을 숭배하고 거짓 기적을 믿으며 순례 여행을 다니는 자들을 비판했다. 그리고 성찬 때 평신도가 포도주를 마시지 못하게 하는 가르침에 반대했으며, 이미 언급했듯이 면죄부 판매를 공박했다. 단순화하자면 그는 하나님께 순종하는 것과 이단적 교회에 순종하는 것을 구별해야 한다고 믿었다.

크라코벡의 웬서슬러스 국왕의 성에 머물라는 초대를 받고 프라하의 격동으로부터 몸을 피한 후, 그는 계속하여 저술을 통해 영향력을 확장해 나갔다. 그런데 곧 그의 인생에 결정적인 전환점이 찾아온다.

공의회 사태

두 교황이 동시에 통치하는 '교황직 분열'이라는 낯 뜨거운 사태를 수습하기 위해 1409년에 피사 공의회가 소집되었다. 앞서 언급했듯 공의회는 재위 중인 두 교황을 다 폐위시키고 알렉산더 4세를 신임 교황으로 선출했다. 그런데 폐위된 교황들이 사임을 거부하면서 교황 셋이 나란히 통치하게 되었다. 셋은 옥신각신 다투며 다들 자신이 베드로의 정당한 후계자라고 주장했다. 공의회는 조기에 사태 수습을 하지 못했다는 이유로 널리 지탄받았다.

누가 봐도 어떤 조치가 필요한 상황이었다. 신임 황제로 유럽을 다스리고 있던 지기스문트 황제(프라하의 웬서슬러스 국왕의 동생이다)는 자신의 왕격을 높이고 싶은 마음에 독일 콘스탄츠에서 특별 공의회를 소집했다(1414~1418년). 물론 안건에는 '교황직 분열' 사태 종식이라는 긴박한 사안이 있었고, 이단 처리 문제도 풀어야 했다.

콘스탄츠 공의회는 회의 첫머리에 공의회가 교황보다 더 큰 권위를 가지고 있음을 선포했다. 그래야만 공의회의 결정이 혼선을 빚고 있는 교황직에 구속력을 지니기 때문이다. 공의회는 세 교황을 모두 폐위하고 마르틴 5세를 신임 교황으로 선출했다. 세 교황 중 둘은 사임했다. 그러나 세 번째 교황 요한 23세는 자신의 교황권에 대한 지지를 끌어내려는 희망을 끝까지 놓지 않은 채 공의회 석상에 참석했다. 하지만 유일한 교황이 되려는 그의 노력은 물거품이 되었고, 공의회 회의장에서 도망치려다가 체포되었다. 여하간 교회는 이제 단일 교황 체제로 복귀하여 낯 뜨거운 교황직 분열 사태에 일단 종지부를 찍었다.

흥미롭게도 새로 선출된 교황 마르틴 5세는 훗날 공의회의 권위가 교황에 우선한다는 생각에 반론을 제기했고, 끝내 교황직의 전적인 독립성과 우위성을 확보했다. 물론 그가 교황으로 선출된 시점에는 공의회의 권위를 높이 평가했으리라 확신한다. 이는 또한 공의회의 권위가 하락하고 교황의 권위가 상승하는 교차점이기도 했다.

공의회의 미결 안건 중에는 이단 문제가 있었고, 황제는 후스의 이단적 가르침을 제압해야 한다는 결연한 의지를 다지고 있었다.

후스의 화형

얀 후스는 이단 혐의를 조사받기 위해 콘스탄츠 공의회로 출두하라는 소환장을 받았다. 황제는 공의회 참석차 왕래하는 여정에 안전통행권을 보장하겠다고 약속했다. 아울러 그를 이단으로 규정한 교회의 결정이 뒤집히지 않더라도 신변을 보장하겠다고 약속했다. 큰 망설임 끝에 후스는 웬서슬러스 국왕의 독촉에 떠밀려 마지못해 출두를 결정했다. 그가 콘스탄츠로 이동 중이라는 소식이 나돌자, 그의 독일 여정은 개선장군의 행진이 되었다. 누가 봐도 독일 민심 역시 개혁을 열망하고 있었다.

도착 몇 주 후, 후스는 재판에 참석했고 유죄 판결을 받았다. 그는 위클리프의 저술 전체에 동의한다는 혐의를 성공적으로 반박했으나 판사들은 교회에 관한 저서에서 공교회의 가르침과 상충하는 42개 조항을 추려내 그를 단죄했다.

이제 후스는 국경 너머 스위스 동부의 고틀리벤 성으로 이송되었다. 그의 기를 꺾기 위해 극소량의 음식과 물만 제공했고, 바닷가 섬에 있는 수도원의 끔찍한 독방 구덩이에 감금시키기도 했다. 다시 재판장으로 이송되었을 때 후스는 자신의 견해가 성경에 반하는 것임을 제시한다면 기꺼이 철회하겠다고 했다. 그가 죽기 3년 전에 한 말이다. "난 예배당 가득 황금을 준다고 해도 진리에서 물러서지 않겠다고 말했다. … 난 진리가 사람을 두려워하지 않으며, 굳건하게 서서 세세토록 힘을 가지며 영원토록 거할 것을 안다."[1]

그가 과거 프라하에 체류할 당시 친구들에게 썼던 편지가 내 마음에 크게 와 닿는다. 그의 기도문이다. "오, 지극히 거룩하신 그리스도여, 비록 제가 이토록 연약하지만 날 이끄시어 당신을 따르게 하소서. 만일 당신이 이끌어주시지 않는다면 우리는 당신을 따를 수 없습니다. 내 영을 강건하게 하셔서 자원하는 심령을 주소서. 육신이 연약하다면 당신의 은혜가 우리 앞서 행하게 하소서. 그 사이에 임하시고 그 뒤를 호위해주십시오. 당신 없는 우리는 당신을 위해 잔인한 죽음의 자리로 나아가지 못합니다. 제게 두려움 없는 마음, 올바른 신앙, 견고한 소망, 완전한 사랑을 주셔서 당신을 위해 내 생명을 오래 참음과 기쁨으로 내려놓게 하소서. 아멘."[2]

황제는 이단에게 한 약속은 지키지 않아도 된다는 공의회의 권고를 받아들였다. 후스는 안전 통행권 약속 위반에 대해 어떤 사과도 받지 못했다. 게다가 다시 자신을 변호할 기회조차 얻지 못했다.

사망 5일 전인 1415년 7월 1일, 후스는 공의회 앞에서 최후 진술을 했다. 그는 철회할 의향이 없음을 밝힌 후 이렇게 덧붙였다. "지금 내 음성이 온 세상에 가 닿을 수 있고, 심판 날에 내가 범한 모든 거짓말과 모든 죄가 벌거벗은 듯 드러날진대, 온 세상 앞에서 내가 기꺼이 말하려고 생각했거나 실제로 말했던 것 중에 거짓과 오류가 있다면 기쁨으로 포기[철회]할 것입니다!"[3]

1415년 7월 6일 마침내 그의 화형 날이 되었다. 그는 지기스문트 황제가 최대한 격식을 갖춘 차림새로 왕좌에 앉아 있는 성당 안으로 끌려갔다. 후스의 죄목을 요약한 문서가 낭독되었고, 그가 반박하자 함구령이 내려졌다. 이내 테이블 위에 올라서라는 명령이 떨어졌고 그는 탁자 위에 선 채로 조롱당하고 저주를 받았다. 기다란 종이 왕관이 그의 머리에 쓰였다. 왕관 위에는 한 심령을 얻기 위해 다투는 세 악마의 그림과 '이단의 괴수'라는 문구가 적혀 있었다.

주교들은 그의 심령을 마귀에게 넘긴다고 선언했지만 후스는 답했다. "나는 내 심령을 가장 자비로우신 주 예수 그리스도께 의탁합니다."[4] 그다음 지기스문트는 후스를 사형 집행자들에게 넘겨주었다. 후스

얀 후스의 화형식

의 친구이면서 황제의 형이기도 했던 웬서슬러스 국왕은 이 처형을 막기 위해 아무 일도 하지 않았다.

처형장으로 가는 길에 후스는 자신의 책이 불태워지는 광경을 목격했다. 그는 소리 내 웃으며 구경꾼에게 자신에 관한 거짓말을 믿지 말라고 했다. 처형장에 다다르자 그는 무릎 꿇고 기도했다. 마지막으로 신념을 철회하지 않겠느냐는 질문을 받았을 때 그는 이렇게 대답한다. "나에 대한 증거가 거짓이라는 것을 증거하실 분은 하나님이십니다. 난 가능하다면 죄로부터 사람들을 돌아서게 하려는 의도를 갖고 설교했으며, 그러지 않았던 적은 한 번도 없었습니다. 난 복음의 진리 안에서 저술하고 가르치고 설교했습니다. 오늘 난 기꺼이 죽을 것입니다."[5]

그들은 후스의 옷을 벗기고 손을 등 뒤로 결박한 다음 목을 녹슨 쇠사슬로 화형대에 동여맸다. 그는 미소 지으며 구세주는 더 무거운 사슬로 결박당했다고 말했다. 불이 붙여지자 그가 노래하기 시작했다. "그리스도, 살아계신 하나님의 아들이여, 우리에게 자비를 베푸소서. 그리스도, 살아계신 하나님의 아들이여, 나에게 자비를 베푸소서."[6] 그리고 기도를 시작했으나 끝내 마치지 못했다. 바람이 불어 불길이 얼굴을 집어삼켰기 때문이었다.

후스의 예언

체코어로 '후스'는 거위를 의미한다. 처형을 지켜보던 한 사제의 보고에 의하면 후스는 죽기 전 이렇게 말했다고 한다. "당신들은 이 거위[후스]를 요리할 수 있겠지만 100년이 지나지 않아 백조 한 마리가 일어나 결국 승리할 것이다." 사람들은 백조를 특별한 새로 여긴다. 실제로 네덜란드에서는 백조가 기독교 신앙의 상징이 되었다.

1세기 후 마르틴 루터는 자기를 통해 후스의 예언이 성취되었다고 보았다. 그의 말이다. "거룩한 요하네스 후스는 보헤미아 감옥에서, 그들이 지금은 거위[후스] 구이를 할지 몰라도 백 년 안에 그들이 입막음할 수 없는 백조의 노랫소리를 듣게 되리라는 글을 남겼다. 그는 나에 관해 예언한 것이다. 그리고 하나님의 뜻이라면 그 예언대로 될 것이다."[7] 그리고 후스가 순교한 지 102년 후 루터는 비텐베르크의 성(城)교회 문에 95개 조 반박문을 못 박았다.

다시 콘스탄츠 공의회로 돌아가 보자. 그들은 산 사람을 죽이는 것도 모자라 죽은 사람을 무덤에서 파헤치는 일까지 했다. 또한 영국에서 존 위클리프의 저술을 이단으로 규정했을 뿐 아니라 그의 시신을 무덤에서 파헤쳐 재를 스위프트 강에 뿌릴 것을 요구했다. 그러나 스위프트 강은 아본 강으로 흘러들어 가며, 아본 강은 세본 강으로, 세본 강은 브리스틀 해협으로 흘러가 마침내 바다로 향한다. 그렇게 위클리프의 가르침과 그가 대중화한 성경은 하나의 강에서 다른 강으로 흘러 결국 전 세계로 흘러나갔다. 후스와 그의 추종자들은 핍박으로는 복음의 영향을 끊을 수 없음을 가장 확실히 보여주는 사례다.

후스의 영향

교회는 보헤미아 민족에게 순교자를 선사했다. 개혁 운동은 살아남았지만 두 분파로 나뉘었고, 다수파 중에는 로마 가톨릭 체제의 소폭 개혁만을 원하는 이들도 있었다. 그들의 주된 요구는 평신도가 미사 때 빵뿐 아니라 포도주잔도 받게 해달라는 정도였다.

더 철저한 개혁이 아니면 만족하지 않겠다는 이들도 있었다. 핍박이 닥치자 일부는 왈덴시안(피터 왈도의 추종자들) 같은 개혁파에 합류했다. 1세기 후 루터가 독일에서 개혁을 시작하자 후스의 개혁에 충성했던 브레스렌 교회 등 많은 이들이 루터의 운동에 가담했다.

얀 후스가 심어놓은 씨앗은 훗날 루트비히 진젠도르프라는 남자가 이끄는 모라비안 교회로 싹을 틔웠다. 18세기에 그의 리더십 아래에서 모라비안은 전 세계로 265명의 선교사를 파송했다. 위대한 영국 전도자 존 웨슬리의 회심도 모라비안의 영향에 힘입은 바가 크다. 고로 위클리프, 후스 그리고 그들을 따랐던 사람들은 다양한 방식으로 역사에 영향을 미치고 발자국을 남겼다.

마르틴 루터의 경우, 초기에는 자신이 후스의 추종자임을 부인했지만 후스의 저술을 보다 자세히 검토한 후에 기꺼이 "난 후스파"라고 인정했다. 루터는 후스가 화형당했으며 자신도 유사한 운명에 처할 수 있음을(하지만 결국 그들이 입을 막을 수 없는 백조가 될 것을) 잘 알면서 스스로 후스파라고 시인한 것이다.

흥미진진한 후스의 이야기는 오늘날 우리에게도 시사하는 바가 크다.

3

비텐베르크 문

비텐베르크 자택에서 반 마일 남짓 걸어 성(城)교회까지 갈 때 마르틴 루터는 무척 화가 난 상태였다. 그는 가톨릭의 특정 가르침에 대한 일련의 반박을 그 작은 마을의 게시판 역할을 겸했던 교회 정문에 못질할 생각이었다. 그는 당시 교회 안에 교권 남용이 존재한다고 믿었고, 이에 관한 논쟁을 촉발하고자 했다.

그가 이렇게 화가 난 데에는 그럴 만한 충분한 이유가 있었다.

로마의 교황 레오 10세는 카니발 축제, 전쟁, 도박, 사냥에 교회 자원을 탕진하고 있었다. 교황의 친구들과 조언자들조차 교회 수장의 과도한 사치에 불편함을 느꼈다. 교황은 경쾌한 어조로 이렇게 말했다는 보고가 있다. "주님이 우리에게 [교황직을] 주셨어. 즐기자고!"[1] 가톨릭 역사가 루트비히 폰 패스터는 "위기의 때에 이 남자가 성 베드로의 권좌에 즉위한 것은 … 하나님이 교회에 내린 가장 혹독한 시련 중 하나였다"라고 단언했다.[2] 결국 이 교황이 개혁의 대상으로

본명이 지오바니 드 메디치인 교황 레오 10세는
파격적인 예술 후원가였다.

무르익을 대로 익은 교회를 주관하게 되었고, 루터가 교권 남용을 규탄하며 민심에 호소하자 수만 명이 기다렸다는 듯이 동참했다. 그렇게 교회는 산산이 조각났다.

레오 교황의 문제를 단순화하면 이러하다. 그는 로마의 성 베드로대성당을 완공하길 원했고, 그러려면 돈이 필요했다. 주후 319년경 콘스탄틴 시대로 소급되는 옛 건물은 철거 판정을 받았고, 교황 율리우스 2세의 지휘로 재건축이 시작되었다. 그러나 기초공사가 완성될 즈음 율리우스가 사망해 건축은 중단되었다. 교황 레오는 이걸 끝마치고 싶어 한 것이다. 교황청의 빈 금고를 채우고 대성당을 완공하기 위해 거래 하나가 성사된다.

브란덴부르크의 앨버트라는 남자는 마인즈의 대주교가 되려는 열망이 있었다. 그는 이미 두 교구의 책임자였으나 대주교가 되기엔 아직 젊었다. 하지만 세 번째 교구를 얻는 것은 불법이었고, 이 세 번째 영예를 얻으려면 큰 대가를 지불해야 함을 알고 있었다.

앨버트와 교황은 가격 흥정을 벌였다. 역사가 롤런드 베인턴의 말이다. "교황은 열두 사도에 대하여 1만2천 두카트[ducats, 당시 유럽의 금화와 은화 단위]를 요구했다. 앨버트는 일곱 가지 대죄에 대해 7천 두카트를 제시했다. 그들은 1만 두카트에서 절충점을 찾았다. 분명 십계명 때문은 아니었으리라 짐작한다."[3]

이제 가격을 담판 지었으니 다음 순서는 앨버트가 자금을 마련하는 것이었다. 대주교직에 부임하기 전에 전액을 선납해야 했던 앨버트는 대출을 받으러 독일 은행을 찾았다. 당연한 일이겠지만 그는 자금 상환 의지를 밝히고 돈을 빌렸다. 앨버트가 은행 대출을 상환하고 교황이 자금을 회수하기 위한 모종의 거래가 타결되었다. 은행은 앨버트가 교황에게 줄 자금을 선지급하여 교황이 간절히 필요로 하던 현금을 제공했다. 그 대가로 교황은 앨버트의 영토에서 면죄부 판매를 허가했다. 판매 수익은 앨버트의 은행 빚 상환과 교황의 수입으로 나뉘었다. 교황은 초장에 1만 두카트를 받고 건축을 계속 진행할 지속적인 수입원도 확보했다.

그렇게 앨버트의 빚을 갚고 성베드로대성당 건축을 추진하기에 충분한 돈을 조성하기 위해 앨버트의 관할령 전역에서 면죄부가 판매되었다. 오늘날까지도 우리는 성베드로대성당의 규모와 화려함에 감탄을 금치 못한다. 1500년대 이래로 몇 차례 확장 공사와 리모델링이 있었지만, 중앙의 높은 건물은 건축자금 마련을 위해 면죄부를 팔았던 이 시절이 없었더라면 세워지지 못했을 것이다.

면죄부: 그때와 지금

면죄부는 기독교의 발전과 궤적을 같이하는 유구한 역사를 갖는다. 이방 종교에는 범죄에 대한 형벌을 현금으로 대신하는 관행이 있었다. 교회는 이 아이디어를 차용하여 사람이 죄의 결과로 받아야만 하는 합당한 벌을 돈을 받고 면해주는 일을 종종 했다.

교회 초기 몇 세기 동안 박해를 견디다 못해 신앙을 부인한 사람들이 있었다. 이들 중 다시 교회로 복귀하기를 원하는 사람에게 대부분 교회 지도자들은 진정으로 회개했다는 증거로 처방받은 선행을 실천할 것을 요구했다. 그들을 징벌 없이 재입교시키면 왠지 '손쉬운 믿음 만능주의'라는 인상을 심어줄 것 같았다.

죄인이 뉘우침의 증거를 제시해야 한다는 발상은 기독교 초기 몇 세기에 걸쳐 다양한 양상으로 나타났다. 하지만 시간이 흐르며 교회의 입장은 점점 한 방향으로 고착화했다. 죄에 대한 처벌로 선행을 해야 하지만, 형편상 선행을 못 하거나 대신 '헌금'을 하고 싶다면 기꺼이 수락했다. '헌금'은 특정 죄를 범한 것에 대한 대가 지불 혹은 벌칙이었다. 종국에는 교회가 처방하는 어떤 기부도 타당한 것으로 간주했다.

면죄부는 고해성사의 일부로 여겨졌다(지금도 그렇다). 통회, 보속(補贖), 죄 사함의 기도 후에도 죄의 현세적 결과라는 문제는 여전히 남는다. 그리고 이는 헌금 제공으로 처리된다. 고로 면죄부는 교회 지도자가 개인의 죄에 대한 현세적 징벌을 면제해주는 행위였다.

개정된 《가톨릭교회 교리서》(Catechism of the Catholic Church, 1995년 판)는 대사(大赦, 가톨릭에서는 면죄부를 대사라고 부른다—옮긴이)를 이렇게 정의한다. "이미 용서된 죄의 현세적인 잠벌(暫罰)을 면제하는 것이다. … 죄로 인한 현세적 잠벌의 일부 또는 전부를 제거한다는 면에서 부분 대사 혹은 전 대사(全 大赦)가 된다. 대사는 산 자나 죽은 자에게 적용될 수 있다."[4]

그다음에 따라오는 것이 대죄(처리하지 않으면 영벌을 초래하는 죄)와 소죄(小罪, 이 땅에서 깨끗게 하지 않으면 연옥에 가게 되는 죄)의 구분에 관한 논의다.

엄밀히 말하면 면죄부는 죄를 용서할 수 없다. 죄 용서는 하나님만이 하실 수 있다. 면죄부는 죄의 '현세적 결과'만을 없앨 수 있다. 원래 면죄부는 죄를 범한 것에 대한 처벌이었고 모든 죄에는 값비싼 대가가 따르니 되풀이해선 안 된다는 경고였다. 안타깝게도 일부 교구민들은 어떤 죄는 얼마의 값을 치르면 될까를 셈하기 시작했고, 어떤 죄는 벌금을 내고서라도 지을 만하다고 결론지었다.

위의 정의에서는 면죄부가 죽은 자에게도 적용될 수 있다고 했음을 주목하라. 연옥 자체는 죄에 대한 현세적 처벌로 간주하기 때문이다. 이런 논리다. 대부분 사람은 사망 시 지옥에 가기엔 너무 선하다(대부분 대죄를 가지고 죽지 않는다). 그렇다고 곧바로 천국에 갈 만큼 선하지도 않다. 그래서 연옥의 불 속에서 죄를 정화하여 천국에 들어갈 상태로 준비해야 한다. 신학자들은 (면죄부를 필요로 하는) 죄로 인한 징벌(penalty)과 (오로지 하나님만이 용서하실 수 있는) 죄의 죄책(guilt)을 구별한다. 하지만 일반인은 그 차이점을 이해하지 못했고 면죄부를 그저 천국행 티켓으로 인식했다.

면죄부는 지금까지도 가톨릭 신학의 일부로 남아 있다. 프란치스코 교황이 2013년 세계청소년의 날을 맞아 브라질을 방문했을 때 바티칸 교황청은 그 행사에 참석하지는 못하지만, SNS로 동참하는 사람들에게 전대사(온전한 대사)를 제공했다. 다음은 교황청의 공식 발표문이다.

마르틴 루터 초상화.
루카스 크라나크 장로의 작품(1529).

정당한 장애물로 인하여 앞서 언급한 축하 행사에 참석하지 못하는 신도는 일정한 영적·성례적 조건 그리고 기도에 참여한다는 조건하에, 로마 교황에 대한 충성과 복종의 심령으로, TV나 라디오 혹은 새로운 수단인 SNS를 통해 같은 의례와 영적 훈련을 따르며 정해진 날의 성스런 의식에 참여함으로써, 전 대사[온전한 대사]를 받을 수 있다.[5]

바티칸 교황청은 신도들이 트위터, 인터넷 혹은 다른 수단을 통해 행사에 동참할 수 있음을 확인했다. 오늘날과 지난날의 차이점은 '헌금'이 명시되지 않았다는 것이다. 그저 의례를 내가 따르고 하나님께 합당한 신심을 보여주면 이 유익을 받을 수 있다. 로마를 방문했을 무렵에도 스칼라 산타(Scala Sancta, 성스런 계단)를 한 계단씩 오르며 기도한다거나 지정한 교회에서 향을 피우는 등의 영적 의례를 실천하면 면죄부를 획득할 수 있다는 내용을 발견했다. 면죄부는 단지 루터 시대에만 성행한 게 아니라 오늘날 가톨릭 신학에서도 여전히 중요한 비중을 차지하는 교리다.

만성절

루터가 교수로 있던 비텐베르크는 작센 지방에 속했고, 작센은 프레더릭 선제후(選帝侯, elector)의 관할령이었다. 프레더릭은 자기 영내에서 교황의 면죄부 판매를 허용하지 않았다. 대신 매년 11월 1일, 만성절(萬聖節, All Saints' Day)에 독자적으로 면죄부를 판매했다. 비록 교황 측 판매인들은 작센에서 환영받지 못했지만, 비텐베르크 주민들은 엘베 강을 건너기만 하면 교황의 면죄부를 살 수 있었다.

앨버트는 농노들에게서 최대한 많은 돈을 뽑아내기 위해 면죄부 판매 노하우를 교황 측 판촉인에게 전수했다. 지정 금액을 지불한 사람은 모든 죄의 전적(완전한)이고도 온전한 소멸을 누릴 수 있다는 약속을 받았다. 그러면 세례받을 때의 무죄(無罪) 상태로 회복되고, 연옥의 고통을 면한다. 산 자가 죽은 자를 연옥의 불에서 풀어주기 위해 대신 면죄부를 구입할 수도 있었다. 적절한 값을 지불하면 친족과 친구들의 영혼이 천국에 입성할 수 있었다.

가장 헌신적인 판매인은 도미니크회 탁발 수도사 요한 테젤이었다. 그가 마을 어귀에 등장하면 마을 유지들이 그를 맞이했고 함께 엄숙한 행렬을 지었다. 대오의 맨 앞에는 교황 문장(紋章)을 단 십자가가 있었고 그 뒤 공중에 높이 들린 금자수 쿠션 위엔 교황 칙서가 놓여 있었다. 마을 광장에 십자가를 설치한 다음, 이런 식의 설교가 이어졌다.

여러분의 영혼과 소천한 이들의 영혼 구원에 관해 생각해 보십시오. … 여러분 앞에 세워진 거룩한 십자가 앞으로 나오십시오. … 당신이 사랑하는 죽은 친척과 친구들이 당신에게 애걸하는 소리를 들어보십시오. "우리를 불쌍히, 우리를 불쌍히 여겨줘. 우리는 처절한 고통 가운데 있어. 얼마 안 되는 돈으로 네가 우리를 대속해줄 수 있잖아." 이렇게 하고 싶지 않습니까? 귀를 여세요. 아버지가 아들에게, 어머니가 딸에게 말하는 소리를 들어보세요. '우리가 널 낳고 보살피고 길렀는데, 재산을 물려줬는데, 넌 너무 잔인하고 야박하구나. 우리를 풀어주려고 조그마한 것 하나도 내놓지 않는구나. 여기 불구덩이 속에 누워 있는 대로 버려둘 거니? 우리에게 약속된 영광이 또 지체되게 두겠니?"[6]

그다음에 후렴구가 나온다. 독일어를 번역하면 이런 내용이다.

헌금함에 동전 떨어지는 소리가 울리자마자
또 하나의 영혼이 연옥에서 솟아오르네.

면죄부를 사서 돌아가는 비텐베르크 거민의 손에는 죄 사함이 들려 있었다. 그들은 테젤이 마을 광장에 가지고 온 십자가가 그리스도의 십자가와 똑같은 가치가 있다고 입을 모아 말했다. 사실 개중엔 아직 범하진 않았지만, 앞으로 범할 예정인 죄 때문에 미리 면죄부를 사둔 사람도 있었다![7]

95개 조 반박문

마르틴 루터에게는 이런 상황이 최후의 결정타가 되었다. 그래서 그는 1517년 10월 31일 '95개 조 반박문'을 비텐베르크의 성(城) 교회 문에 게재했다. 교회에서 떨어져 나오겠다는 생각은 없었다. 자신의 행동이 결국은 유럽의 지도를 뒤바꿔놓을 것이라는 예상도 전혀 하지 못했다. 사실 그는 면죄부 자체를 반대한 게 아니라 그 남용을 바로잡길 원했을 뿐이었다. "이 행동은

비텐베르크의 교회 문은 신학적 토론을 주고받는 게시판으로 사용되었다.

반역 행위와는 거리가 멀었고, 실상은 어머니 교회에 있는 충성스러운 아들의 행동이었다."⁸

루터는 지역 차원의 논쟁을 원했다. 교회는 영혼보다 돈에 더 관심을 기울인다는, 불만으로 가득 찬 당시 민심을 이 반박문이 건드릴 줄은 전혀 생각지 못했다. 그는 면죄부 관행을 비판하며, 독일인

현재의 성(城)교회 문에는 라틴어로 95개 조 반박문이 새겨져 있다. 문 위엔 (펼쳐진 성경책을 든) 루터와 (아우크스부르크 신앙고백서를 든) 멜랑히톤이 십자가에 못 박힌 그리스도 앞에 절하는 부조가 있다.

에게 아무 의미도 없는 새 성전을 짓는 데 돈을 투자하기보다는 "살아있는 성전들"을 짓는 게 더 낫다고 말했다. 하지만 돈을 떠나 루터가 가장 크게 분노한 이유는 면죄부 구매를 통해 죄가 용서받을 수 있다는 식으로 진실을 호도하는 행태였다.

'95개 조 반박문'의 서문은 이렇게 시작한다. "진리에 대한 사랑과 열정으로, 진리를 빛 가운데로 드러내려는 열망으로, 다음의 논제들을 경건한 신부 마르틴 루터의 좌장 하에 비텐베르크에서 공개 토론할 것을 제안한다." 몇 가지 논제를 추려보았다.

1조. 우리 주님이자 주인이신 예수 그리스도가 "회개하라"라고 말씀하셨을 때 그가 뜻하신 바는 신자의 전 생애가 회개하는 삶이 되어야 한다는 것이다.

32조. 면죄 증서를 가지고 있으므로 구원을 확신할 수 있다고 믿는 자는

그의 선생들과 함께 영원히 저주받을 것이다.

52조. 비록 면죄부 판매인이나 심지어 교황이 자기 영혼을 담보물로 건다고 해도 면죄 증서에 의한 구원을 믿는 것은 허탄한 일이다.

79조. 면죄부 설교자가 내세운 교황 문장이 새겨진 십자가가 그리스도의 십자가와 동일한 가치를 지닌다는 주장은 신성 모독이다.

82조. 교황이 교회당에 소비될 그 한심한 금전으로 수없이 많은 영혼을 구원한다고 할 것이면, 어찌하여 가장 정당하다고 볼 수 있는 이유, 즉 거룩한 사랑과 영혼들의 최고의 필요를 위하여 연옥을 텅 빈 곳으로 만들지 않는가?[9]

루터가 면죄부 자체를 정죄한 것은 아니라는 점을 다시 강조한다. 그가 느낀 바는 면죄부가 남용되고 있다는 것이었다. 루터는 헌금, 기도, 면죄부 부여로는 용서를 얻을 수 없음을 분명히 했다.

그는 95개 조 반박문을 학자들과 논쟁하기를 희망했고, 이 문서가 학자층 안에서만 읽히기를 바랐다. 그래서 라틴어로 작성한 것이다. 하지만 얼마 지나지 않아 라틴어 원문은 독일어로 번역되었고, 독일 대다수 도시에 보급된 구텐베르크 인쇄기 덕분에 사본은 은밀하고 빠르게 인쇄되었다. 몇 개월이 안 돼 루터의 95개 조 반박문은 독일 장안의 화젯거리가 되었고, 얼마 안 가 유럽 대부분 지역에서 읽혔다. 마인츠의 앨버트 손에도 반박문이 한 부 건네졌고, 충분히 예상했겠지만, 그는 그 내용에 심한 불쾌감을 느꼈다.

앨버트는 사본 한 부를 로마로 보냈다. 교황 레오는 이렇게 반응했다고 한다. "루터는 술 취한 독일인이다. 술에서 깨면 생각이 달라지겠지."[10] 만일 교황이 가장 확연하게 드러난 면죄부 남용 사례를 대폭 바로잡았더라면, 루터는 거기서 만족했을지도 모른다. 사실 루터는 할 일 많은 교수에, 교구 사제였고 논란을 벌이는 일에는 취미가 없는 사람이었다. 그러나 교황의 반응은 달랐다. 레오는 아우구스티누스 수도회에 새 총무를 임명하여 그 총무가 "자기 수도회의 수도사, 이름하여 마르틴 루터를 진압하고, 큰불이 되기 전에 불씨를 꺼뜨리게" 했다.[11]

하지만 불씨는 꺼지지 않았다. 1년 안에 루터는 두 차례 토론회(논쟁)에 연루되어 행위 구원론 체제에 대한 반론을 더 공고히 다지게 되었다. 한편 그는 더 많은 공부와 저술에 매진하여 자신의 견해를 명료화했고, 인쇄기의 도움을 받아 그 견해를 널리 알렸다.

루터는 한 주가 다르게 그 속도와 규모가 증가하는 교계의 태풍과 회오리 한복판에 들어와 있었다. 자신의 상상을 훌쩍 뛰어넘는 논란에 사로잡힌 것이다. 친구들은 격려했고, 적들은 반기를 들었다.

어떻게 해서 루터는 교회와 교황도 오류를 범할 수 있다는 인식에 도달했을까? 그리고 괴로워하던 영혼은 어떻게 해서 마침내 구원을 발견하고 평안을 얻었을까? 이제 이 질문들을 살펴보자.

4

마르틴 루터는 누구인가?

교황 레오 10세는 루터를 가리켜 "주님의 포도밭에 들어온 멧돼지"라고 했다. 독실한 가톨릭 신자 중에는 그가 귀신 들렸다고 믿는 이도 있었다. 로마에서는 그의 사후, 시신에서 귀신들이 빠져나갔다는 소문도 돌았다. 루터의 친구들은 그가 선지자였으며 엘리야처럼 마차를 타고 승천했다고도 말했다. 좀 더 겸손하게는 그가 수 세기 동안 전통 아래 파묻혀 있던 복음을 구출한 개혁가였다고 평가한다.

마르틴 루터를 둘러싼 엇갈리는 견해에도 불구하고, 그가 떠난 뒤에 유럽은 전혀 다른 곳이 되었다는 사실에는 모두 동의한다. 그에 관한 책들은 쏟아져 나왔다. 단지 루터와의 인연으로 인해 기억되는 교황이나 황제도 많다. 루터를 사랑했건 증오했건 가톨릭과 개신교 모두 이 놀라운 한 사람에게 영향을 받았다.

루터의 배경

루터의 출신 배경을 보면 어떤 위대함을 암시할 만한 부분이 없다. 그는 1483년 11월 10일 독일 아이슬레벤에서 한스와 마거릿 루터 부부의 소박한 집에서 태어났다. 마르틴이라고 이름 지은 이유는 그가 성 마르틴절에 태어났기 때문이다. 부모님은 경건하고 엄격했다. 고로 집안 분위기는 사랑과 혹독한 훈련이 혼재했다. 어머니는 부엌 식탁에서 호두를 하나 집어갔다고 손에서 피가 날 때까지 루터를 매질했다. 아버지는 구리 광산에서 며칠씩 일했고 대다수 사람보다 돈을 잘 버는 편이었다. 하지만 루터의 회고에 의하면 그래도 어머니는 숲속으로 땔감을 구하러 다녀야 했다. 가정 분위기로는 기도, 엄격한 도덕, 교회 전통에 대한 충성과 열심을 강조했고, 자녀들도 마땅히 그렇게 살아야 한다는 기대가 있었다.

루터의 초년기 교육은 암기식이었다. 루터는 선생들을 존경했지만, 지금 우리 기준에 비추어보면 지나칠 정도로 엄격한 훈련을 받았다. 수업은 라틴어로 이루어졌고 얼떨결에 독일어를 쓰면 매를 맞았다. 집에서든 학교에서든 종교는 자연스러운 일상이었다. 종소리와 유물숭배와 기도문 암송으로 곳곳에서 교회의 존재감을 느낄 수 있었다.

초년기에 루터는 우울증을 겪었고, 일찍이 죄인 됨을 자각했기에 자기를 괴롭히는 듯한 마귀들로부터 안식을 얻고 싶어 했다. 법학을 전공하기 위해 에르푸르트 대학에 진학한 후에도 예민한 양심은 그를 가만히 두지 않았다. 그 양심 덕분에 루터는 자신이 하나님과 화해할 방법을 찾아야만 하는 죄인이라는 사실을 의식했다.

1505년 7월 그는 천둥을 동반한 폭풍 가운데 꼼짝없이 갇혔다. 천둥·번개가 바로 옆발치에 떨어지자 그가 외쳤다. "성 안나여, 날 도우소서! 수도사가 되겠습니다!" 그렇게 그는 수도사가 되었다. 서원했다는 이유도 있지만 가장 확실하게는 내면의 격동 때문이었다. 그렇게 루터는 아버지의 기대를 저버리고 에르푸르트 대학을 중퇴하여 같은 도시에 있는 아우구스티누스 수도원으로 들어갔다. 이제 그의 공부는 철학과 법학에서 종교 훈련으로 바뀌었다. 그는 이러한 연구가 영혼의 갈망을 채워주길 바랐고, 은둔자의 수도원 안에서 우울증과 침울한 기질에 대한 해답을 찾길 기대했다.

아우구스티누스 수도사의 삶

수도원 안에서 구원으로 가는 여정은 힘겨웠지만 불가능하진 않았다. 수도사들은 지옥 갈 만큼 나쁘진 않지만, 또한 천국 갈 만큼 선하지도 않은 사람들을 위해 연옥이 존재한다고 배웠다. 하나님은 진노하시지만 자비롭기도 하시고, 복수하시지만 또한 용서하시는 분으로 그려졌다. 그러니 교회의 가르침을 따르고 많은 은혜의 방편을 활용한다면 자비로운 하나님이 참회하는 자를 받아주시리라는 합리적 소망을 품을 수 있었다. 사망이 임박했을 때 사람이 할 수 있는 것은 마리아에게 호소하며 관대함과 구원에 이르는 은혜를 보여달라고 하나님께 구하는 것뿐이었다.

 루터는 그리스도가 심판자라는 생각을 하면 공포에 짓눌렸다. 그는 자신에게 주어진 모든 은혜의 방편을 붙들려고 했다. 그리스도의 공로 없이는 결코 천국에 갈 수 없음을 알았지만, 그 공로를 자기 노력으로 얻어야 한다고 믿었다. 그러므로 단 하나의 현명한 길은 하나님 은혜를 받을 자격이 되도록 종교에 전력투구하는 것이었다. 그는 자신이 수도사이기 때문에 남보다 영혼 구원을 받을 가능성이 크다고 예상했고, 특히 수도복을 입은 상태로 죽으면 '우대 혜택'을 받을 것으로 생각했다. 그래서 구원에 이르는 은혜 속에서 죽음을 맞이하기 위해 가장 엄격한 훈련에 매진했다.

한편 루터는 수도사가 되겠다는 자신의 결정으로 아버지가 단단히 화가 나셨음을 알고 있었다. 한스는 후일 아들과 화해했지만, 명석한 아들이 법학 공부를 포기하여 가족에게 보탬이 될 후한 돈벌이 기회를 놓친 것에 깊이 실망했다. 하지만 마르틴에게는 자기 삶에 대한 하나님의 부르심이 아버지를 기쁘게 하는 것보다 중요했다. 고통당하는 자기 영혼의 구원에 비하면 돈벌이는 중요도가 한참 떨어지는 문제였다.

루터와 예비 수도사들이 요하네스 자카리아라는 사람의 무덤 위 제단 계단에 엎드렸다. "너희는 무엇을 구하느냐?"라는 질문에 수도사들은 "하나님의 은혜와 자비입니다"라고 답했다. 수도원 생활의 엄격함에 대한 설명이 있었고, 그중에는 "자기 의지의 포기, 빈약한 음식, 거친 옷, 철야와 오후 노동, 육신 죽이기, 가난으로 인한 멸시, 구걸의 수치, 은둔 생활의 불쾌함"[1] 등이 있었다.

루터는 하나님이 도우신다면 이런 짐을 지겠다고 약속했다. 성가대의 합창 가운데 민간복을 내어주고 수도복을 받았다. "오 주님, 들으시옵소서. 당신의 종에게 축복을 내려주소서. 우리의 진심 어린 간구를 들으소서. 그리하여 그가 계속 당신의 도우심으로 당신의 교회에서 신실하게 예수 그리스도 우리 주님을 통한 영생에 합당하도록 살게 하소서. 아멘."[2] 그다음 루터는 안내인을 따라 자기 독방으로

루터는 95개 조 반박문을 쓰기 12년 전인 1505년 아우구스티누스 수도회에 들어갔다.

가 하나님과 화해하기 위한 여정을 시작했다.

흥미롭게도 루터와 다른 수도사들이 서원한 제단 아래 묻힌 요하네스 자카리아는 콘스탄츠 공의회에서 후스의 화형 결정에 중요한 역할을 한 인물이었다. 이 역설을 주목하자. 후스의 화형을 주창했던 사람의 기억을 기리는 바로 그 제단에서 교회를 밑동부터 뒤흔들 제2의 후스가 몸을 일으킨 것이다. 2장에서 보았듯이 후스는 화형 직전 이런 말을 남겼다. '당신들은 이 거위[후스]를 요리할 수 있겠지만 한 세기가 지나지 않아 백조 한 마리가 일어나 결국 승리할 것이다." 그 '백조'(루터)는 종국에 자신이 한 수도사 서원을 깨고 스스로를 '후스파'라고 불렀으며, 후스와 똑같이 이단으로 단죄되었다.

첫해 수습 기간을 마친 후 루터는 정식으로 수도회에 입회했다. 매일 일곱 번 기도를 드렸다. 7~8시간의 취침 후 수도원 종소리에 새벽 한 시와 두 시 사이에 잠에서 깬다. 벌떡 일어나 십자가 성호를 긋고 수도복을 입고 교회로 들어가 머리에 성수를 뿌린다. 적절한 기도와 챈팅 후에 경건의 시간은 늘 이렇게 끝났다. "구원하소서. 오 여왕이시여, 자비와 생명과 기쁨과 소망이신 어머니시여. 유배된 이브의 아들들은 당신에게 부르짖음을 올려드립니다. 눈물 골짜기에 머물 때 당신에게 우리의 탄식을 올려드립니다. 우리의 중보자가 되소서. 선하신 동정녀 마리아여, 우리를 위해 기도해주소서. 하나님의 거룩한 어머니여."[3]

한동안 루터는 자신이 수도원에서 성도의 길을 걷고 있다고 자신했다. 그러나 의무를 완수할수록 마음과 생각에서는 괴로움이 커갔다. 그는 죄책감과 절망으로 우울증을 앓았다. 의로운 하나님의 요구를 충족시키지 못하고 있다는 겸허한 인식이 임했다. 루터는 영의 존재론적 절망, 즉 '안페추퉁겐'(Anfechtungen)으로 고통받았다(이 독일어는 '죄책감, 두려움, 하나님으로부터의 고립' 등으로 해석할 수 있다).

첫 번째 미사

사제로서 처음 집전하는 미사였다. 루터는 스스로 준비가 되어있다고 생각했다. 그런데 포도주를 실제 그리스도의 피로, 빵을 그리스도의 몸으로 변화시킨다는 말을 발설하는 순간 공포가 엄습했다. 전혀 예상치 못한 일이었다. 그는 이 기적을 베푸는 것이 사제 예배의 절정임을 알았다. 사제만이 이런 권능을 가지고 있었고, 평신도와 성직자를 구분 짓는 핵심 권능이었다. 하나님의 서품을 받은 사제만이 이 평범한 요소들(elements, 성찬에 사용되는 빵과 포도주를 말함—편집자)을 비범한 것으로 변화시킬 수 있었다. 그들만이 빵과 포도주를 축자적으로 그리스도의 살과 피로 변화시킬 수 있었다. 이러한 변형 후 이 요소는 "하나님 중의 하나님"(God of very God)이 되기에 합당한 경배의 대상이 된다는 것이 교회의 가르침이었다.

루터는 아버지가 미사에 참석하길 바랐기에 첫 미사 날짜도 연기했다. 대학 입학식 때 만난 이후로 지금까지 아버지와 대면하지 못했다. 한스는 아직도 아들이 수도원에 들어간 게 원망스러웠지만 마지못해 아들과 화해를 시도했다. 아들의 첫 번째 미사 집전일이 다가오자 한스는 20명의 마부가 이끄는 큰 무리를 대동하고 수도원에 당도했다.

제단으로 나아가기 전 젊은 루터는 모든 죄에 대한 사죄경(赦罪經)을 받은 후 조심스럽게 전례복을 착용했다. 치명적인 실수라는 건 없었다. 성례의 효력은 오로지 올바른 의도로 집전하려고 하는지에 달려 있다고 교회는 가르쳤기 때문이다. 루터는 제단 앞에 자리를 잡고 서서 전례문을 암송하기 시작했다. 그리고 "우리는 당신에게 살아계시고 참되시고 영원하신 하나님을 드립니다"라고 말할 시점이 되었다. 루터는 그 순간을 이렇게 회고했다.

이 말에서 난 완전히 얼이 빠져버렸다. 공포가 엄습했다. 속으로 생각했다. "무슨 혀로 내가 이런 거창한 이야기를 할까. 이 땅의 군주 앞에서조차 만민이 두려움으로 떠는데, 대체 내가 누구길래, 신성한 하나님 앞에서 내 눈을 들고 내 손을 들겠는가? 천사들이 하나님을 에워싼다. 하나님의 고갯짓에 온 땅이 벌벌 떤다. 그런데 내가, 이 비참하고 작은 피그미가 어찌 '난 이걸 원해요, 저걸 주세요' 하겠는가? 난 티끌이고 재다. 죄로 가득한 사람이다. 그런데도 난 살아계시고 영원하시고 참되신 하나님께 말하고 있다."[4]

두려움에 떨면서도 자제력을 발휘하여 가까스로 미사를 마쳤다. 그의 두려움은 옛날 이스라엘 백성이 주의 언약궤 앞에서 느꼈던 두려움이었다. 시내 산의 두려움이었다. 그의 복수는 무자비하며, 대죄

(大罪)로 죽은 사람들에게는 보복이 영원한, 거룩한 하나님으로 말미암은 두려움이었다. 죄악으로 가득한 '피그미'인 그가 거룩한 하나님의 임재 앞에 서 있다. 그는 온몸으로 이 고통스러운 현실과 자기 죄의 무게감을 느끼고 있었다.

미사 후 식사 시간에 루터는 아버지와 화해하고자 다가가 말했다. "사랑하는 아버지, 왜 제가 수도사가 되는 걸 그리 반대하셨어요? 지금도 썩 맘에 들지 않으실지 몰라도, 수도사의 삶은 정말 조용하고 경건합니다." 이 말에 한스는 모든 석박사 앞에서 분통을 터뜨렸다. "너희 배웠다는 학자들은 성경에서 네 부모를 공경하라는 말도 못 읽어봤냐? 넌 나와 네가 사랑하는 어머니를 버렸어. 우리 노후는 우리가 알아서 하라는 말이지."[5] 루터는 법률가로서 돈을 버는 것보다 기도로 부모님께 더 힘이 될 수 있다고 아버지를 위로했다.

그는 아버지께 하나님이 천둥·번개 형태로 자신에게 임하셔서 부르심을 받았다고 했다. 한스의 대답이었다. "부디 그게 악마가 나타난 게 아니었기를 바란다." 실제로 루터는 훗날 그가 들은 소리의 출처가 하나님이었는지 악마였는지 스스로 혼란스러워했다. 하지만 그건 한참 후의 이야기다.

구원을 찾아

루터는 종교적 완전함을 이루는 일에 주저함 없이 자신을 내어드렸다. 너무 자주 금식을 해서 친구들이 생명에 위협이 있을까 우려할 정도였다. 수도원에서 규정한 것을 초과하는 철야와 기도 생활을 했다. 육신 죽이기를 위해 종종 담요도 없이 잤다. 수치를 경험하고자 구걸하러 다니기도 했다. 훗날 그는 이렇게 회고했다. "만일 그 생활을 좀 더 오래 했더라면 난 분명 철야, 기도, 성경 봉독 등으로 죽었을 것이다."[6] 그의 문제는 어느 시점에도 하나님으로 만족할 수 없었다는 데 있었다.

루터는 자신의 훈련에 성인의 공로를 더해 평안을 발견하길 바랐다. 교회는 선(善)을 모을 수 있다고 가르쳤다. 성인 중에는 자신의 구원을 달성하는 데 필요한 것 이상으로 선하게 살았던 이들이 있었는데, 그들의 잉여 공로가 보고에 쌓였고 이 유익은 하나님께 빚진 사람들에게 양도 가능하다는 논리였다. 교회에 따르면 죽은 자들에게도 이러한 은택을 양도할 수 있었다.

교회는 성인의 유물을 관람한 자에게 이 공로들을 분배했다. 어떤 유물을 봤는지 말하면 연옥 불에서 보낼 기간을 정확히 몇 년 차감할 수 있는지 알려주는 교황도 있었다. 그리고 만일 이 행위와 함께 교회에 헌금을 낸다면 예배자가 받는 공로는 더 커졌다.

로마 여행

1510년 루터는 아우구스티누스 수도회 내 분쟁을 해결하기 위해 로마로 출장을 갔다. 그와 동반자는 여러 수도원에 묵으며 먼 거리를 도보로 갔다. 자동차, 버스, 비행기로 여행하는 우리로서는 1,300킬로미터(800마일) 정도 되는 거리를, 구릉과 숲을 통과하여 도보로 이동한다는 것을 상상하기 어렵다. 그 이동 경로를 지도에서 확인해봐도 유익할 것이다. 왕복 여행은 총 3개월이 걸렸다.

루터는 로마의 보화에는 관심이 없었다. 예술품과 건축물을 봐도 별로 설레지 않았다. 성베드로대성당 기초공사는 완료되었지만, 자금 부족으로 잠정 중단된 상태였다. 그는 오로지 성자들의 로마, 유물과 성례의 로마에만 관심이 있었다. 그는 구원의 길을 찾기 위해 로마에 왔다.

그곳에 머무른 한 달간 루터는 시간을 쪼개 주요 신전에서 미사를 드리고, 카타콤을 방문하고, 거룩한 유물을 숭상하며 보냈다. 그는 로마 사제들의 도덕적, 영적 해이함에 아연실색했다. 루터가 겨우 하나의 미사를 드릴 시간에 예닐곱 개의 미사를 해치우듯 드리는 사제도 있었다. 냉소적으로 빵과 포도주에 이렇게 말하는 사제도 있었다. "너는 빵이니 계속 빵으로 남으라, 너는 포도주이니 계속 포도주로 남으라."[7]

그러나 이렇게 한다 해서 미사의 효력이 사라지는 것은 아니었다. 교회는 성례의 효력이 사제의 생활 방식에 달린 게 아니라고 가르쳤다. 초기에는 일부 부도덕한 사제들이 미사 집전을 하는 것에 우려가 쏟아졌다. 사람들은 사제의 됨됨이를 확실히 알 수 없으니 성례의 유효성도 확신할 수 없다고 불평했다. 하지만 미사에는 사제의 행위와는 별개로 독립적이고 본원적인 가치가 있다고 하면서 교회는 사람들을 안심시켰다.

루터는 스칼라 산타(거룩한 계단)를 기어 올라가기도 했다. 신도들은 이 계단이 예루살렘에서 빌라도가 판결을 내렸던 전당에 속한 계단이라고 믿었다. 그는 자신의 영혼을 연옥에서 구원하고 싶은 소망으로 계단 하나를 오를 때마다 라틴어로 된 주기도문을 반복하며 한 계단씩 입을 맞추었다. 계단 꼭대기에 다다르자 그는 자문했다. "이게 그런 효과가 있는지 누가 알지?"

스칼라 산타의 방문자들은 경배의 목적으로 무릎으로 기어서만 계단을 오르라는 주문을 받는다. 그들은 또한 이렇게 하면 연옥에서 징벌받는 시간이 차감된다는 약속을 받는다.

로마를 방문하여 도덕적 해이와 만연한 타락상을 목격한 사람은 비단 루터만이 아니었다. 루터보다 5년 앞서 로마를 찾았던 로테르담의 에라스뮈스는 "내 두 귀로 똑똑히 그리스도와 사도들에 대한 가장 가증스러운 신성 모독을 들었다"[8]라고 말했다.

예수회 창시자인 로욜라의 이그나티우스는 술 취함과 퇴폐적 생활이 만연한 로마에 가기를 거부했다. 교황 하드리안 6세도 로마 교황청이 "만악의 근원"임을 인정했다.[9] 분명 로마에도 구원은 없었다.

루터는 에르푸르트에 있는 수도원으로 돌아왔다. 로마 방문 전보다도 더 평안을 찾을 수 없었다. 만일 로마에서 구원을 찾을 수 없다면 어디로 향해야 할지 막막했다. 그는 양파를 가지고 로마에 갔다가 마늘을 안고 온 격이라고 했다.

사실 그의 수도원 시절도 이제 얼마 남지 않았다. 그는 소도시에서 철학을 가르치기 위해 곧 신설 대학으로 적을 옮길 예정이었으며, 우여곡절 끝에 그곳에서 성경 공부를 통해 그토록 간절히 찾았던 구원의 확신을 발견할 참이었다.

흑암이 흩어지고 그의 고통스러운 심령 속으로 빛이 뚫고 들어오고 있었다.

5

위대한 발견

얼마나 완벽해야 천국에 갈 수 있을까? 이것이 마르틴 루터를 그토록 괴롭힌 질문이었다. 양심이 그에게 부단히 일깨운 바는 하나님이 요구하시는 완벽함의 기준에 자신이 미달한다는 것이었다. 갖은 노력에도 불구하고 하나님이 요구하신 최저 수준에라도 도달했다는 확신이 들지 않았다. 그는 갈 바를 알지 못해 고통받는 영혼이었다.

성례에서는 어느 정도 위안을 얻었다. 그는 성례가 참회하는 자에게 은혜를 주며, 은혜가 쌓이다 보면 구원에도 이를 수 있다고 배웠다. 그리고 아무리 허물이 있을지라도 다른 이들, 더 완벽한 성인들이 쌓은 선행에서 획득한 '공로의 보고(寶庫)'가 있었다. 유물 관람과 헌물 드리기 같은 일을 하면 그러한 공로를 자기 '계정'으로 끌어올 수 있었다.

루터는 그의 고해사제 요한 스타우피츠에게 찬사를 보내는 글을 종종 썼다. 그는 루터의 궁금증을 참을성 있게 들어주었고 구원에 대해 절망할 때 희망을 북돋워주었다. 루터는 자주 고해성사를 했다. 내리 여섯 시간을 한 적도 있었다. 고백하지 못한 죄가 남아 있지 않을 때까지 자기 영혼을 샅샅이 뒤지고 기억을 들추었다. 루터의 끝도 없는 고해에 진이 빠진 스타우피츠는 이렇게 말했다. "만일 그리스도가 자네를 용서하시길 원하면 이런 소소한 죄들 말고 부모 살해, 신성 모독, 불륜 같은 죄를 가지고 오게나."[1]

하지만 롤런드 베인턴이 지적하듯이 "루터에게 문제는 죄의 경중이 아니라 죄의 고백 여부였다."[2] 그는 하나님이 거룩하시기에 단 하나의 극미한 죄로도 영영 하나님 존전에서 추방될 수 있음을 알았다. 게다가 자기 기억력도 미덥지 않았다. 또 죄라고 인식하지 못한 채 죄를 범하면서 그런 생각을 품을 수도 있었다. 설령 모든 죄를 기억하고 고백할지라도 내일은 또 다른 날이다. 당연히 공포심이 루터의 영혼을 점령했다.

여기서 그는 막다른 골목에 다다랐다. "죄를 사함받으려면 반드시 고백해야 한다. 고백하려면 인식하고 기억해야 한다. 만일 죄를 인식하고 기억하지 못한다면 고백할 수도 없다. 그리고 고백하지 않는다면 용서받지 못한다."[3] 더욱이 그는 자기 본성이 철저하게 부패했다는 것을 알았다. 비유하자면 죄 고백은 수도꼭지에서는 물이 계속 흐르는데 바닥을 닦는 것과도 같았다.

스타우피츠는 루터에게 그저 하나님을 사랑하라고 권면했다. 하지만 그토록 무서운 하나님을 어떻게 사랑한단 말인가? "사르는 불"로 묘사되는 그런 하나님을 누가 사랑할 수 있을까? 죄인을 심판하고 지옥으로 저주하시는 하나님을 어떻게 사랑할 수 있을까? 기도

중에도 의심이 떠나질 않았다. 연구 중에도 집요한 잡념에 시달렸다. 그는 스물한 명의 수호성인을 선정하여 하루 세 번 그들에게 기도했지만, 아무 소용이 없었다. "하나님을 사랑하라고요?" 그가 반문했다. "난 하나님을 증오한다고요."

강한 표현이었지만 그만큼 절박한 심경이었다. 그는 심판자 그리스도의 이미지에 집착했다. 도무지 대속자 그리스도가 머릿속에 그려지지 않았다. 스타우피츠는 루터의 절망에 굴하지 않고, 루터에게 필요한 조언과 격려를 아끼지 않았다. 루터는 "스타우피츠 박사가 아니었더라면 난 지옥으로 침몰했을 것이다"라고 말했다.

비텐베르크 입성

스타우피츠는 루터에게 에르푸르트에서 100마일 정도 떨어진 소도시 비텐베르크에서 교수 생활을 할 것을 권했다. 당시 작센의 선제후 프레더릭 군주가 비텐베르크에 대학을 하나 신설해 건축 중이었다. 그렇게 1511년 마르틴 루터는 철학 선생으로 비텐베르크 대학에 부임했다. 그는 위대한 가톨릭 학자, 토마스 아퀴나스가 쓴 주석을 사용하여 아리스토텔레스 윤리학을 가르쳤다. 하지만 루터는 아리스토텔레스에 대해 엄청나게 투덜거렸고,

프레더릭 현제라고도 불리는 프레더릭 3세는 루터의 초기 옹호자였다.

아퀴나스에 대해서도 마찬가지였다. 루터는 도덕과 윤리학에서 말하는 '인간 중심적' 이해에 역겨움을 느꼈다.

루터는 아퀴나스가 기독교와 아리스토텔레스를 통합했기에 교회가 '행위 중심'이 되었으며, 인간 본성의 패악한 실체와 하나님 은혜의 필요성을 간과하게 되었다고 결론 내렸다. 고로 그는 가톨릭 신학계의 최고 스승으로 추앙받는 아퀴나스가 교회를 그릇 인도했다고 확신했다.

루터가 비텐베르크로 이사한 후에도 스타우피츠는 계속 자문을 제공했다. 그는 루터에게 철학보다 성경을 가르치면 구원 추구에 보탬이 될 것이라고 조언했다. 성경 강의는 너무 방대해서 "내가 죽을 거예요!"라고 루터가 말하자 스타우피츠는 "그것도 나쁘지 않지. 하나님은 천국에서도 똑똑한 사람들에게 맡기실 일이 많을 거야"라고 대꾸했다.[4]

결과적으로 성경을 가르치겠다는 결정은 루터에게는 다른 의미의 죽음이 되었다. 그는 자신의 노력에 대해 죽고 자격 없는 자에게 주시는 하나님의 공로를 받아들였다. 그는 성경 안에서 영혼이 갈구하던 답을 발견했다. 루터는 성경 공부를 만끽했다. 훗날 이 대학의 성경학 학과장으로 부임한 스타우피츠는 루터를 자신의 후임으로 세우기 위해 학과장 자리에서 물러났다.

구원 문제

1513년 8월 루터는 시편 강해를 시작했다. 시편 22편에서 그리스도도 하나님께 버림받았다는 사실이 위로가 되었다(1절, "내 하나님이여

내 하나님이여 어찌 나를 버리셨나이까"). 이는 분명 채찍과 가시와 못보다 더 힘겨웠을 것이다. 그렇게 루터는 하나님으로부터의 소외감, 즉 '안페추퉁겐'(Anfechtungen)에 압도당한 누군가를 그리스도 안에서 발견했다. 루터는 그리스도가 우리의 죄악을 친히 담당하셨기 때문에 이를 경험하셨음을 깨달았다. 그는 이제 하나님의 진노와 하나님의 사랑이 하나가 되었다는 것, 즉 하나님의 두 속성이 십자가로 온전히 충족되었음을 깨달았다.

로마서 강의를 시작했을 때 그는 '하나님의 의'라는 구절에 전율했다(롬 1:17). 비록 스스로 '흠잡을 데 없는 수도사'라고 자부했지만, 하나님 앞에선 괴로운 양심을 가진 죄인으로 서 있을 뿐이었다. 그는 하나님의 굽힘 없는 의로 죄인들이 하나님의 지극히 거룩한 존전에서 쫓겨났음을 알았다. 그래서 하나님의 의는 그의 심장에 두려움을 불어넣었다.

그다음에 서광이 비쳤다.

그는 밤낮으로 하나님의 의(righteousness)와 하나님의 공의(justice) 그리고 "의인은 믿음으로 말미암아 살리라"라는 말씀 사이에 있는 연결 고리를 고민했다. 다른 구절도 떠올랐다. "일을 아니 할지라도 경건하지 아니한 자를 의롭다 하시는 이를 믿는 자에게는 그의 믿음을 의로 여기시나니"(롬 4:5).

마침내 하나님의 공의와 "의인은 믿음으로 말미암아 살리라"라는 말씀 사이의 연결 고리가 눈에 들어왔다. 그의 글이다. "그때 나는, 하나님의 공의는 은혜와 순전한 자비로 말미암아 믿음으로 우리를 의롭다고 하시는 의라는 사실을 깨달았다. 그 깨달음의 순간, 나는 마치 거듭나 열린 천국 문으로 걸어 들어가는 듯한 느낌이었다."[5]

그는 이제 '하나님의 의'가 하나님의 속성을 지칭할 뿐 아니라 죄인에게 주시는 하나님의 선물도 된다는 것을 깨달았다. 더 이상 하나님의 공의가 두렵지 않았다. 하나님의 공의가 밉지 않고 오히려 형언할 수 없이 달콤하게 여겨졌다. 하나님은 구세주 그리스도를 참되게 믿는 사람에게 그분의 마음을 여시고 그리스도의 거룩이 우리를 위해 율법의 요구를 충족하도록 하신다. 루터는 그리스도의 완전성이란 선물 덕분에 우

비텐베르크에서 설교하는 루터

리가 순전히 은혜와 자비로 구원받는다는 것을 깨달았다. 복음이 우리에게 가르치는 바는 죄인이 하나님으로부터 전가된 의를 소유함으로써 의로운 존재로 선포된다는 것이다. 하나님은 믿는 자를 위해 용서를 베푸시고 군대 귀신들을 쫓아내신다.

루터는 수도사로서 배운 것과 성서를 스스로 공부하며 배운 것 사이에는 극적인 차이가 있음을 깨달았다. 그는 하나님 말씀에서 발견한 하나님의 약속에 근거하여 구원에 이르게 하는 믿음의 확신에 도달했다. 훗날 루터가 면죄부를 반대하고 성인들에게 기도하는 것과 연옥 교리를 거부한 것은 어찌 보면 당연한 이치였다.

루터가 수도원에 거하며 고해성사를 할 때는 그에게 구원의 확신

이 없었다. 고백은 기껏해야 과거 죄를 없앨 뿐, 내일은 또 다른 날이었다. 하지만 복음을 발견하자 예수님이 그의 모든 죗값을 완벽하게 지불하셨다는 게 깨달아졌다. 그 선물을 영접하면 사망하는 날까지 의롭다고 여김받는다. 물론 하나님과 개인적인 교제를 유지하려면 계속 죄 고백을 해야 하는 것도 맞다. 하지만 이젠 하나님의 자녀로서 하나님의 의가 영구적인 선물이라는 확신이 있었다. 이제 하나님과의 관계는 확고한 발판 위에 서게 되었다.

수년 후 갈라디아서를 주해하며 루터는 우리가 하나님으로부터 받은 의는 다른 모든 종류의 의와 다르다고 썼다. 그는 "하나님의 의"는 하나님이 우리에게 거저 주시는 "수동적 의"라고 했다. 땅은 비를 내지 못한다. 다만 하나님에게서 오는 비를 선물로 받을 뿐이다. 마찬가지로 하나님의 의를 받을 자격을 갖추기 위해 우리가 할 수 있는 일은 아무것도 없다. 다만 믿음으로 받을 뿐이다. 노력에 근거한 의와 하나님이 우리에게 주신 의를 혼동하거나 혼합해서는 안 된다.

자기 자신의 불완전성과 죄로 인해 고통당할 때 우리 양심은 해법이 되지 못한다. 우리는 오로지 믿음으로 거저 받은 하나님의 의와 그렇게 주어진 용서 안에서 안식함으로써 평안을 얻는다. 하나님 앞에서 스스로 선해지려고 노력하다가 지친 친구에게 루터는 이런 글을 보냈다.

"그리스도를, 십자가에 못 박히신 그리스도를 배우게나. 그에게 기도하는 법을 배우게나. … '주 예수여, 당신은 나의 의이지만, 나는 당신의 죄입니다. 당신은 내 짐을 지고 가셨지만, 당신의 것을 나에게 주셨습니다. 당신은 당신이 아닌 것을 스스로 짊어지셨고 내가 아닌 것을 내게 주셨습니다."[6]

루터의 말을 달리 표현하자면 그리스도는 그가 받을 이유가 없는, 말하자면 죄를 받으셨고, 우리는 우리가 받을 이유가 없는, 즉 그리스도의 의를 받았다. 이 교환이 복음의 정수다(고후 5:19). 루터는 우리가 날마다 스스로 이 복음을 전파해야 한다고 했다.

루터는 구원이 우리 외부에 존재함을 발견했다. 우리는 천국에서 이루어진 법적 선포로 의로워진다. 우리는 여전히 죄인이지만 그리스도의 공로에 근거하여 하나님이 우리를 온전히 받아주신다. 고로 우리는 성도인 동시에 죄인이다. 루터가 이 교리를 가르치고 설교하기 시작하자 많은 이들이 받아들였다. 하지만 공교회는 적개심을 품었다.

이렇게 루터는 갈등, 투쟁 그리고 (구하지 않았던) 명성의 원형경기장에 발을 들여놓았다. 그는 95개 조 반박문으로 이름을 떨쳤고, 이내 교황청의 주목을 받았으며, 독일 국민에게는 칭송을, 종교적 위계질서 안에 있는 이들에게는 증오를 한 몸에 받았다. 물러서서 비텐베르크의 학자 역할로 돌아가기에는 이미 때가 늦었다. 그는 유럽의 막강한 정치 및 종교 지도자들과 한 무대에 서야 했다.

그 어간에 로마에서는

다시 로마로 돌아가 보자. 레오 교황은 루터의 95개 조 반박문을 잊지 않았고, 이젠 독일에서 일어나는 불길을 진압할 때가 되었다고 판단했다. 훗날 루터는 만약 그때 교황이 면죄부를 판매하던 요한 테첼의 입만 다물게 했어도 자신은 거기서 만족했을 것이고, 종교개혁은 더 이상 진척되지 않았을 것이라고 말했다. 그러나 교황은 테젤을 조용히 시키기는커녕 그에게 신학박사 학위를 수여했다. 그가 루터와 학문적으로 동격이라는 모양새를 만들어주어 면죄부를 옹호하는 집필을 할 수 있도록 말이다.

분명 교황은 루터를 과소평가했다. 이탈리아의 지롤라모 사보나롤라와 프라하의 얀 후스와 같은 개혁자들은 주로 교회의 도덕성을 공박했지만, 루터는 그가 타락의 근본 원인이라고 본 가톨릭교회의 구원 교리를 공략했다. 루터는 오직 믿음으로 의롭게 된다는 교리를 깨닫고 해방감을 맛보았다. 그리고 이내 다른 수천 명이 유사한 영적 해방을 경험하게 될 터였다. 교황이나 테젤 그 누구도 이 운동을 막을 수 없었다.

자신의 신학을 발전시켜 가는 과정에서 루터가 긴박하게 해결해야 할 의문이 하나 있었다. 오직 성경만이 믿음과 실천의 문제에서 절대 확실한 기준인가? 그에게 닥쳐오는 갈등을 보면서 루터는 그렇다는 결론을 내렸다. 그리고 루터는 이 하나의 신념을 가지고 수백 년 동안 진화를 거듭해온 교회 전통에 도전장을 내민다.

처음에 루터는 다툼을 피하려 했다. 하지만 그를 에워싼 유명세의 회오리에 계속 말려 들어갔다. 그는 이 모든 상황을 당혹스러워했고, 훗날 자신이 "눈가리개를 한 말처럼 인도를 받았다"[7]라고 회고했다. 몇 개월 지나지 않아 마르틴 루터는 독일 전역에 알려졌고 사랑과 증오를 한 몸에 받는 존재가 되었다. 그는 자신이 순진무구하게 시작했던 논란에서 주도적인 역할을 감당할 수밖에 없었다. 그에게 복음을 깨닫게 해준 성경책은 이제 복음을 옹호하고 지켜낼 능력을 부여할 것이다.

세 차례의 결정적 토론회

루터는 95개 조 반박문을 게재한 후 채 1년이 안 되는 동안 토론회에 두 차례 초대받았다. 토론회는 그를 이단죄로 고소하려는 의도를 가진 가톨릭 신학자들이 주도했다. 1차 토론회는 하이델베르크에서, 2차는 아우크스부르크에서 열렸다. 3차 토론회는 그로부터 1년 후 라이프치히에서 열렸다.

하이델베르크

1518년 5월 루터는 독일 하이델베르크에 와서 큰 무리의 학식 있는 남자들 앞에서 자신의 신학을 옹호하라는 초청을 받았다. 그의 군주 프레더릭 선제후는 루터가 로마에 가는 것을 완강하게 반대해 왔지만, 하이델베르크는 안전하리라 생각했다.

루터는 신분을 감추고 도보로 가기로 했다. 나흘 길을 터벅터벅 걸어간 후 그는 자조적으로 이렇게 말한다. "도보 이동을 하는 것에 대해 합당한 통회를 하는 중이다. 내 통회에 대해 완벽하고 온전한 보속(補贖)이 이미 이루어졌으니 면죄부는 필요 없다."[8] 대적들은 그가 한 달 안에 화형당할 것을 장담하던 상황이었으니 신변의 두려움을 느낄 만도 했다.

하이델베르크에서 루터는 하나님의 눈으로 보면 올곧은 행위조차 대죄가 될 수 있다고 성경에 입각해 주장한 어거스틴을 옹호했다. 만일 어거스틴의 말이 맞는다면, 선행으로 구원받을 수 있다는 가르침이나 그리스도의 완벽한 공로에 우리의 선행이 추가될 수 있다는 가르침은 거짓이었다. 더 근간으로 들어가 인간이 대죄와 소죄를 제대로 구분할 수 있다는 발상에 문제를 제기했다. 요컨대 우리는 너

이 마르틴 루터 기념비는 하이델베르크에 있다. "마르틴 루터, 1483-1546, 아우구스티누스 수도원에 머물던 시절과 1518년 4월 26일 하이델베르크 대논쟁을 기념하며. 1983년 루터의 해."

무도 죄에 둘러싸여 있어 스스로 구원에 기여할 수 없으며 하나님이 직접 개입하셔서 우리에게 은혜와 영생의 선물을 주셔야만 한다.

그는 이 논지를 자신의 신학적 순례 과정을 통해 더욱 명확하게 발전시켜 나간다. 사실 "자기 안에 있는 무엇을 가지고 행함으로써 은혜를 얻을 수 있다고 믿는 사람은 자기의 죄를 더할 뿐이며 이중으로 죄를 범하는 것이다."[9] 루터는 성경을 자기 견해의 근거로 삼았고 어거스틴의 견해에 동조했다. 그리고 구원은 인간과 하나님의 합작품이 될 수 없으며, 하나님 홀로 우리 마음속에서 믿음을 통해 역사하신 결과라고 결론지었다. 행위로 자신의 죄에 대한 용서를 얻길 바라는 사람은 하나님 은혜의 빛을 가릴 뿐이다.

루터는 말한다. "율법은 '이것을 하라!'고 말하는데, 결코 그대로 하지는 못한다. 은혜는 '이 분을 믿으라!'라고 말하는데, 단박에 모든 것이 이뤄진다."[10] 선행으로 하나님을 만족하게 했다고 생각할수록 도리어 저주를 자초할 뿐이다. 따라서 은혜는 인간의 패역과 죄를 배경으로 놓고 볼 때만 이해할 수 있다.

하이델베르크에서 돌아오는 길에 뉘른베르크에서 온 대표단과 마차에 함께 탄 루터는 자신의 신학이 학문의 반대자들을 누르고 승리하기를 바란다고 말했다. 그는 "지금 이대로의 교회법, 교령(教令), 학문으로서의 신학, 철학 그리고 논리를 철저하게 청산하고 새로운 연구를 시작하지 않는 한"[11] 교회 개혁은 불가능할 것이라고 친구에게 썼다. 비록 나이 든 신학자들은 자신에게 동조하지 않았지만, 일부 젊은 학생들이 호응했다는 사실에 루터는 힘을 얻었다.

아우크스부르크

하이델베르크 논쟁 후 4개월이 지나자 루터에게 아우크스부르크의 토머스 카예탄 추기경 앞으로 출두하라는 소환장이 날아왔다. 루터의 친구인 프레더릭 군주는 교황으로부터 '그 악마의 자식'을 교회 관할권 아래 두어 오명을 씻으라는 압박을 받고 있었다. "그렇게 하지 않으면 당신은 후세대로부터 하나님의 교회를 거스른 가장 지독한 이단의 부상(浮上)을 조장한 자라고 책망받게 될 것입니다."[12] 이제 프레더릭 군주는 루터에게 안전 통행권을 제공하기를 주저했다. 루터는 자신이 죽을지도 모른다는 생각에 이렇게 말했다. "이제 난 죽을 것이다. 부모님에게 얼마나 큰 수치가 될까!"[13]

카예탄은 루터를 교회와 화해시키든지 아니면 결박하여 로마로 이송하려는 속셈이었다. 그는 루터가 마리아와 다른 성인들의 잉여 공로로 가득 찬 보고(寶庫)의 존재 그리고 유물 관람을 통해 이 보고에 접근할 수 있다는 교리를 부인했다고 고발했다. 아울러 믿음만으로 충분히 의롭게 된다고 가르치며 교황의 면죄부 배분권을 부인했다는 혐의도 제기했다.

카예탄은 루터와 세 차례 면담했다. 대화는 매번 단 하나의 단순한 질문으로 귀결했다. "철회하겠는가?" 루터는 비텐베르크에서도 얼마든지 할 수 있는 일을 하려고 아우크스부르크까지 온 건 아니라고 답했다. 그리고 아우크스부르크에 온 이유는 자신의 오류를 지적하는 것을 듣기 위해서라고 말했다. 교황이 성경 위에 있다는 말에 루터는 이렇게 비꼬았다. "거룩하신 교황님이 성경을 유린하시네요." 세 번째 대담 후 카예탄은 루터가 철회하기 전까지 다시는 그와 상종하고 싶지 않다며 루터를 내보냈다. 이에 대해 루터는 이 문제를 다루는 데 추기경은 "당나귀가 하프를 연주하는 것"만큼이나 적임자라고 했다.

이 절차에 참석했던 루터의 고해사제 요한 스타우피츠는 아우구스티누스 수도회에 대한 복종 서원으로부터 루터를 풀어주었다. 그리고 루터는 친구들의 도움을 받아 도시에서 야반도주하여 비텐베르크로 돌아갔다.

프레더릭 군주는 이제 곤란한 처지에 놓였다. 교회는 그에게 루터를 결박하여 로마로 이송하라고 압박했지만, 많은 독일인이 이 유명한 시민을 우러러보고 있었다. 또한, 루터가 몸담은 대학의 신학과 교수들도 아직 루터를 배척하지 않은 상태였다. 하지만 유물숭배에 중독되어 있던 충실한 가톨릭 신자 프레더릭 군주는 자신이 이단 두둔 세력이라는 비난을 받고 싶지 않았다. 그렇지만 적어도 당장은 루터를 단죄하는 일을 거부했다.

라이프치히

1519년 라이프치히에서 3차 토론회가 열렸다. 루터는 크게 존경받는 신학자 요한 에크와 논쟁하라는 도전을 받았다. 요한 에크는 중무장을 한 채 토론장에 나타났다. 개막일이 되자 참석자 전원이 성토마스 교회(훗날 요한 세바스찬 바흐가 이 교회의 성가대장으로 봉직한다)

에 모여 미사를 드린 후 라이프치히 성의 대강당으로 이동했다.

에크는 '교회의 권위 vs. 성경의 권위'에 관해 문제를 제기했다. 루터는 교황이 오류를 범할 수 있으며 교황 외 다른 이들에게도 성서 해석권이 있다는 주장을 반복했다. 루터는 그리스도가 베드로에게 하신 말씀("너는 베드로라. 내가 이 반석 위에 내 교회를 세우리니")에 근거한 교황 무오설에 의문을 제기했다. 논쟁에 대비하여 공부하던 중 루터는 친구에게 이런 글을 보냈다. "교황이 적그리스도 자체인지 적그리스도의 사도인지는 모르겠지만, 교황은 교령을 통해 그리스도, 즉 진리를 너무도 처참하게 짓밟고 십자가에 못 박고 있다네."[14] 루터는 모든 교황이 적그리스도라고 믿은 건 아니었지만, 모든 교황이 그리스도의 역할과 위상을 찬탈하고 있으므로 교황직이라는 제도는 적그리스도라고 생각했다.

루터가 이런 결론에 가벼이 도달한 것은 아니었다. 그는 거룩하신 아버지로 칭함받는 교황에게 맹목적 충성을 바치도록 오랜 기간 훈련을 받은 사람이었다. 창자가 끊어질 듯한 심적 동요와 연구를 마친 후에야 비로소 교황이 마귀의 도구일 수도 있다는 생각이 들었다.

에크는 로마 교회의 지고성이 1세기로 거슬러 올라간다고 주장했다. 그러나 교회사를 공부했던 루터는 기독교 초기 몇 세기 동안 이탈리아와 다른 지역 주교들이 로마에 예속되지 않았음을 지적했다. 실제로 그리스의 주교들은 한 번도 로마의 권위를 받아들인 적이 없었으니 저주를 받지도 않았다.

에크는 비난하기를, 루터는 "로마 교회가 다른 모든 것 위에 있다는 믿음은 구원에 불필요하다"라고 말한 '저주받은' 존 위클리프를 추종한다고 했다. 그는 또한 베드로가 아닌 그리스도가 거룩한 가톨릭교회의 머리라고 가르쳤던 '이단' 얀 후스를 추종한다고 말하며 루터를 비난했다.

루터는 이에 대해 공의회는 새로운 신앙 신조를 정립할 권한이 없다고 응수했다. 그는 공의회 안에서도 서로 상충하는 경우가 있음을 지적한 다음 폭탄선언을 했다. "성경으로 무장한 단순한 평신도가 성경 없는 교황이나 공의회보다 우위에 있다고 믿는다. 면죄부에 대한 교황 교령에 관해서 내가 말하고자 하는 바는 교회나 교황 모두 신앙 신조를 정립할 수 없다는 것이다. 신앙 신조는 성경에서 도출되어야 한다. 성경이 있기에 우리는 교황과 공의회를 배격해야 한다."[15]

논쟁은 연옥과 면죄부로 옮겨갔지만 늘 권위의 문제로 되돌아갔다. 성경이냐, 교황이냐? "당신만 뭔가를 아는 유일한 사람인가요?" 에크는 루터를 계속 밀어붙였다. 루터가 자신은 신념과 양심을 따르고 있다고 말하자 에크는 그의 양심이 오류를 범했으니 양심을 버리라고 말했다.

라이프치히에 있는 동안 루터는 순교자 얀 후스의 저서 한 권을 건네받았다. 루터는 이제 면죄부가 부패의 온상이며 교황이 아닌 그리스도의 권위와 성경의 권위를 주창해야 할 필요성 등 주요 사안에서 자신이

루터의 라이프치히 논쟁 2백 년 후 요한 세바스찬 바흐는 성토마스 교회의 음악 목사가 되었다.

후스와 의견을 같이한다는 결론에 도달했다. 이전에는 후스주의자임을 부인했으나 이제 그는 공개적으로 이를 인정했다. "우리는 알지 못해도 모두 후스파다." 그리고 이렇게도 말했다. "난 그리스도의 신학자이다. 그리고 난 내 피와 사망으로 진리를 주장할 뿐 아니라 그것을 변호할 의무도 있다. 난 자유롭게 믿고 싶다. 공의회든 대학이든 교황이든 그 누구의 권위에도 종노릇하고 싶지 않다."[16] 18일간 계속된 공방으로 가톨릭교회와 루터의 반목은 더 깊어졌다. 그는 성벽의 구멍을 통해 라이프치히를 빠져나가 미리 대기해둔 말을 타고 몇 시간을 달려 비텐베르크로 귀환했다.

많은 친구가 루터를 배척했다. 하지만 그는 이제 오로지 성경만이 최고의 권위라는 점을 확신하게 되었다. 연못에 던져진 돌멩이처럼, 이 논란의 중심에 있던 비텐베르크 출신 신학자로부터 발원한 신념은 날로 큰 파문을 일으켰다.

에크는 로마로 돌아가서 루터 본인이 후스파임을 시인했다고 교황에게 보고했다. 비록 죽음의 위협을 받았지만, 교황이 "술 취한 독일인"이라고 불렀던 수도사는 물러서길 거부했다.

6

무너지기 시작하는 도미노

마르틴 루터는 산에서 돌 하나를 빼내려다가 뜻하지 않게 산사태를 일으킨 사람이었다. 수 세기 동안 딱딱하게 굳어진 전통으로부터 복음을 구출하려다 중세교회 구조를 송두리째 허물어버린 셈이 되었다.

루터는 새로운 열정으로 여러 전통에 대한 문제 제기를 이어갔다. 성경에 뿌리를 둔 신학이라고 확신하는 내용과 그 함의를 설명하기 위해 소책자와 책 집필에 맹렬하게 몰두했다. 그는 멈추어 사고를 체계화하는 시간을 갖는 대신, 그때그때 나타나는 필요에 반응하는 식으로 자기 사상을 급속도로 발전시켜 나갔다. 루터의 저작들은 종종 탈고하기 무섭게 인쇄되었으므로 실수를 교정하거나 오해를 막기 위해 원고를 수정할 기회조차 얻기 어려웠다. 그는 짧은 시일 내에 연이어 두 권의 책을 발간했고, 뒤이어 출간된 세 번째 책은 그와 교회의 반목을 돌이킬 수 없게 만들었다.

독일 귀족들에게 호소하다

"침묵의 시간은 끝났다. 이제는 말해야 할 때다." 그의 저서 《독일 귀족들에게 고함》(Address to the German Nobility, 1520년 8월 출간. 이후 《고함》으로 표기) 서문에서 루터가 한 말이다. 앞으로 차차 보겠지만, 루터는 그의 언설 전반에 걸쳐 교황의 폭정을 폭로하며 교황 통치는 "루시퍼와 그리스도, 지옥과 천국이 어울리는 것과 비슷한 수준으로 사도 통치와 뜻이 맞다"[1]라고 했다. 그는 독일 민족주의와 많은 독일인에게 있던 반(反) 로마 정서에 호소하는 것도 부끄러워하지 않았다. "제국은 명목상으론 우리 모두의 것이지만 실상은 교황의 것이다. … 우리는 독립을 얻었다고 생각하나, 실은 가장 교활한 폭군의 노예가 된 것이다. 우리는 제국의 이름과 직위와 문장(紋章)을 가지고 있지만, 교황은 부와 권력과 궁전과 법을 가지고 있다. 고로 교황은 열매를 먹어치우고 우리는 껍질만 가지고 논다."[2]

교황에게는 교회 개혁 의지가 없으므로 (군주와 같은) 세상 권력이 공의회를 소집하고 개혁을 단행해야 한다는 것이 그의 생각이었다. 다스리는 자들이 행악자를 징벌해야 한다고 성경이 말했으므로 정치권력이 종교 권력을 개혁하는 데 쓰임받아야 한다고 주장했다. 가령 악한 사제들은 세속 권세에게 징벌받아야 한다는 것이다. 그는 교회와 국가에게는 상호 교정의 책임이 있다고 했다. 그는 "마치 자신들이 목자나 통치자라도 되는 것처럼 양의 탈을 쓰고 온 노략질하는 이리 떼"로부터 독일이 자신을 지켜야 한다고 생각했다. 교황의 관리들은 만민을 속이는 "기어 다니는 파충류 떼"였다.

그다음 루터는 교회 지도자가 처벌받지 않고 제멋대로 행하는 일을 가능케 하는 세 가지 울타리에 관해 말했다. 이 울타리 뒤에서 교회 권력자들은 마음 놓고 "자유롭게 온갖 사기행각과 악을 방자하게 저지른다. 여리고 성벽과 마찬가지로 이 세 울타리는 (실제로는 '종이 울타리'인데) 무너져야 한다."

부패한 교회를 비호하는 첫 번째 울타리는 "영적 권력은 세상 권세 위에 있다"라는 믿음이다. 루터에 의하면, 이 사상은 붕괴하여야 한다. 그는 만인제사장 사상에 호소함으로써 이 논점을 전개했다. "우리는 모두 똑같이 그리스도인이고 세례와 신앙과 성령과 모든 것을 똑같이 가지고 있다. 그런데 지금은 만일 사제가 살해당하면 그 지역은 성례정지 상태에 놓인다. 왜 농노의 경우에는 그렇지 않은가? 그리스도인으로 부름받은 사람들 간에 이리 큰 차별을 두는 것은 대체 어디서 연유한 것인가?"[3]

그는 우리가 세상 권세에 감사해야 한다고 말했다. 그들의 통제가 없다면 인간은 공포 가득한 무법천지에서 살게 될 것이다. 그러므로 정치 지배자는 제한 없이 자기 의무를 행할 수 있어야 하며, 교황이나 주교, 농노, 수도사, 수녀에게도 같은 법이 적용되어야 한다. 부패한 교회가 교회법 뒤에 숨는 것을 허용해서는 안 되며, 세속 권세는 자기 통제권 아래의 사람을 착취할 수 있도록 부패한 교회가 스스로 부여한 권력을 무너뜨려야 한다.

훗날 루터는 만인제사장 교리에 담긴 의미를 발전시켜 갔고, 이로 인해 사람들이 자기 일을 바라보는 관점에는 급격한 변화가 일어났다. 교회는 (기도, 헌금, 성례 참여와 같은) 종교적 활동만이 하나님을 기쁘시게 한다고 가르쳤다. 반면 루터는 가장 평범한 일을 비롯한 모든 일을 통해 하나님이 영광받으신다고 결론지었다. 그의 말이다.

"교회 제단, 찬양, 성경 봉독, 희생제 등과 관련된 것만 하나님을 섬기는 일이라는 식의 발상은 의심의 여지없이 마귀가 발동한 최악의 속임수다. 마귀 편에서 볼 때, 하나님을 섬기는 일이 오로지 교회와 그 안에서 수행되는 일을 통해서만 이루어진다는 편협한 개념보다 우리를 더 효과적으로 엇나가게 할 방법이 또 있을까? … 교회 안에서뿐만 아니라 가정에서도, 부엌에서도, 작업실에서도, 밭에서도, 온 세상이 주님을 섬기는 일로 넘쳐난다."[4]

바닥을 걸레질하는 여자는 일하는 동안 찬송을 부르기 때문이 아니라 하나님이 깨끗한 바닥을 좋아하시기 때문에 하나님을 영화롭게 한 것이다. 하나님은 소젖을 짤 줄 아시지만, 젖 짜는 아낙을 사용하셔서 그 일을 하신다.

교회가 자기를 방어하는 두 번째 울타리는 "교황만이 성서를 해석할 수 있다"라는 가르침이었다. 루터는 이를 두고 "터무니없는, 공상 속 이야기"라고 했다. "그들이 아무리 무지하고 사악할지라도 성령

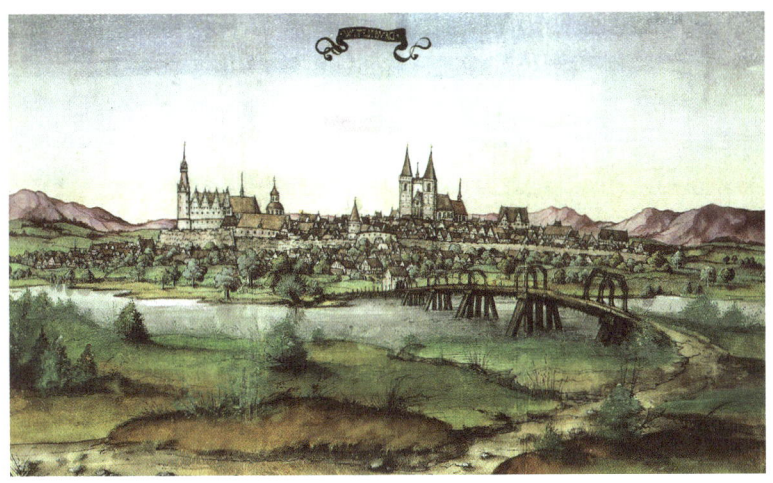

비텐베르크 마을(1536)

비텐베르크의 시장 광장에 있는 루터 동상

이 결코 그들[교황들]을 떠나지 않는다"라는 생각을 공격하면서 "그래서 그들은 방자해져서 자신이 원하는 것만 명령한다"[5]라고 했다. 고로 교황이 그리스도 왕국에 해가 되는 것이 사실이라면 오로지 교황만이 성경을 해석할 수 있다는 전통 뒤에 숨도록 내버려 두어선 안 된다. 이 배타적 특권을 교황직으로부터 찬탈해야 한다고 주장했다.

모든 신자가 제사장임을 수긍한 루터의 첫 번째 논점으로 어떤 의미에서는 이미 두 번째 벽도 무너졌다. 만민이 제사장이라면 우리 모두 성경을 읽고 우리가 보기에 합당한 대로 해석할 권한을 갖는다. "발람의 당나귀가 선지자보다 지혜로웠다. 그때 하나님이 당나귀를 통해 선지자에 반대하는 말씀을 하셨을진대 왜 지금은 의로운 사람을 통해 교황에 대항하는 말씀을 하실 수 없겠는가?"[6] 훗날 루터는 남녀 무론 하고 보통 사람이 성경을 가까이할 수 있도록 성경을 독일어로 번역했다.

마지막으로 루터가 허물어뜨려야 한다고 말한 세 번째 울타리는 "오직 교황만이 공의회를 소집할 수 있다"라는 것이었다. 루터는 해결되지 않은 분쟁이 있으면 '교회로' 가지고 오라고 언급한 마태복음 18장 16절을 인용하면서, 이 말씀이 공의회 소집은 교황의 배타적 권한이 아님을 시사한다고 했다. 몸 된 교회도 동등한 권리를 가지고 있다. 루터는 또한 교황이 삼중 왕관이나 교황 발가락에 입 맞추기 등의 관행을 접고 소박한 모습으로 돌아가야 한다고 했다. 그는 또한 성직자의 결혼을 허용해야 한다고 믿었다. 간단히 말하자면 루터는 교황을 그리스도와 비교함으로써 그의 수치를 드러냈다.

《고함》은 개혁이 필요한 스물일곱 개 영역을 제시하고 교회의 전횡을 깨끗이 불식시켜 달라는 세속 권력에 대한 도전으로 끝난다. 돈벌이 방편이 되어버린, 고로 "하나님의 진노를 불러일으킨" 죽은 자를 위한 미사는 폐지되어야 한다. 거룩한 날들이 아주 '거룩하지 않게' 되었으므로 (일요일을 제외한) 공적 축일도 폐지되어야 한다. 수도원의 수를 줄여 학교로 전환하고 수도사들이 자유롭게 수도원을 출입할 수 있게 해야 한다. 그리고 성례정지령(교황이 한 지역의 성례를 전면 정지하는 교령을 내릴 권한)은 하나님의 말씀에 재갈을 물리고 "한 번에 스무 명의 교황을 죽이는 것보다 더 큰 죄"이기 때문에 폐지되어야 한다. 그 외 여러 필요한 개혁들을 열거한 후 루터는 이렇게 글을 맺었다. "하나님이 우리 모두에게 그리스도인의 깨달음을 허락하시고 특별히 독일의 기독교 귀족층이 불행한 교회를 위해 최선을 행할 참된 영적 용기를 주시길. 아멘."[7]

반향

독일 국민은 이 굉장한 제안을 반겼다. 본래는 그냥 소책자로 기획했던 것이 96쪽짜리 책으로 불어났고 발간 후 2주 만에 4천 부가 판매됐다(당시로는 엄청난 판매량이었다). 세상 권력이 부패한 종교 지도자에 대해 권한을 행사할 수 있다는 발상은 교황의 무리한 요구와 조

종에 지치고, 비호와 높임을 받는 타락한 사제들 앞에서 좌절하던 독일인에게 큰 호소력이 있었다.

루터가 개인적으로 국가의 세속 권력에 빚진 마음이 있었다는 데는 의심의 여지가 없다. 사실 그의 생명이 보호받은 것도 군주의 정치권력 덕분이었다. 국가를 교회 권력과 동등한 발판 위에 놓아둠으로써 그는 위정자들이 자신의 개혁에 힘을 실어줄 것을 종용했다.

루터가 시작한 종교개혁은 단지 영적 운동이고, 루터는 복음만을 전했으며 사람들은 듣고 회심하여 교회의 족쇄를 벗어던진 것이 개혁의 골자라고 말할 수 있으면 좋겠다. 그러나 역사가 필립 샤프가 관찰한 것처럼, "폭력적 열정, 정치적 음모, 군주들의 야심과 탐욕, 온갖 이기적이고 세속적인 동기들이 교황에 반대하는 전쟁에 뒤섞여 있었다."[8] 루터는 본질적으로 종교개혁이 교회에 대한 영적 항거로 남기를 바랐지만, 그가 추구하던 개혁에서 독일 민족주의에 대한 호소는 꽤 큰 역할을 했다.

생각에는 결과가 따른다. 그가 집필한 대여섯 권의 정치 저술 중 하나에 불과한 《고함》이 독일과 세계에 일으킨 반향은 실로 장기적이었다. 후속 장에서 보겠지만 교회·국가 이슈에 관한 루터의 가르침이 독일 민족주의와 2차 세계대전의 참혹한 만행이 진행하는 동안 군국주의적 맹종을 하도록 일조했다고 믿는 이들도 있다. 세상 권세의 신적 기원을 크게 강조함으로써 그의 가르침이 '국가 권력'의 과도한 긍정을 초래했다고 말하는 이들도 있다.

기실 루터 자신도 얼마 후 일어난 독일의 농노 반란을 통해 자신의 저술이 어떤 결과를 가져왔는지 목격한다. 농노 반란에 대해 그가 보인 반응은 많은 물의를 일으켰고 그 여파는 향후 수 세기 동안 이어졌다. 이 중대한 주제는 후속 장에서 다시 다루기로 한다.

《고함》의 끝부분에서 그는 자신에게 "불러야 할 또 다른 노래가 있으니 온 힘을 다해 그 노래를 부를 것이다"라고 했다. 그가 염두에 둔 것은 또 다른 책, 즉 사람들을 옴짝달싹 못 하게 옥죄는 교회의 성례 체계를 공박하는 책이었다.

교회의 바벨론 유수

루터는 자신의 가장 급진적인 책《교회의 바벨론 유수》(*The Babylonian Captivity of the Church*)에서 성직자가 집전하는 성례는 은혜의 배타적 통로가 될 수 없음을 보여주고자 했다.

그는 책 서두에서 성례는 세 가지밖에 없다고 말한다(세례, 주의 성찬, 그리고 이차적 의미에서의 고해). 그러다가 논문 끝부분에서는 세례와 성찬 두 가지만 인정한다. 고해에 관해서는, 실천해야 하지만 성례로 간주해서는 안 된다는 것이 그의 생각이었다. 그리스도가 정하신 것은 세례와 주의 성찬밖에 없다. 교회는 그리스도가 처방한 것을 넘어가선 안 된다. 이즈음 루터는 구원이 그리스도가 십자가에서 이루신 것에 대한 믿음으로 얻어지는 것이지 교회 의례에 순복함으로써 얻어지는 것이 아님을 스스로 더 명백하게 깨우쳤다.

이 책의 제목은 구약에서 유대인이 70년 동안 바벨론 포로 생활을 했던 경험에서 따온 것이다. 루터의 관점에서 보면 교황은 성례를 이용해 대중을 조종하고, 사제가 원한다면 구원 얻을 기회를 박탈함으로써 사람들을 교회에 포로처럼 결박시켜 놓았다. 고로 사람들은 계속되는 종살이 가운데 있었다.

성례 체계의 재검토

교회사 초기에는, 어떤 면에서 보자면 구원이 세례와 성찬, 성례들과 결부되어 있었음을 기억해야 한다. 일례로 안디옥의 이그나티우스(주후 115년경)는 "성체(Eucharist)는 우리 죄를 위해 수난당하시고, 아버지가 그의 선하심으로 다시 살리신 우리 구주 예수 그리스도의 몸이다"라고 썼다. 먹고 마심으로써 우리는 영생의 참여자가 된다.[9] 이른바 《클레멘트의 두 번째 편지》(Second Letter of Clement, 작자 미상)에는 영생은 세례 시에 허락된다는 언급이 있다. 구원이 성찬과 세례라는 성례를 통해 온다는 믿음은 여기서 비롯된다. 그 결과 유아들도 세례를 받았으며, 특히 북아프리카에서는 유아에게도 빵과 포도주를 주었다. 사실 성례가 은혜를 부여한다면, 아이들도 세례와 성찬 '둘 다'를 통해 은혜를 받는 것이 합당하다.

콘스탄틴 대제(4세기) 이후 성례주의(sacramentalism, 성례가 심령 속으로 은혜가 스며들게 하는 수단이라는 가르침)가 탄력을 받았다. 이후 교회는 정치적 목적에 종종 이용됐고, 성례는 교회가 로마제국 시민의 삶을 통제하는 수단이 되었다. 성례주의가 자리를 잡아가면서 그에 수반되는 전례도 자라갔다. 그래서 볼테르가 미사를 두고 "빈자(貧者)의 화려한 오페라"라고 한 것이다.

몇 세기가 지나자 성례는 일곱 가지로 규정되었다. 지면 제약상 각각을 상세히 설명할 수는 없지만, 기본적인 가르침은 각각의 성례가 은혜를 나누어준다는 것이다. 그러나 죄인을 구원하기에 충분할 정도로 은혜를 주는 성례는 없었다. 누구도 천국 입장이 허용될 만큼 충분한 은혜를 가졌다고 확신할 수 없었다. 고로 구원의 확신은 다다르지 못할 경지였다.

그리고 만약 성례를 집전하는 사제가 거룩한 삶을 살지 못한다면? 앞장에서 우리는 도둑과 강도가 집전하더라도 성례는 내재적 권능(사효적 권능, *ex opere operato*)을 가진다고 한 어거스틴의 말을 인용한 바 있다. 성례의 효력을 보존하기 위한 중요한 논리였다.

최근 수년간 미국과 유럽의 많은 사제가 아동 성 학대 범죄를 저지른 것이 적발되었다. 하지만 우리는 그들이 수행한 성례들이 무효라는 내용의 보고를 들은 적이 한 번도 없다. 사제의 삶을 성례의 내재적 가치로부터 끊어냄으로써 범죄한 사제에 의해 성례가 무효화될지도 모른다는 우려에서 교회는 자유로워졌다.

이 대목을 숙고해보자. 만일 사제의 삶이 성례의 효력과 무관하다고 한다면 미사를 받는 교구민의 삶은 또한 어떻게 되는가? 교회는 수찬자(受餐者)에게 양심을 거역하는 대죄가 없는 한, 그리고 설혹 마음의 변화가 없더라도 성례의 유익을 거둘 수 있다고 답했다. 물론 사람들에게 "선한 내적 동기"를 가지고 미사에 임하라고 독려하긴 하지만 말이다. 회개가 있어야만 성례에서 유익을 얻는다는 말은 하지 않는다.

더욱이 몇 세기가 지나자 교회는 화체설을 교리로 가르치기 시작했다. 그러니까 평범한 빵과 포도주를 축자적으로 그리스도의 몸과 피로 변화시킬 권능이 사제에게 있다는 것이다. 다음은 1927년에 출간된 사제 지침서의 가르침이다. 사제들이 정결 선언을 하면, 그다음에 이런 일이 일어난다.

… 성육신한 말씀이 성례적으로 [빵과 포도주라는 외양을 입고] 사제의 손안으로 순종하여 오신다. … 하나님 그분께서는, 사제가 그분을 부를

때마다, 아무리 자주 부르더라도 제단 위로 강림하신다. … 사제가 원한 다면 그분을 감실(龕室, 가톨릭 성당 안에서 성체를 모셔 둔 곳—편집자) 안에 가둬두거나 제단 위로 드러내거나 교회 밖으로 가져갈 수 있다. 사제는 자신의 선택에 따라 그분의 살을 먹을 수 있고, 다른 이에게도 그분을 양식으로 줄 수 있다.[10]

가톨릭교회 신도는 왜 정결케 된 빵과 포도주를 보관하는 감실 앞에서 무릎 꿇고 경배하는지를 잘 설명하는 대목이다. 그들은 이 요소들이 하나님의 전적 임재라고 믿는다. 1546년 트렌트 공의회는 로마 가톨릭의 가르침을 규정화하여, 이 변형된 요소들에 가장 높은 형태의 경배(하나님 자신만 받으시기에 합당한 경배)를 드릴 수 있다고 했다. 인용하자면, 신도는 "이 지극히 거룩한 성례에, 참 하나님에게만 바치는 최고의 경배를 숭상의 표현으로 드릴"[11] 수 있다.

루터의 비평

《교회의 바벨론 유수》에서 마르틴 루터는 성례가 믿음과 회개하는 마음 없이도 내재적 가치를 지닌다는 발상을 반박한다. 롤런드 베인턴의 말처럼 "믿음이 있어야 한다는 그의 주장은, 입 안에 전병을 넣을 순 있지만 마음속에 믿음이 생겨나게 할 수는 없는 사제의 역할을 축소했다."[12] 사실 이미 보았듯이, 루터는 우리 모두 하나님 앞에서 제사장(사제)임을 긍정했다. 이렇게 함으로써 가톨릭 예배의 심장 자체를 위협한 것이다. 그는 성직자와 평신도 간에 생긴 큰 틈을 제거함으로써 천 년 동안 이어져 온 교회 가르침에 반기를 들었다.

루터는 미사에 대한 믿음은 계속 간직했지만, 화체설은 반대했다. 루터가 보기에는 그리스도가 "축자적으로 임재"하지만 빵은 빵이고 포도주는 포도주다. 그는 또한 그리스도의 희생제는 십자가상에서 단번에 완성되었으므로 미사에서 그리스도를 다시 희생제로 바치는 것이 아니라고 가르쳤다. 또한, 로마 가톨릭 관행에서는 사제만 미사에서 포도주를 마셨다. 평신도들이 서투르게 행하다가 하나님의 보혈을 '흘리는' 상황이 벌어질 것을 우려했기 때문이었다. 루터는 성례에는 경외감을 품었지만 모든 신자에게 이 잔이 주어져야 한다는 입장을 고수했다.

요컨대 루터는 사제가 "하나님을 만들고" 제단 위에서 그리스도를 희생제로 바칠 권능을 가지고 있다는 생각을 공박했다. 하나님은 빵과 포도주라는 요소들 안에 임재하시지만, 그것이 어떤 가치를 지니려면 우리에게 합당한 마음가짐이 있어야 한다. "미사는 자신의 믿음을 가지고 믿는 사람 외에는 아무도 도울 수 없고, 아무도 적용할 수 없고, 아무도 중보할 수 없고, 아무도 소통할 수 없는 신성한 약속이다."[13]

당시 가톨릭 전통에서는 사제 서품 또한 사제를 보통 사람보다 높은 수준으로 승격하는 의례, 즉 성례였다. 루터는 이에 대해, 서품 행위는 단지 사제에게 직분의 의무 사항을 수행할 자유가 있음을 인정하는 것에 불과하며, 어떤 고매한 인격을 부여하거나 민형사법으로부터 치외법권을 허용받는 게 아니라고 보았다. 아울러 모든 그리스도인에게 성례를 베풀 권리가 있다는 이해가 전제되어야 한다. 즉, 사제 서품이 그들에게 성례를 베풀 특별한 권리를 부여하는 것도 아니었다. 루터는 사제 서품 서약이 사제에게 구원을 배분할 마법 같은 권능을 주지 않는다고 했다. 숭상받는 사제직 전통은 사라졌다.

사실 루터의 눈에 기존의 서품 관행은 평신도에 대한 성직자의 "가증스러운 전횡"의 발원지였다. 그들의 전례복과 의례는 평신도 예배자를 주눅 들게 했고, 마치 구원이 평신도와는 천양지차인 사제의 손에 달린 양 믿게 했다. 사제는 미사 전례문을 사람들이 알아듣지 못하는 죽은 말로 암송했다. 교회는 미사 자체에 내재적 권능이 있으므로 사람들이 무슨 말을 하는지 굳이 알아듣지 못해도 무방하다고 했다.

세례에 관해 루터는 의식적 정결이 원죄를 씻어낸다는 견해를 고수했다. 그의 글이다. "첫 번째 논점은 신성한 약속"과 "우리의 전체 구원이 여기에 달려 있다는 것이다. … [그리스도인은 세례를 상기함으로써 자신의 믿음을] 부단히 일깨우고 키워나가게 된다. 우리가 일단 신성한 약속을 받아들이면, 그 진리는 죽을 때까지 지속한다. … 만일 하나님이 나를 위하시면 누가 나를 대적하리요?"[14]

루터는 유아세례와 믿음을 결부시키려고 최선을 다했다. 한편으로는 사람이 잠을 잘 때도 믿음이 있는 것처럼 아이도 의식하지 못하는 믿음을 가질 수 있다고 주장했다.

다른 곳에서는 부모들이 아이를 대신하여 믿음을 가지며, 아이들을 위해 대리 믿음을 가져야 한다고 말한다. 여하튼 세례에는 사효적(*ex opere operato*) 권능이 없었다.

트리덴티노 미사(라틴어로 진행하는 로마 전례 미사)를 집전하는 21세기의 가톨릭 사제

즉, 세례는 하나님의 약속과 결부되어야만 했다. 세례와 회심 간에 꼭 연관성이 있는 건 아니다. 즉, 믿음 없이는 구원받을 수 없다.

유아세례와 믿음을 결부시키지 못했음에도, 루터는 여전히 부모의 개인적 신심과 무관하게 모든 유아에게 세례 성례를 베풀어야 한다고 믿었다. 세례는 교회와 국가 간의 끈을 유지할 수 있게 했고, 유아세례는 모든 사람을 더 넓은 국가 교회로 통합하는 '사회적 성례'였다. 하지만 그는 또한 구원이 궁극적으로 그리스도 안에서 믿음을 통해서만 받는 개인의 문제라고 믿었다. 나는 개인적으로 루터의 신학 안에서는 지역교회(세례받은 사람 모두)와 참 교회(믿음을 통해 구원받은 모든 사람) 사이의 긴장 관계가 결코 해소되지 못했다고 생각한다(이 문제는 신약 성서의 토대 위에서도 해소될 수 없다고 믿는다).

그런데도 루터는 독일 민심에 반향을 일으켰다. 이제부터 루터를 위시한 종교개혁자들은 세 가지 근본 교리의 인도를 받는다. "전통 아닌 성경의 최고 권위, 행위 아닌 믿음의 최고 권위, 배타적 사제직이 아닌 만민(people)의 최고 권위."[15]

에라스뮈스가 《교회의 바벨론 유수》를 읽고 이런 평을 했음은 하등 이상한 일이 아니다. "분열은 이제 돌이킬 수 없는 일이 되었다." 루터는 이제 앞으로 나가면서 날로 커지는 반대 세력에 맞설 수밖에 없었다. 현대적으로 보자면, 이미 램프의 요정이 빠져나온 상황이었다. 중세 가톨릭주의 구조의 실체가 폭로되었고 또한 미흡한 것으로 드러났는데, 인제 와서 루터의 사상을 교회라는 램프 속으로 다시 밀어 넣는 일은 불가능했다. 공식적인 기독교계는 루터와 그의 추종자들을 핍박하려 들겠지만, 교회의 방해를 받지 않고 개인적으로 믿은 자들 모두에게 구원을 준다는 사상까지 진압할 수는 없었다.

일단 사람들이 자신을 옥죄던 교회의 족쇄에서 벗어나자, 이러한 '이단' 핍박조차도 그다지 성공을 거두지 못했다. 그리스도를 통해 하나님과 직접 만나는 자유를 맛본 많은 사람은 물러서길 거부했다.

루터에게는 많은 도전이 기다리고 있었다. 교황 레오는 이 '이단'에게 보다 강력한 조치를 할 때임을 확신했고, 루터는 여기에 응해야만 했다. 5세기가 지난 지금도 우리는 여전히 루터의 용기와 결단에 감탄한다. 교황 레오는 그의 광활한 지배 영역 안에 있는 이 '이단아'의 투지와 결단을 과소평가했다.

루터는 허물 있는 사람일지언정 겁쟁이는 아니었다.

7

주님의 포도밭에 있는 멧돼지

교황 레오는 마르틴 루터를 가리켜 "술이 깨면 생각이 바뀔 술 취한 독일인"이라고 했다. 비록 맥주를 즐겨 마시긴 했지만 취하도록 마시는 사람은 아니었고, 무엇보다 어떤 일이 닥쳐도 자기 생각을 바꾸길 단호히 거부하는 사람이었다. 그는 성례와 사제의 권위, 교황의 권위에 깔린 밑돌을 빼는 책들을 집필했다. 그의 책은 독일에서 널리 읽혔고 토론의 대상이 되었다. 그리고 이런 그의 견해에 동조하는 세력이 점점 늘어났다.

교황은 이제 더 강력한 조치가 필요하다고 판단했다. 1520년 6월 15일 날짜를 찍고, 교황 자신의 문장(紋章)을 새긴 표지까지 갖춘 교황 칙서가 루터에게 전해졌다. 이제는 유명해진 다음과 같은 말로 칙서는 시작된다. "일어나소서, 오 주님, 당신의 뜻을 정하소서. 멧돼지 한 마리가 당신의 포도밭에 침입했습니다. 일어나소서, 오 베드로여. 당신의 피로 정결케 된 모든 교회의 어머니, 거룩하신 로마 교회의 사건을 돌아보소서. 일어나소서, 오 바울이여."

역사에서는 라틴어본의 첫 두 단어인 "주여 일어나소서"(Exsurge Domine)로 잘 알려진 이 칙서는 루터가 교회에 끼친 슬픔을 반복적으로 표현했다. "우리는 이 뱀이 주님의 밭 사이로 기어 다니는 것을 더 이상 참을 수 없습니다. 이 오류들을 담고 있는 마르틴 루터의 책들은 검토하고 불살라 버려야 합니다."¹ 칙서는 루터의 95개 조 반박문에서 41개의 '오류들'을 조목조목 열거하면서 그에게 이 모든 오류를 철회할 것을 요구했다.

그들이 든 오류 중에는, 성례에 그 자체로 구원에 이르게 하는 은혜의 권능이 있다는 견해에 루터가 반대한 것과 면죄부, 연옥 거부 그리고 교황이 그리스도의 대리인이기에 신앙 신조를 정립할 수 있다는 전통에 대한 배격이 있었다. 칙서는 이런 호소로 끝난다. "이제 그러므로 우리는 마르틴에게 그의 지역에서 이 칙서가 발표된 시점부터 시작해 60일 동안 복종의 말미를 준다. 감히 우리의 파문과 저주를 위반하는 자는 전능하신 하나님과 베드로와 바울 사도의 진노 아래 설 것이다."²

교황은 칙서에 서명한 지 몇 주 후 루터의 친구인 프레더릭 군주에게 편지를 한 통 보낸다. 그는 루터의 오류를 망라한 칙서를 납으로 봉인해 발송했다고 알리며, 루터가

이 교황 칙서의 제목은 "마르틴 루터와 그의 추종자들의 오류에 반대하는 칙서"이다.

"단순 무지한 자를 현혹하고 순종과 절제와 겸손의 유대를 느슨하게 만들었다"라고 했다. 편지는 경책으로 끝난다. "우리는 그대가 부디 정신 차리고 우리의 관용을 받기를 권면합니다. 만일 루터가 그 광란을 계속 이어간다면 그를 억류하시오."[3] 교황 레오는 또한 칙서가 제국 전역에 공포될 것이고 루터에게 주어진 60일의 유예기간은 칙서가 비텐베르크에 도달하는 날부터 공식 발효된다고 밝혔다.

프레더릭은 다시금 곤경에 처했다. 사실 그는 교령에 복종하는 것이 마땅하다고 생각하는 충성스러운 가톨릭 신자였다. 다른 한편, 이 유명한 시민[루터를 말함—편집자]은 독일에서 인기가 많았고 비텐베르크 대학의 많은 교수도 그에게 동조하는데도 아직 이단 시비에 휘말리지 않은 상태였다. 프레더릭은 루터의 신학을 옹호하지는 않았지만, 루터에게 의견을 피력할 정당한 기회는 주어야 한다는 의견이었다. 그래서 군주는 어떤 행동을 취하기를 거부하고 상황을 관망하기로 했다.

칙서는 3개월 동안 루터에게 이르지 못했다. 그는 입소문을 통해 칙서가 오고 있다는 것과 그 속에 어떤 내용이 담겨 있는지를 들었다. 그의 감정은 분노와 격노 사이를 오가며 한때는 폭력을 주장하기까지 했다. "이단을 불로 징벌한다 할진대, 청년들과 하나님의 교회를 타락시킨 이 지옥의 괴물들, 이 추기경들과 교황들과 로마의 소돔 패거리 전체를 차라리 습격해버리면 어떨까?"[4] 하지만 그는 강한 표현을 곧 철회하면서 원래 의도와는 다르게 표현된 진술이라고 말했다. 루터가 이단 죽이기를 옹호하지 않은 것도 사실이다. 그러나 이 말은 보름스 회의 때 그에게 불리한 근거로 사용된다.

루터의 더 사려 깊은 반응은 동료 목회자에게 쓴 편지에서 엿보인다. "우리의 전쟁은 혈과 육에 대한 것이 아니라 공중의 영적 사악함에 대한 것이고 이 세상의 어둠의 통치자들에 대한 것입니다. 이제 굳건히 서서 주님의 나팔소리를 들읍시다. 마귀가 분을 내며 싸우고 있지만 우리를 대적하는 것이 아니라 우리 안의 그리스도를 대적하는 것입니다."[5]

아직 보지 못한 칙서에 대한 대응 차원에서 루터는 《적그리스도의 저주받을 칙서에 반하여》(Against the Execrable Bull of Antichrist)라는 소론을 집필했다. 그의 어조는 전투적이었다. "당신에게 묻습니다. 무지한 적그리스도여, 당신의 벌거벗은 말로 성경의 전신 갑주에 맞서 승리할 수 있다고 생각하시나요?" 그다음에는 대적들에게 이러저러한 욕설을 한 후 이렇게 글을 맺었다. "단죄당한 신조들을 단 한 음절이라도 철회하느니 차라리 천 번 죽는 게 낫겠습니다. 그들이 나를 이단이라는 신성 모독죄로 파문했으니 나도 하나님의 성스러운 진리의 이름으로 그들을 파문합니다. 누구의 파문이 유효할지는 그리스도가 판결하실 것입니다. 아멘."[6]

루터는 추호도 타협할 마음이 없었다.

교황에게 호소하다

루터는 어느 면으로 보나 못 말리는 사람이다. 자신을 단죄한 칙서가 아직 비텐베르크로 오는 중에 그는 교황에게 호소하는 책을 한 권 쓰기로 마음먹는다. 놀랍게도 이 책에서는 루터에게 익히 기대하는 전투적인 톤을 찾아볼 수 없다. 다소 누그러진 어조에 드문드문 교황을 높이기까지 했다. 그러면서 교황에게 자신의 명분을 이해해

달라는 호소로 초지일관한다.

《그리스도인의 자유》(*The Freedom of a Christian*)는 교회의 부패 척결의 필요성에 관해 교황에게 논증하려는 시도로서, 루터가 가장 예의를 갖추고 쓴 소론이다. 심지어 교회에 대한 큰 존경과 존중을 공언하기도 한다. 루터는 교황 레오에게, 그를 둘러싼 사람들이 부패한 사실을 교황이 미처 알아차리지 못했을 수 있다고 이른다. "그래서 가장 복된 아버지시여, 나는 당신 앞에 나아와 엎드리며, 만약 가능하다면 당신이 개입하여 그 … 평화를 지키는 척하지만 실은 평화의 원수 된 자들을 제어하시기를 기도합니다."[7] 루터는 교황이 자신에 대해 그릇 이해한 것을 요한 에크의 탓으로 돌리며, '거룩하신 아버지'되신 교황을 둘러싼 악의 책임이 에크에게 있다고 했다.

그러나 책 후반부로 갈수록 그가 서두에 제시한 선한 교황과 로마 교황청 간의 구분이 재빨리 무너지며 교황이 교회의 악에 속했다고 암시한다. "난 참으로 당신이 이끄는 로마 교황청을 멸시했습니다. 당신이나 그 누구도 교황청이 어떤 바벨론이나 소돔보다 더 타락했음을 부인할 수는 없을 겁니다. 내가 보는 한 교황청의 큰 특징은 철저하게 패역하고 암담한, 악명 높은 불경건입니다."[8] 이런 표현을 어떻게 달리 해석할 수 있겠는가? 그래도 루터는 그리스도인의 자유의 본질에 관한 혜안을 제시하는 데까지 나아간다. 그는 이런 질문에 관해 논한다. 그리스도인의 자유란? 그리스도로 말미암은 훈련과 예속 간의 관계는? 루터는 모순된 것처럼 보이나 긴장 관계로 붙들어야 하는 두 가지 중요한 진술을 한다. "그리스도인은 누구에게도 종속되지 않은, 완벽하게 자유로운 만물의 주인입니다. 그리스도인은 만인에게 종속된, 완벽하게 책임을 다하는 종입니다."[9]

비록 이 진술이 상반돼 보이지만 둘 다 바울의 글 속에서 찾을 수 있다는 것이 루터의 주장이다(고전 9:19). 첫 번째 진술에서 그가 지목한 것은 복음으로 인한 자유다. 그러니까 그리스도 '로부터의' 자유가 아니라 그리스도 '안의' 자유인 것이다. 다른 식으로 표현하자면, 그리스도인은 믿음에 힘입어 만물의 주인이 되며 누구에게도 종속되지 않으나, 또한 사랑에 힘입어 만인의 종이 된다. "믿음으로 우리는 자신을 넘어서 하나님 안으로 붙들려 갑니다. 사랑으로 우리는 우리보다 낮은 곳에 있는 이웃에게로 내려갑니다."[10] 루터에 의하면 "믿음에서 주님에 대한 사랑과 기쁨이 샘솟고, 사랑에서 기쁨으로 충만하고 자원하며 자유로운 마음이 샘솟습니다. 이 마음으로 인해 우리는 감사나 배은망덕을, 칭찬이나 원망을, 손익을 따지지 않고 이웃을 섬깁니다."[11]

그리스도인은 이렇게 생각해야 한다. "비록 난 자격 없고 저주받을 사람이지만, 나의 하나님이 그리스도 안에서 아무 공로도 없는 나에게 의와 구원의 모든 부요를 주셨습니다. … 그렇다면 난 자유롭게, 기쁘게, 전심으로, 열심과 뜻을 다하여 측량할 수 없는 부요를 나에게 부어주신 아버지가 기뻐 받으시도록 모든 일을 행해야 하지 않겠습니까? 그러므로 그리스도가 자신을 나에게 내어주셨듯이 나 스스로 이웃에게 그리스도가 될 것입니다."[12] 여기서 중요한 것은 앞뒤 순서다. 믿음에서 사랑이 흘러나와야 한다. 그래야 어떤 비용을 치르더라도, 섬김의 결과가 유익이든 손해든 따지지 않고 이웃을 섬길 수 있다. 단순화하자면 행위는 구원의 수단이 아니다. 행위는 구원의 열매다.

앞서 살펴본 선행에 관한 설교에서 루터는 믿음 없는 행위가 "무

의미한, 저주받을 죄"라는 논지를 제기했다. 어떤 인간의 의도 그리스도의 중재 없이는 하나님께 열납되지 않는다. 우리는 율법과 복음을 전해야 한다. 율법은 무엇이 죄인지를 우리에게 보여줌으로써 우리가 믿을 수 있게 한다. 믿고 난 다음 우리는 선행을 한다. 선행으로 사람이 선해지는 것은 아니지만, 선한 사람은 선행을 할 것이다.

비록 그 책은 교황 레오에게 헌정되었지만, 그가 루터의 책을 일독이라도 했는지는 알려진 바가 없다. 이 책이 사려 깊고 다소 유화적인 톤으로 쓰였다고 해도, 과연 이 '이단'이 쓴 책을 읽을 만한 겸허함이 교황에게 있었는지는 의심스럽다. 그리고 루터의 경우를 보자면, 마침내 비텐베르크에 당도한 교황 칙서에 반대하여 예전의 그 신랄하고 퍼붓는 듯한, 비꼬는 독설로 복귀하는 데에는 그리 오랜 시간이 걸리지 않았다.

비텐베르크에 도달한 교황 칙서

루터의《그리스도인의 자유》는 1520년 9월 6일에 발간되었다. 딱 한 달쯤 뒤인 10월 10일에 교황 칙서가 비텐베르크에 도착했다. 루터는 이제 직접 칙서를 읽을 수 있게 되었다. 그는 스팔라틴에게 이렇게 말했다. "이 칙서는 그리스도를 정죄하는 겁니다. 청중 앞으로 나오라는 게 아니라 배교로 나오라고 날 소환하는 것이죠. … 난 숭고한 뜻을 위해 고난당하는 것이 기쁩니다. 난 이런 거룩한 시험을 받을 자격이 없는 사람입니다. 교황이 적그리스도라는 것을 확신하니 한결 마음이 홀가분합니다."[13]

루터는 유화적으로 대처할 기분이 아니었다. 그는 칙서가 제기한

루터가 교황 칙서를 전달받은 비텐베르크의 시장터.
루터는 이후 시내로 들어가는 엘스터 성문에서 칙서 화형식을 거행했다.

41개 혐의 중 "면죄부는 신도들에 대한 경건한 사기행각이다"라고 자신이 말한 바 있는 18번 혐의를 골라 맞대응했다. 루터는 빈정거리는 투로 "철회한다"라고 말한 후 "인정한다. 면죄부가 '신도들에 대한 경건한 사기행각'이라고 말한 것은 나의 패착이다. 철회한다. 그리고 번복한다. 면죄부는 심령을 기만하고 신도들의 선행을 파괴하는 가장 악랄한 협잡꾼 같은 교황의 '불경건한' 사기행각이다."[14]

혹은 "얀 후스의 특정 신조들은 가장 기독교적이며 참되고 복음적이며 보편교회가 비난할 수 없는 것이다"라고 한 그의 말을 비난한 29번 혐의에 루터가 보인 반응을 보자. 다음은 루터의 답변이다. "내가 틀렸다. 얀 후스의 '특정' 신조들은 복음적이라는 진술을 철회한다. 번복한다. 일부가 아니라 얀 후스의 '모든' 신조들이 적그리스도와 사탄의 회당에 속한 사도들에 의해 이단으로 규정되었다."[15] 후스는 화형당했고, 루터 역시 동일한 운명을 각오했다.

쾰른과 에르푸르트 같은 도시에서는 교회 권력자에 충성하는 많은 자가 앞장서서 루터의 책을 불살랐다. 그러나 민심은 루터 편이었다. 이는 교황 칙사인 에크가 라이프치히에 칙서 사본을 가지고 도착했을 때 입증되었다. 그는 너무 극렬한 반대에 부딪힌 나머지 두려움에 떨며 줄행랑쳐서 몸을 숨겼다!

칙서 화형식

몇몇 도시에서 루터의 책을 불사르자 비텐베르크에서도 똑같이 응수하기로 했다. 그들은 교황에 대한 저항심을 보여주고자 교황 칙서와 교령집(교회법전)을 불살랐다. 루터에게는 칙서가 비텐베르크에 도착한 날부터 60일의 철회 기간이 주어졌고, 1520년 12월 10일 만료 예정이었다. 한 게시판에 다음과 같은 초청장이 게재되었다.

복음 진리의 모든 친구는 9시경 성벽 외곽의 '거룩한 십자가 교회'에 결집해주시기를 청합니다. 그곳에서 옛 사도들의 관행을 따라, 복음의 원수들이 앞장서서 경건하고 복음적인 루터의 서적을 감히 불 속에 던져 넣은 것처럼, 불경한 교황의 헌법과 학자들이 쓴 신학서적들을 불사를 것입니다. 고로 모든 진지한 학생은 이 현장에 참여하길 바랍니다. 지금이야말로 적그리스도의 실체를 드러내야 할 때입니다.[16]

루터는 화형식에 참석하여, 교황 레오 10세의 칙서와 함께 반기독교적 교령들을 불 속으로 던져 넣었다. 그의 말이다. "너희가 주님의 성도들을 근심케 한 것처럼 영원한 불이 너희를 근심케 하길."[17] 그

루터는 교황 칙서를 불사름으로써 돌아올 수 없는 강을 건넜다.

러고는 그는 많은 선생과 학생과 함께 시내로 돌아갔고, 다른 이들은 계속 그 자리에 남아 불 주변에서 노래를 불렀다. 루터에게 이것이 의미하는 바는 교황(적그리스도)의 최후 심판이 이제 임박했다는 것이었다.

저녁 식사 후 학생들은 농민 마차를 탔고, 어떤 기수가 길이 4피트(약 1.2미터)의 장대에 '교황 칙서'의 상징물을 매달아 깃발처럼 공중 높이 흔들어대며 축하 행사를 이어갔다. 마차 위에 선 나팔수는 눈앞의 상황에 사람들의 이목을 집중시켰다. 많은 이들이 행렬을 즐기며 박수갈채를 보냈다. 그날 저녁 화형식은 더 큰 웃음과 흥을 돋우며 다시 거행되었다. 루터는 이 장난기 어린 현장에는 참석하지 않았지만, 다음날 학생들에게 말했다. "교황의 어이없는 통치에 전심을 다하여 반기를 들지 않는 한 여러분은 구원받지 못할 것입니다. 교황의 왕국은 그리스도의 왕국과 그리스도인의 삶과 너무나 대조되기 때문입니다. 적그리스도의 왕국에서 사느니 차라리 사막에서 철저히 혼자 사는 게 더 낫고 안전합니다."[18]

루터는 훗날 자신이 세 번 파문당했다고 했다. 자신의 고해사제인 스타우피츠가 수도회의 순종 서약에서 그를 풀어주었을 때, 교황이 교회에서 그를 내쳤을 때, 그리고 마지막으로 황제가 제국에서 그를 내쳤을 때였다(이 부분은 다음 장에서 설명하겠다). 이 삼중 파문은 고통스러웠지만, 그가 교회의 오류들을 자유롭게 폭로하는 데 필요한 일이었다. 그는 시편 27편 10절에서 위안을 얻었다. "내 부모는 나를 버렸으나 여호와는 나를 영접하시리이다."

루터는 교황에게 항거했다. '멧돼지'는 계속 '주님의 포도밭'을 파괴했다. 그리고 교황 레오가 이를 기뻐하든 말든(물론 그는 기뻐하지 않았다) '주님의 포도밭'은 이제 결코 예전 모습으로 돌아갈 수 없었다.

8

여기 내가 섰으니

교황 레오 10세가 마르틴 루터의 공청회 요구를 묵살하자 루터는 새로 즉위한 황제 카를 5세(1500~1558)에게 호소했다. 루터는 황제에게 편지를 보내 평민인 그가 이 땅의 군주에게 다가가는 게 가당치 않으며, 이 땅의 군주가 몸을 낮춰 곤고한 자를 티끌에서 건져 올리는 것 역시 가당치 않은 일이라고 했다.

《독일 귀족들에게 고함》에서 루터는 공의회 소집권이 교황의 독점적 권한은 아니라고 주장했다. 그는 세상 권세가 문제 해결자로 나서서 과도한 권위와 부패의 온상이 된 교계 질서를 허물어뜨려야 한다고 도전했다. 루터는 카를 황제가 공의회를 소집할 수 있다고 했다.

달리 말하면 루터는 자기 사건을 시저에게 호소했다. 그는 교회가 영적 단순성을 회복하고 초기 사도들을 움직였던 복음으로 복귀하는 데 필요한 구체적인 교회 개혁 방안을 이미 제시한 바 있었다. 그리스도는 제자들의 발을 씻겨 주었지만, 교황은 자신의 발가락에 입 맞추길 요구한다고 루터는 말했다.

말할 필요도 없이 교황청은 세상 권력이 공의회를 주관한다는 발상을 극구 반대했다. 사실 당시에는 영적 권세가 세상 권세보다 우위에 있었기에, 정치권력은 종교 지도자들의 뜻에 크게 토 달지 않고 순응해야 한다는 어떤 기대치가 있었다. 그리고 교황의 바람은 그러한 세상 권력이 되도록 빨리 루터를 사형시키는 것이었다.

신성로마제국의 황제 카를 5세는 신교를 대적하기 위해 트렌트 공의회와 예수회를 모두 공인했다.

그러나 카를도 나름대로 고민이 있었다. 그는 얼마 전 획득한 왕권의 장악력을 강화하고 싶었다. 더 정확히 말하자면 그는 루터의 인기를 알고 있었고, 적어도 부분적인 개혁이라도 하지 않으면 안 될 만큼 교회가 심각한 상태라는 사실도 알았다. 공청회 없이 루터를 제압하는 조처를 하면 루터를 아끼는 사람들의 분노를 살 터였다. 더욱이 그는 루터의 군주인 프레더릭 선제후와도 돈독한 관계를 유지하길 원했다.

신성로마제국에는 황제 선출권을 가진 선제후가 일곱 명밖에 없었다. 1519년 공석인 황제직을 채우는 투표에서 프레더릭은 카를에게 표를 던졌다. 사실 카를이 독일 아헨에서 즉위했을 때 그와 프레더릭 선제후는 루터 건을 논의했고 공청회 없이 루터를 단죄해서는 안 된다는 점에 합의했다. 그러나 문제는 어디서 이런 공청회를 개최해야 하는가였다.

카를은 왕으로서 오스트리아, 스페인, 네덜란드 영토를 상속받았다. 그리고 이제 독일 황제로도 선출되어 샤를마뉴 황제 이래 어떤 지도자보다 넓은 영토를 다스리게 되었다. 카를은 독일 민족의 마음을 잃을 위험한 일은 하고 싶지 않았다.

독일 민심은 대부분 루터 편에 있는 듯했다. 어떤 사람은 독일의 10분의 9가 루터를 지지하고, 10분의 1은 "교황에게 죽음을" 달라고 부르짖는다고 평했다. 이제까지 프레더릭 선제후는 루터의 서적을 불법으로 불살랐다는 이유를 대며 교황 칙서 화형식에 면책권을

1521년 4월 16일 보름스 제국회의에서 카를 5세 앞에 선 마르틴 루터

부여했고, 이로써 백성과 교황 측 모두를 달래려고 했다. 교황은 이에 아랑곳하지 않고 루터를 죽이길 원했다. 그러나 카를은 이 독일인 유명 인사를 제거하는 일이 그리 간단한 문제가 아님을 알았다.

독실한 가톨릭 신자였던 카를 황제는 루터 건을 무기한 연기할 수 없다는 것도 알았다. 루터에게 초청을 보냈다가 번복하기를 여러 번 거듭하다가, 마침내 1521년 4월 독일 보름스에서 공청회를 열기로 확정했다.

보름스 제국회의

루터는 보름스로의 여행이 아우크스부르크 때처럼 죽으러 가는 길이 되리라 예상했다. 그의 말이다. "내 머리는 그리스도에 비하면 아무 값어치가 없다." 그다음 꼬집는 듯한 빈정거림으로 이렇게 썼다. "하늘과 땅과 지옥에서 맺고 푸는 자, 교황과 그 외아들 우리 주 시몬의 성령매매(Simony, 신약에서 성령을 돈 주고 사려 한 시몬의 죄를 말한다—옮긴이)를 믿사오니 이는 교회법으로 잉태하사 로마 교회에 나시고, 진리가 그 권력에 고난을 받으사 십자가에 못 박혀 죽으시고 장사되었으니."[1]

그의 사도신경 패러디는 계속해서 교황을 맹비난하고, 카를은 세상사를 심판할 자로서 바울 우편에 좌정한 자로 묘사한다. 보름스로 오라는 초청에 대한 루터의 반응은 저돌적이었다. "단지 철회를 위해 초청하는 것이라면 난 가지 않겠다고 황제에게 답하겠다. 철회가 그들이 원하는 전부라면 여기서도 완벽하게 할 수 있다. 그런데 만일 황제가 날 사망으로 초대하는 것이라면 갈 것이다. 다른 누구도 아닌 교황 추종자들의 손이 내 피로 더럽혀지길 바란다. 적그리스도가 다스리는 이때, 주님의 뜻대로 될 것이다."[2] 다른 이에겐 이렇게 편지했다. "이것이 보름스에서의 내 철회문이 될 것입니다. '나는 이전에 교황이 그리스도의 대리인이라고 말한 바 있습니다. 철회합니다. 이제 난 교황이 그리스도의 적이며 마귀의 사도라고 말합니다.'"[3]

곧 루터의 결의는 유럽의 최고 권력자들과 그들의 대규모 수행단 앞에서 검증될 참이었다. 그는 이 세상 유력자들 앞에 서서 자신이 단지 허풍을 떤 게 아니라 말한 바를 진실로 믿는다는 것을 증거하도록 초청받았다.

보름스로의 여행

루터는 안전 통행권을 보장받아 마차를 타고 보름스로 가는 길에 올랐다. 4월 16일 그는 마치 개선장군처럼 도시에 입성했다. 2천여 명이 그를 맞이하여 숙소까지 수행하고자 거리로 나왔다. 루터는 훗날 지붕 위 기왓장만큼이나 많은 마귀가 있더라도 자신은 보름스에 갔을 것이라고 했다.

도착한 다음날 그는 회의장으로 호송되었고 거기서 독일 군주들과 고관대작들과 카를 황제 앞에 섰다. 카를 황제는 유서 깊은 가톨릭 주권국들의 명맥을 잇는 상속자이자 중세 권력과 유산의 상징이었다. 거기서 루터는 한 무더기의 서적을 앞에 놓고 트리어 지방 대주교의 관원인 에크(수년 전 라이프치히에서 그를 심문했던 에크와는 다른 사람)의 심문을 받아야 했다. 첫 번째 질문은 이 책들이 루터의 저술이냐는 것이었다. 그가 수긍하자 책 전부를 변호할지를 물었다. 루터는 생각할 시간을 달라고 했고, 그의 요청은 수락되었다.

그날 밤 숙소로 돌아온 루터는 기도했다. 그의 페이토스(*pathos*), 절절한 고뇌, 용기를 전하기 위해 여기에 인용한다.

오 전능하시고 영원하신 하나님. 이 세상이 얼마나 끔찍한지요! 세상이 입을 벌리고 날 삼키려는 걸 보십시오. 그런데 당신에 대한 저의 신뢰는 너무나 보잘것없습니다. … 육신이 얼마나 연약한지, 마귀가 얼마나 강한지요! 만일 제가 신뢰할 대상이 이 세상의 힘밖에 없다면 다 끝난 일입니다. … 내 마지막 때가 왔고 나에게 유죄가 선고되었습니다. … 오 하나님, 오 하나님! 오 하나님, 이 세상의 모든 지혜를 누르고 날 도우소서. 그렇게 해주소서. 그렇게 해주소서. … 이는 나의 일이 아니라 당신의 일입니다. 난 여기서 할 게 아무것도 없습니다. 이 세상의 뛰어난 자들과 다툴 수 없습니다. 저 역시 나날이 평안하고 행복하게 흘러가길 바랍니다. 그러나 이 대의는 당신의 뜻입니다. … 그리고 이것은 의롭고 영원한 대의입니다. 오 주님, 날 도우소서! 신실하고 변개치 않으시는 하나님, 그 어떤 사람도 내가 신뢰할 대상이 아닙니다. … 오 하나님, 나의 하나님, 내 말이 들리지 않으신가요? 내 하나님, 죽으셨나요? 아뇨, 당신은 그럴 수 없습니다. 스스로 모습을 감추셨을 뿐이지요. 당신은 이 사역을 위해 날 선택하셨습니다. 저는 그걸 잘 압니다! … 그렇다면 오 하나님, 행하십시오. 나의 변호인이자 나의 방패이자 나의 강한 산성이신 예수, 당신이 깊이 사랑하시는 예수 그리스도를 위해, 내 곁에 서 주십시오.

잠시 괴로워하다가 루터의 기도는 이어진다.

주님, 어디 계신가요? … 오 나의 하나님, 어디 계신가요? … 오소서, 오소서. 전 준비가 되어 있습니다. … 당신의 진리를 위해 내 생명을 내려 놓을 준비가 되어 있습니다. … 양처럼 오래 참으면서요. 이 뜻은 의로우며, 당신의 뜻이기 때문입니다. … 결코 당신에게서 떨어져 나가지 않겠습니다. 지금부터 영원까지. 비록 이 세상은 마귀로 가득 차 있지만, 여전히 당신의 손으로 빚으신 내 몸이 칼에 베임 당하고 거리에서 잡아 늘여지고, 토막 나고 … 재가 된다고 해도 … 내 영혼은 당신 것입니다. … 그렇습니다. 당신의 말씀으로 난 이것을 확신합니다. 내 영혼은 당신 것입니다. 내 영혼은 영원히 당신 곁에 거할 것입니다. 아멘.[4]

아침에 눈을 뜨자 '예', '아니오'로 자신의 저술을 변호하겠느냐는 질문에 답해야 할 새날이 그의 앞에 놓여 있었다. 그는 자신의 결정이 독일과 유럽과 우리 모두에게 미칠 파장을 알지 못했다. 만일 루터가 압박 아래 굴복했더라면 기독교의 역사가 얼마나 달라졌을지 생각만 해도 오싹해진다.

여기 내가 섰으니

루터가 책 변호를 전체 의원 심의가 있는 다음날로 미룬 덕분에 더 많은 청중이 허락되었다. 카를 5세와 여러 제후, 군주, 재력가들이 참석했다. 독일을 이끄는 세도가들이 모두 한자리에 모인 것이다. 참석 인원이 너무 많아 더 큰 강당으로 옮겼는데도 북적댔다.

에크는 탁자 위의 책들을 가리키며 루터에게 전날의 질문을 되풀이했다. 루터는 다시금 책들이 자기 것이라고 인정했다. 그들 전부를 철회하겠냐는 질문에 그는 책들이 모두 '한 종류'는 아니라고 답했다. 일부 서적은 신앙과 삶에 관한 것으로 모두 동의할 내용이고, 일부는 교황직 관련 사안을 다룬 것으로서 논의할 필요가 있었던 문제였으며, 세 번째 부류는 특정인들에 대한 비판인데, 비록 필요 이상으로 빈정댄 사실은 인정하지만 모두 논쟁할 필요가 있었다고 했다. 루터는 만일 그 책들이 성서에 어긋나는 것임을 자신에게 제시한다면 누구보다 앞장서서 책을 불속으로 던져버리겠다고 말하며 발언을 맺었다.

에크는 자신의 저술을 성경을 들어 변호하는 것이 이단의 특징이라면서, 루터가 후스와 위클리프의 과오를 되풀이하고 있다고 말했다. 어떻게 자기만 성경을 해석할 능력이 있다고 자부할 수 있겠는가? 마지막으로 에크는 명백하게 도전했다. "당신에게 묻습니다, 마르틴. 솔직하게, 뿔은 빼고, 답하십시오. 당신은 당신의 책들과 그 속에 담긴 오류들을 취소합니까, 안 합니까?"

이에 대한 루터의 답변이다.

위대한 국왕 폐하와 당신의 영주들이 단순한 답변을 바라시므로, 뿔도 이빨도 빼고, 답하겠습니다. 성경과 명백한 이성에 의하여 내 죄가 입증되지 않는 한(나는 자기들끼리도 엇갈리는 교황과 공의회의 권위는 받아들이지 않습니다), 나의 양심은 하나님의 말씀에 사로잡혀 있으며, 나는 어떤 것도 철회할 수 없으며 철회하지도 않을 것입니다. 양심을 거스르는 것은 옳지도 안전하지도 않기 때문입니다. 하나님, 날 도우시옵소서. 아멘.[5]

초기의 기록에는 이 말이 들어 있다. "여기 내가 섰으니, 이젠 달리 행할 수 없습니다." 비록 현장의 녹취 기록에는 없었지만 아마도 루터의 말이 맞을 것이다. 롤런드 베인턴은 그의 책 《여기 내가 섰으

1521년 4월 16일 보름스 제국회의에서 카를 5세 앞에 선 마르틴 루터를 묘사한 다른 그림이다.

니》(*Here I Stand*, 국내에서는 《마르틴 루터》로 출간)에서 어쩌면 서기관이 너무 감동하여 루터의 최후 변론을 다 기록하지 못했을 수도 있다고 했다.[6]

　루터는 독일어로 발언했지만, 라틴어로 다시 말해 달라는 주문을 받았다. 그는 절망감의 표시로 팔을 공중을 향해 올리고는 강당에서 나와 숙소로 갔다. 한편 카를 황제는 루터의 발언을 숙고해달라고 요청했다. 참석자들은 응답할 시간을 달라고 했고, 카를은 이를 수락했다. 그들 앞에서 자신의 신앙고백을 한 다음 카를은 이렇게 덧붙였다. "단 한 명의 탁발수도사가 천 년간 내려온 그리스도교를 송두리째 거스르는 것은 정말 틀린 일입니다. 그러므로 나는 내 토지와 내 친구들과 내 몸과 내 피와 내 생명과 내 영혼을 걸기로 결단했습니다. … 그[루터]는 안전통행권 아래 돌아갈 수 있지만, 설교나 어떤 소요도 일으켜서는 안 됩니다. 나는 그를 악명 높은 이단으로 간주하고 그에 대한 절차를 밟아나갈 것입니다. 그리고 나에게 약속했던 것처럼 여러분도 그리 선포해 달라고 요청합니다."[7]

선제후들은 서명할 문서를 가지고 그 자리에 참석한 상태였다. 일곱 명 중 여섯 명이 참석했고, 그중 두 명은(한 명은 프레더릭 현제였다) 서명을 거부했다. 프레더릭은 자신이 루터 편에 서 있다고 분명히 선포했다. 그런데도 카를은 이제 죽여도 법적 처벌이 따르지 않는, 이단 신분이 된 루터에 대한 조치를 밟아나가기 시작했다. 카를의 계획은 이미 루터에게 안전통행권을 약속했으니 그가 고향에 돌아갈 때까지는 내버려 뒀다가 고향에 도착한 후 잡아 죽이는 것이었다.

훗날, 더욱 완전한 보름스 칙령 사본을 보면 루터가 결혼을 더럽히고 주님의 몸과 피를 부인했다는 고발도 있었다. "그는 성례를 수찬자의 믿음에 달린 것으로 만들었다. 그는 자유의지를 부인한 이교도이다. 수도복을 입은 이 마귀는 옛날 옛적의 오류를 악취 나는 고인 물로 모아다가 새로운 오류를 발명해냈다. … 그의 가르침은 반역, 분열, 전쟁, 살인, 강도, 방화와 그리스도 왕국의 붕괴를 몰고 올 것이다." 이 칙령은 루터를 유죄판결받은 이단으로 간주해야 하며 아무도 그를 두둔해서는 안 된다는 말로 맺는다. "그의 추종자들 역시 정죄받아야 한다. 그의 서적들을 인간의 기억에서 말끔히 지워버려야 한다."[8]

루터가 보름스를 떠나기 전에 그의 철회를 받아내려는 추가적인 회유 시도가 있었다. 루터가 교회에 대해 말한 내용은 대부분 옳고, 개혁이 필요하다는 말에도 일리가 있다. 그러나 루터가 자신의 저술을 일부라도 철회하지 않는다면 "그리스도 왕국의 이음새 없는 두루마기 옷"이 갈기갈기 찢기고 교회는 붕괴하며 사회도 동반 붕괴할 것이다. 그러나 루터는 이런 압박에 굴하지 않았다. 그는 자신이 집필한 것 중에서 단 하나의 조항도 철회하길 거부했다. 이로 인해 그는 여생을 법외자(outlaw)로 살게 되었다. 그리고 그들의 말대로 "그리스도 왕국의 이음새 없는 두루마기 옷"은 둘로 찢겼다.

예기치 못한 발트부르크 성에서의 체류

루터는 1521년 4월 26일 보름스를 떠나 고향으로 돌아가는 여정에서 여러 마을에 들러 설교했다. 그가 죽었다는 소문이 항간에 떠돌기도 했으나 루터는 살아 있었다.

5월 4일 아침 튀링겐 숲을 통과할 때였다. 다섯 명의 복면을 두른 기마병들이 마차에 타고 있던 루터를 낚아채어 아이제나흐 마을로 데리고 갔다. 감사하게도 그들은 적이 아닌 친구들이었다. 프레더릭

발트부르크 성

현제가 기마병들에게 루터를 '생포'하여 발트부르크 성으로 데려다 놓으라고 지시했던 것이다. 이 성은 아름다운 아이제나흐 마을이 내려다보는 바위산 고지에 있었다. 루터는 비텐베르크를 잠시 방문한 기간을 빼고는 10개월간 이 성의 자기 방 안에 거했다. 이렇게 고립해서 보낸 시간은 그의 인생에서 가장 생산적인 시기로 꼽힌다. 회의, 우울증, 혼돈, 불면증 가운데서도 그는 맹렬하게 책과 팸플릿 집필에 전념했다. 가장 놀라운 점은 단 11주 만에 신약성서를 독일어로 완역했다는 것이다.

루터와 마귀

발트부르크 성은 독일 기사도가 절정에 달한 시절의 상징이었다. 성 내에는 성 엘리자베스와 다른 독일 영웅들의 유물이 있었다. 그러나 루터에겐 이런 보화를 돌아볼 여유가 없었다. 자신의 행동과 신념이 몰고 온 영적 전투가 그를 짓눌렀다.

　서재와 침실을 겸했던 자기만의 방에서 그는 마귀가 성도에게 휘두르는 가장 큰 무기, 즉 영혼의 회의와 갈등과 싸웠다. 너만 지혜로우냐? 지난 몇 세기 동안 살았던 모든 사람이 죄다 오류 가운데 있었단 말인가? 만일 네가 오류를 범하는 것이라면 너와 함께 너무나 많은 사람이 지옥으로 끌려가는 게 아니냐? … 그는 계속 이런 질문들을 붙들고 씨름해야만 했다. 롤런드 베인턴은 루터가 "꼬리에 꼬리를 물고 오는 자책의 시간을 통과했다"[9]라고 적었다.

　루터의 글이다. "이 나쁜한 고독 안에 사탄과의 일천 번 전투가 있음을 당신에게 말할 수 있다. 공중에 있는 영적 사악함보다 성육신한 마귀, 즉 사람들을 대적하여 싸우기가 훨씬 쉽다. 난 종종 넘어지지만, 하나님의 오른손이 날 다시 일으켜 세우신다."[10]

전승에 의하면 루터가 발트부르크 성의 자기 방에서 "마귀에게 잉크병을 던졌다"고 한다. 실제로 관광 가이드 중에는 난로 옆 벽에 난 숯검정을 좀 문지르고는 여기가 루터의 잉크병이 떨어진 곳이라고 설명하는 이들도 있다고 한다. 하지만 루터가 실제로 마귀에게 잉크병을 던졌는지는 의심스럽다. 《탁상 대화》(*Table Talks*)에서 루터는 "난 잉크로 마귀와 싸웠다!"라고 했다. 여기서 그가 뜻한 바는 성서를 독일어로 번역함으로써 마귀와 싸웠다는 의미였다. 마귀는 날아오는 잉크병은 무서워하지 않지만, 하나님 백성의 마음과 생각 속에 있는 하나님의 말씀은 무서워한다.

마귀와의 사투를 통해 루터는 인간이 얼마나 쉽게 속아 넘어가는 존재인지를 알게 되었다. 그가 이런 기만에 더욱 민감했던 것은 어쩌면 성 마르틴의 경험도 작용했으리라. 성 마르틴은 마르틴 루터가 그 이름을 따라 지었다는, 교회의 역사적 인물이다. 성 마르틴은 왕복을 입은 그리스도의 환상을 보았지만, 그 못 자국을 보기 위해 그리스도의 손을 힐끗 살피자 환영이 사라졌다는 이야기가 있다. 성 마르틴은 자신을 방문한 것이 그리스도인지 마귀인지 끝내 알지 못했다. 이처럼 루터 역시 자기 사상이 하나님에게서 온 것인지 혹은 악한 자의 기만인지 몰라 회의에 사로잡혔다.

헤이코 오버만은 그의 역작 《루터: 하나님과 마귀 사이에 선 남자》(*Luther: Man between God and the Devil*)에서 만약 우리가 루터의 마귀관을 중세적 현상으로 치부해버린다면 그를 잘못 이해하게 된다고 주장했다. 다음은 오버만의 말이다. "그리스도와 마귀는 그에게 똑같이 살아 있는 실재였다. 그리스도는 기독교를 위한 영속적 중보자였고, 마귀는 세상 끝 날까지 인류에 해악을 끼치는 존재였다. … 그리스도와 사탄은 교회와 세상의 지배권을 놓고 전 우주적 전쟁을 벌인다. … 마귀는 무소 부재한 위협이다. 신도가 살아남으려면 합당한 무장을 해야 하는 이유가 바로 여기에 있다."[11] 루터는 당대의 미신과 마귀에 대한 성경의 가르침을 구별했다.

마귀와 마주치는 것은 루터에게 새로운 일이 아니었다. 이미 비텐베르크 수도원에서도 마귀와 대면한 일이 있었다. 루터는 마귀가 난로 뒤 창고 방에 와서 쿵쾅거렸다고 했다. 또한, 수도원 자기 방 위에서 마귀 소리가 나는 것을 들었다고도 했다. 그때 루터는 이렇게 반응했다. "그러나 난 그게 사탄이라는 것을 눈치채고는 돌아누워 다

발트부르크 성 안의 루터의 서재

시 잠을 청했다." 루터의 설명에 의하면 마귀가 본색을 드러낼 때는 폴터가이스트(poltergeist, 유령 출현 현상을 일컫는 독일어—옮긴이)로서가 아니라 "하나님의 말씀을 꺾는 대적으로 나타난다. 그때가 유일하게 마귀를 두려워해야 할 때다. 그는 양심을 사로잡으려 하며, 성경을 한 글자도 안 틀리고 줄줄 읊어대며, 하나님보다 경건하다. 그게 사탄적인 것이다."[12]

루터는 마귀에 관해 다른 이야기도 했다.

간밤에 잠에서 깨자 마귀가 내게 다가와 시비를 걸었다. 그는 날 꾸짖고 책망하며 내가 죄인이라고 했다. 난 이렇게 대꾸했다. 마귀야, 뭔가 좀 새로운 걸 가지고 오라고! 그건 나도 훤히 알고 있어. 난 확실하고 허다한, 실재적인 죄를 지었어. … [그리스도가] 내 모든 죄를 가져다가 짊어지셨어. 그래서 이젠 내가 지은 죄들은 더는 내 것이 아니라 그리스도의 것이 되었지. 난 하나님의 이 기막힌 선물을 부인할 생각이 없어. 시인하고 고백하고 싶다고.[13]

루터는 모든 대적의 공격은 구원의 확실성을 겨냥한다고 믿었다. 오버만의 글이다. "모든 유혹은, 그 종류가 무엇이건 간에, 하나님의 신뢰성을 의심하도록 부추기는 것을 목표로 한다."[14] "마귀는 사람에게 자신이 택자인지 아닌지 의심하도록 몰아간다. 마귀는 의심하는 자를 미혹하여 자신이 정말 하나님의 택자 안에 들었는지 하나님의 그 감추어진 뜻 안으로 들어가 보고 싶게 한다."[15]

루터는 그가 어떻게 마귀를 다루었는지를 우리에게 일러준다.

내가 잠자리에 들면 마귀는 항상 거기서 날 기다리고 있다. 날 괴롭히기 시작하면 난 이런 답변을 준다. "마귀야, 나 자야 해. … 그러니 썩 물러가라." 만일 이 방법이 통하지 않는다면, 그래서 마귀가 내 죄들을 조목조목 늘어놓기 시작하면 난 말한다. "알았어요, 할아버지, 나도 다 안다고요. 그리고 당신이 빠뜨린 것도 많다고요." … 만일 그래도 그가 물러서지 않고 날 강하게 압박하며 죄인이라고 고발하면, 난 코웃음을 치며 말한다. "성(聖) 사탄아, 날 위해 기도해줘. 물론 너는 평생 살면서 한 번도 잘못하지 않았겠지. 너 하나만 거룩해. 하나님께 가서 너 자신을 위해 은혜를 구하렴. 날 완전히 바로잡고 싶다면 내가 해줄 말은 이거야. 의원아, 네 병이나 고쳐라."[16]

루터는 그리스도가 우리에게 허락하신 '생경한 의'(alien righteousness)에 대항하기 위해 마귀가 모세와 십계명을 거론한다고 믿었다. 이 악마는 도덕적 소신을 북돋우며, 선행을 고집하며, 의로운 하나님의 진노를 달래야 한다고 가차 없이 양심을 몰아세운다. 루터는 궁극적으로, 마귀가 항시 하나님께 복종해야만 하는 존재임을 알았다. "내 죄는 더는 내 것이 아니라 그리스도께 속한 것이야!"라고 말할 때 루터가 느꼈을 안도감을 상상해보라.

그가 느낀 영혼의 절망은 상상을 초월했지만, 루터는 우울증의 유일한 치료제가 일이라는 것을 알았다. 10개월간 십여 권의 책을 저술했다. 하지만 더 중요한 것은 누군가가 건넨 에라스뮈스의 헬라어 신약성경을 가지고 단 11주 만에 신약성경을 독일어로 새롭게 번역했다는 것이다(구약성경은 평생 작업했다).

비텐베르크의 문제들

루터가 부재하자 비텐베르크 종교개혁의 리더십은 그가 존중하던 동역자 필립 멜랑히톤에게 맡겨졌다. 종교개혁은 루터가 원하던 것보다 급진전했다. 사제와 수도사가 결혼했고, 미사는 더 이상 성례가 아니라 하나님께 드리는 감사 예배로 여겨졌다.

1521년 크리스마스에 2천여 명(한 기록에 의하면 "온 마을")이 성(城)교회에 운집했다. 안드레아스 칼슈타트가 전례복을 입지 않은 채 소박한 검은 옷차림으로 예배를 인도했다. 그는 설교에서 성례를 준비하기 위해 금식이나 고해를 할 필요가 없으며, 필요한 건 오직 믿음뿐이라고 회중에 말했다. 믿음, 진정성 있는 갈망, 깊은 회개의 심령만 있으면 됐다. "믿을 때 그리스도께서 당신을 그의 복에 참여하는 사람으로 어떻게 만들어 가시는지 보십시오. 어떻게 그리스도가 그의 약속을 통해 당신을 깨끗하게 하고 거룩하게 하는지 보십시오. 더 좋은 건, 그리스도가 당신 앞에 서 계신 것이 보입니까? 그분은 당신의 모든 갈등과 회의를 제하시고, 그의 말씀을 통하여 당신이 복 있는 사람이라는 걸 알게 하십니다."[17]

칼슈타트는 라틴어로 미사를 인도할 때 미사가 희생제라는 구절은 다 빼버렸다. 빵과 포도주를 평신도에게 주었고, 지시 사항은 독일어로 전했다. 사람들은 난생처음 모국어로 이 말을 들었다. "이것은 죄를 없애기 위해 너를 위해 흘린 나의 피를 담은 잔이라. 새롭고 영원한 증거, 영혼과 믿음의 비밀이니라." 수찬자 중 한 명이 너무 긴장한 나머지 그만 빵을 떨어뜨렸다. 칼슈타트는 그에게 빵을 주우라고 말했으나 그는 성물 유린죄를 범할까 봐 공포에 질려 감히 그 빵을 다시 만지지 못했다.

그다음 대두한 긴박한 문제는 교회에서 예술 작품과 형상들을 제거해야 한다는 요구였다. 성인들의 형상과 그림을 박살 내는 폭동이 잇따랐다. 칼슈타트는 성경에서 실마리를 얻었다. "너를 위하여 새긴 우상을 만들지 말고 또 위로 하늘에 있는 것이나 아래로 땅에 있는 것이나 땅 아래 물속에 있는 것의 어떤 형상도 만들지 말며"(출 20:4). 그는 형상에 애착을 가지게 된 자신의 경험을 회중과 나누며 어떻게 형상이 참 예배 집중을 방해했는지를 이야기했다. 교회 내 예술품에 대한 이러한 규탄과 아울러 예배 음악에 대한 공격도 있었다. 예배 중 찬양을 허용하더라도 독창만 가능했다.

이즈음 (보헤미아 접경 지역인) 츠비카우 출신의 선지자 셋이 비텐베르크에 당도했다. 자신들이 성경과는 별도로 하나님과 친밀한 접촉을 한다고 주장하는 이들은 성경이 그토록 중요했더라면 하나님이 하늘에서 성경을 떨어뜨려 주셨을 것이라고도 했다. 그들은 유아세례를 부정했으며, 합당한 준비만 한다면 곧 하나님 나라가 임할 것이라고 선포했다. 그들의 열정에 감동한 멜랑히톤은 프레더릭 선제후에게 편지를 보내 루터가 이 사람들 이야기를 들어봐야 한다고 했다. "우리는 하나님의 성령을 거스르지 않도록, 그러면서도 마귀에 사로잡히지 않도록 신중히 처리해야 합니다."[18]

만약 누군가가 자신을 알아본다면 죽을 수도 있는 상황이었지만, 루터는 변장한 채 비텐베르크로 잠입해 돌아왔다. 하지만 그는 극단주의자들에게 분노했고, 제단을 허물고 형상을 박살 낸 자들이 종교개혁 운동에 큰 해악을 끼쳤다고 믿었다. 로마주의자들은 루터가 "분열, 전쟁, 봉기"를 몰고 올 것이라고 예견했는데 이 말 그대로 된 것이다.

강대상에서 루터는 양선과 관용을 설교했다. 아무도 다른 사람을 믿게 할 수 없으며, 아무도 다른 사람 대신 답해줄 수 없으니, 각 사람은 자기 생각 속에서 온전히 수긍해야 한다. 츠비카우 출신의 선지자들에 관해서는 신약성서에서 성령이 비둘기로 표상화되었음에 착안하여 이렇게 말했다. "그들이 성령을 깃털 하나 남김없이 통째로 집어삼켰다고 해도 그들의 말을 믿지 않겠습니다." 더 신랄한 말도 했다. "그들은 사도들보다 더 많은 성령을 가졌다고 자랑하지만, 이제까지 수년간 은밀히 배회하며 자신들의 똥 주위를 뛰어다녔을 뿐입니다. 만일 그 영이 참된 영이었더라면 당장 앞으로 나와 표적과 말씀으로 부르심의 증거를 제시했을 것입니다. 그러나 그 영은 온갖 해악을 끼치고 독을 퍼뜨릴 때까지 모퉁이를 따라 숨어다니는, 기만적이며 은밀한 마귀입니다."[19] 루터에겐 하나님의 말씀만이 유일하고도 최종적인 권위였다.

극단주의라는 비판을 받으면서 칼슈타트는 비텐베르크를 떠나 독일 남부의 한 교구에서 여생을 보냈다. 루터가 자신의 개혁을 좀 더 진지하게 여기지 않고, 교회에서 로마의 모든 잔재를 청산하지 않는 것에 깊이 실망한 사람은 비단 칼슈타트만이 아니었다. 비판자들은 루터의 추종자들이 여전히 "발에서 로마의 흙을 떨어버리지 못했다"라고 말한다.

어찌 되었건 종교개혁은 이제 본격화했다. 비텐베르크를 훨씬 넘어서까지 변화가 일어났고 결국 유럽의 지도가 바뀌었다. 루터의 비난을 받았던 사람들은 여러 새로운 종파를 시작하여 루터의 개혁을 그가 생각지도 못한 극단까지 끌고 갔다.

발트부르크 성을 완전히 떠나 고향 비텐베르크로 복귀한 후에도 루터는 용감무쌍하게 시작한 이 운동을 계속 주도했다. 팽팽한 영적 전쟁의 한복판에서 압박과 혼돈 속에 있던 독일에는 할 일이 산적했다. 이젠 뒤돌아갈 수 없었다.

9

우리는 이제 프로테스탄트다

독실한 가톨릭 신자였던 황제 카를 5세는 루터에게 약속한 안전통행권 때문에 보름스 의회 직후 그를 죽이지 못한 것을 두고두고 애석하게 여겼다. 그 시점부터 카를은 자신의 권력을 총동원하여 날로 세가 불어나는 개혁 운동을 진압하려 들었다. 그러나 자신에게 그런 권력이 있다고 생각한 바로 그때 예기치 못한 돌발 사태로 야심은 좌절된다. 카를은 죽는 순간까지 자신이 수호하려 했던 교회가 이젠 돌이킬 수 없을 정도로 분열되었다는 사실에 깊은 자괴감을 느꼈다고 한다.

한 신앙, 한 왕, 한 법

누군가가 중세의 수 세기 동안 왜 종교의 자유가 없었느냐고 묻는다면, 유럽이 기본적으로 "한 신앙, 한 왕, 한 법"(*une foi, un roi, une loi*)이라는 모토를 받아들였기 때문이라고 할 수 있겠다. 왕의 종교가 백성의 종교여야 한다는 확신은 구약 시대로 거슬러 올라간다. 다니엘서에서 느부갓네살 왕은 모든 백성이 자신의 형상에 절하도록 명했고 거부하는 자는 "불타는 용광로에 던져 넣을 것"이라고 했다.

마찬가지로 로마 정부는 훌륭한 시민이라면 황제를 숭배해야 한다고 믿었다. 종교적 신

로마 최초의 기독교 황제인 콘스탄틴은 로마제국에서 기독교를 합법화했다. '콘스탄틴주의'는 기독교에 대한 국가지원, 통제, 보호를 일컫는 용어가 되었다.

심을 통일하는 일은 제국의 결속을 위한 필수조건이었다. 만일 기독교가 예수님은 여러 신 중 하나이며 "시저가 주(主)"라고 선언했더라면 그들은 정부에 위협적인 존재가 아니었을 것이다. 하지만 "예수는 주"라고 할 때는 예수님이 '유일한' 주님이시라는 의미였으므로 혹독한 처벌이 뒤따랐다. 이 처벌은 많은 이들에게 곧 죽음을 뜻했다. 시저의 주됨을 고백하는 것이 훌륭한 시민의 요건이었고, 그것은 정치적 통일성을 보존하는 데 꼭 필요했다.

로마는 콘스탄틴 치하에서 기독교를 합법화했고 수십 년 후에는 국교로 지정했다. 그리고 그리스도인이 정치체제를 주관하자 상황은 달라졌다. 그리스도인 황제들은 이교도에게 기독교로 개종할 것을 요구했다. 대규모 집단 개종식이 거행되었고 이교도들은 세례를 받고 새로운 신앙을 가졌다. 물론 많은 이들에겐 허울뿐인 회심이었으

나 그래도 세례를 받은 후에는 기독교를 자신의 신앙으로 고백했다.

북아프리카에서 시작된 유아세례는 급속도로 유럽 전역으로 퍼졌다. 유아세례를 기독교적 통일성의 표상으로 여겼기 때문이었다. 제국의 국경선 안에 태어난 사람들은 모두 '그리스도인'이었고 고로 '유아세례자'가 되었다. 유아세례는 부모가 제국의 종교를 신봉하며, 아이들도 응당 그 발자취를 따르게 하겠다는 증표였다. 이런 이유로 샤를마뉴 황제는 자신의 통치 기간에 자녀의 세례를 거부한 부모는 누구든 사형에 처한다고 한 것이다. 그 이유는 신학적인 것이 아니라, 정치적·민족주의적이었다. 기독교가 교회와 국가의 통합을 이루는 구심점이었고 유아세례는 그러한 통일성의 징표였기 때문이다. '한 왕, 한 신앙, 한 법'이라는 대원칙은 이처럼 견실히 뿌리내렸고, 집행되었다.

카를에게 닥친 도전들

카를 황제는 루터파 '이단'의 확산을 자신의 통일제국 구상을 거스르는 위협으로 보았다. 독실한 가톨릭 신자였던 그는 지옥 불의 위험에 처한 이단은 반드시 죽여 똑같이 멸망 가도에 있는 이들에게 경계로 삼아야 한다는 생각이었다. 루터가 요리조리 사형 징벌을 피해 다닌다는 것 외에도 골칫거리는 있었다. 독일인 대다수가 루터 편이었고 그 '이단파'의 수가 성장세라는 게 더 큰 문제였다.

카를은 사용 가능한 여러 방책을 고민했다. 하지만 그는 몇 가지 문제로 손발이 묶여 이 이단 사상에 대처할 여력이 없는 상태였다. 우선 독일 군주들이 황제의 뜻과 무관하게 자기 관할령 내에서 정치

권력을 고수하려는 의지가 확고했다. 고로 만일 독일 군주들과 국민이 루터 편에 선다면, 카를로서는 다른 길을 강제하기 위해 쓸 만한 뾰족한 방법이 없었다. 앞서 언급했듯 종교개혁은 단순히 영적인 운동이 아니라, 패권과 권한이라는 정치 문제와 복잡하게 얽혀 있었다.

황제는 또한 교황과 반목 상태였다. 교황은 카를의 야망이 교회 수장인 자신의 위치를 잠식해간다고 보았다. 1527년 카를이 교황의 군대를 포로로 잡고 교황이 성 안젤로 성으로 피신했을 때 둘 사이의 갈등이 고조되었다. 황제가 교황과의 갈등으로 정신없는 동안 루터의 사상은 계속 퍼져 나갔고 더 많은 군주가 루터파 신앙을 채택했다.

그러던 중 카를에게 더 심각한 문제가 터졌다. 튀르크족이 수도 합스부르크를 함락하려고 비엔나(빈) 외곽에 진을 친 것이다. 이 무자비한 침략자에 맞서 싸우려면 루터파의 협조가 꼭 필요했다. 카를은 엇갈리는 이해관계 속에서 균형점을 찾으려 했으나 산 넘어 산이었다.

시간이 지날수록 루터파 사상은 일파만파 퍼져나갔고 교회에 대한 반대는 제국 전역으로 그 지경이 넓어졌다. 그즈음 루터파에 대한 모종의 유화정책을 도입하기 위해 슈파이어 시(市)에서 두 차례의 제국회의가 열렸다.

슈파이어 제국회의

당시 정세를 고려할 때 성장세에 있던 루터파 운동에 일정 부분 양보는 불가피했다. 카를은 시계를 거꾸로 돌릴 수 없음을, 적어도 그게 간단한 일은 아니라는 사실을 깨달았다. 1526년 제1차 슈파이어 회의에서 채택된 결정으로 이제는 각 통치자가 "하나님과 황제에게 응답하고자 하는 대로" 루터교나 가톨릭 중 어느 하나를 선택할 수 있게 되었다. 이른바 '속지주의 원칙'이 채택된 것이다. 그러니까 통치자가 두 종교 중 하나를 선택할 수 있으며 백성들은 그 뒤를 따라야 했다. 루터파 군주의 관할령에 사는 가톨릭 신자는 가톨릭 군주가 다스리는 지역으로 거주지를 이전할 수 있었으며, 동일한 자유가 루터파에게도 허용되었다. 이렇게 중세기의 모토가 이젠 "[한 왕이 아니라] 한 군주, 한 신앙, 한 법"으로 축소되었다. 적어도 일정한 수준으로 종교의 자유가 제공된 것이다. 그 결과 슈트라스부르크, 아우크스부르크, 콘스탄츠 등의 몇몇 도시는 루터파가 되었고, 덕분에 루

슈파이어 제국회의에서는 개신교 반대 문제뿐 아니라 튀르크족의 헝가리 침공에 대한 대책을 협의했다.

터의 추종자들은 이제껏 이룬 진전을 공고히 다질 수 있었다.

카를과 그의 가톨릭 지지자들은 슈파이어 의회에서 단행한 양보를 탐탁지 않게 여겼다. 근래에 프랑스에서, 그리고 교황에 대해 거둔 승리에 도취한 황제는 3년 후 슈파이어에서 두 번째 제국회의를 소집했다. 비록 황제 자신은 불참했지만, 그가 원한 바는 기존법을 개정하여 제국이 가톨릭으로 회귀하는 것이었다. 그러나 한편으로는 튀르크 전쟁에 대한 루터파의 지지를 구해야 했다.

1529년 제2차 슈파이어 회의에서 가톨릭 대표들은 3년 전에 이뤄진 합의를 파기하고 새로운 법을 비준해야 한다는 주장을 강하게 펼쳤다. 속지주의는 다시 시행되었지만, 가톨릭교도에게는 특혜가 주어졌다.

개정된 부분은 이랬다. 새 법 아래에서 루터파 영토 내에 거하는 가톨릭 신자들은 루터파 군주 치하에 살면서도 가톨릭 신앙을 유지할 자유가 있었다. 그러나 가톨릭 영토에 거주하는 루터파에게는 같은 자유가 일절 허용되지 않았다. 가톨릭 영토에 사는 루터파가 신앙생활을 하려면 루터파 군주의 관할령으로 이주하는 길밖에 없었다.

당연한 일이지만 루터파들은 이 불공평한 법에 불만을 품었고 그 부당함에 '저항'했다. 그래서 '프로테스탄트'(저항하는 사람들)라는 이름표가 붙은 것이다. 반대자들은 성명서에서 "우리는 저항해야 하고 하나님의 말씀에 반하는 일은 그 어떤 일도 할 수 없음을 하나님 앞에서 공개적으로 증거해야 한다"[1]라고 선언했다. 루터파에게 허용되었던 자유는 정말 마지못해 허락한 자유였던 것이다.

다른 신앙에는 아예 종교의 자유가 허용되지 않았다. 구체적으로, 재세례파와 칼빈파는 익사형, 화형, 참수형에 처한다는 시행령을 도입했고, 그렇게 집행했다(이에 관해서는 후속 장에서 논의한다).

1529년 제2차 슈파이어 의회가 열렸던 바로 그해, 튀르크족이 비엔나를 다시 포위했다. 튀르크족의 보급선이 너무 길지만 않았더라도 신성로마제국의 관문인 비엔나는 함락되었을 것이다. 카를이 그리스도 왕국에 길이 남을 공헌을 한 부분이 있다면, 바로 오토만의 통치자 술레이만 대제의 군대를 격퇴하여 결국 무슬림군을 이스탄불로 돌려보낸 것이다. 그러나 그 어간에 수차례의 비엔나 침공이 있었다.

아우크스부르크 제국회의

카를 황제는 자신의 제국을 가톨릭 신앙의 품으로 되돌리려는 희망의 끈을 여전히 놓지 않은 상태였다. 그는 가톨릭과 루터파가 조금씩 양보하기를 기대하며 양자 간의 공통분모를 찾아 통합시키려는 복안을 가지고 있었다.

1530년, 양측 대표들은 아우크스부르크에서 또 다른 회의로 모이라는 요청을 받았다. 회의의 목적은 독일과 제국 전체의 통일을 논의하기 위한 것이었다. 카를은 시간이 갈수록 자신이 단지 스페인의 국왕이자 신성로마제국의 황제가 아니라, 제국의 분열된 종교를 가톨릭 신앙으로 돌려놓기 위해 하나님이 보내신 사람이라는 생각을 하게 된다. 그는 제국을 재통일하기 위하여 교리적 차이를 최소화하고 가톨릭 신앙의 뼈대가 되는 본질 위주로 공감대에 도달하기를 원했다. 그는 아우크스부르크 회의에 친히 참석하여 자신의 명망까지 이 일에 걸 정도로 적극적이었다.

하지만 루터는 아우크스부르크에 참석하지 않았다. 사법적 관점에서 그는 여전히 도망자 신분이었다(보름스 칙령은 여전히 유효했다). 그래서 비텐베르크에서 여러 해 그와 동역했던 필립 멜랑히톤이 대신 참석했다. 멜랑히톤은 합의를 이룰 범위를 타진하기 위해 두 신앙 사이의 공통 요소를 강조하는 문서를 작성했다.

한편 루터는 코부르크 성에서 의회 진행 상황을 궁금해하며 초

필립 멜랑히톤은 일평생 루터의 지지자였으며 루터 신학을 체계화한 최초의 개혁자였다.

조하게 소식을 기다렸다. 그는 멜랑히톤이 가톨릭 대표단에 지나치게 많이 양보하지 않을까 우려했던 것으로 보인다. 그러나 28개 조항으로 이루어진 최종 문서가 루터에게 전달되었을 때 내용을 읽어본 그는 흡족해했다. "필립 선생의 변증서(아우크스부르크 신앙고백)를 읽고 매우 기뻤다. 개선점이나 변경할 점을 찾지 못했다."[2]

그 문서는 화체설과 교황의 권위를 명확하게 거부한 것은 아니었지만, 이신칭의를 주장했다. 우리 자신의 힘으로 의롭게 될 수 있다는 사상을 명백하게 거부했고 우리는 "그리스도로 말미암아 믿음으로 값없이 의롭게 된다. … 이 믿음은 하나님 앞에서 의롭게 여김받기 위해 하나님이 전가하시는 것이다."[3] 1530년 6월 25일 루터파는 그들의 문서를 카를 황제에게 제시했다.

카를은 내용을 듣고 문서를 거부했다. 그는 답변 대신 조력자들에

게 루터파 입장에 대한 반박문을 준비하라고 지시했고, 이를 프로테스탄트 측에 전달했다. 그는 프로테스탄트 측이 오류를 인정하리라는 헛된 희망을 품었다. 멜랑히톤은 루터파의 교리는 성경에 근거한 것이므로 철회하지 않겠다고 답변했다. 예측 가능한 일이었지만 가톨릭 측도 멜랑히톤의 답변을 거부했다.

두 집단 사이의 골은 절충안으로 봉합될 성질이 아니었다. 그 균열은 결코 치유될 수 없었다. "아우크스부르크는 종교 분열이 이제 다리로 이을 수 없음을 상징한다. 양측은 전쟁 가능성을 염두에 두고 전쟁 준비에 돌입했다."[4] 《아우크스부르크 신앙고백》과 그 후의 《일치서》(Book of Concord)는 오늘날까지 루터파의 교리적 토대를 이루고 있다.

전쟁 준비

카를은 꺾였지만 퇴장한 건 아니었다. 그에게는 아직 쓸 카드가 있었다. 자신의 영토를 가톨릭 신앙으로 되돌리기 위해 언젠가는 직접 나서서 '루터파 저항자들'과 싸울 때가 오리라고 계산했다. 사실 그는 스페인 출신이었으므로 스페인에서 헌신적인 군대를 모집해 프로테스탄트를 일망타진할 수 있으리라는 생각도 있었다. 그러나 당장 관심을 쏟아야 할 다른 일이 있었으므로 전쟁을 벌일 상황은 아니었다. 튀르크족이 또다시 비엔나를 넘보고 있었다.

한편 헤세의 필립은 카를이 언젠가는 프로테스탄트파에 맞서 군대를 동원할 것을 알았다. 그래서 그는 계속 '이단' 세력의 통합을 추진했고 프로테스탄트 관할령 내에서 폭넓은 합의 체제를 구축했다.

아울러 카를과 그의 스페인 군대에 맞서기 위해 슈말칼덴 동맹으로 알려진 강고한 군비 체제를 구축했다.

가톨릭파와 프로테스탄트파 사이의 전쟁이 불가피해 보일 무렵 튀르크족이 비엔나를 재침공했다. 카를은 다시금 부득불 루터파에게 종교적 관용을 정식으로 허용할 수밖에 없었다(이번에는 10년이었다). 그는 반대급부로 프로테스탄트 군주들에게서 군사적·재정적 지원을 얻었다. "고로 슈말칼덴 동맹[헤세의 필립이 규합한 연합군]은 위험한 게임을 했다. 한편으로는 튀르크와 싸우는 황제를 지지하며, 다른 한편으론 독일, 스칸디나비아, 영국의 루터교를 장려했다."[5] 시간이 흐를수록, 전쟁이 진행될수록 점점 더 많은 영토가 루터파 신앙을 채택했다.

튀르크족의 위협이 잦아들자 그간 프로테스탄트를 진압하지 못한 것을 한탄하던 카를은 마침내 군사 행동을 취할 때가 왔다고 판단했다. 수년이 또 흘렀다. 헤세의 필립은 이중결혼으로 인해 힘이 약해졌고, 1546년 루터의 사망으로 프로테스탄트의 슈말칼덴 동맹군 사기는 저하되었다. 드디어 카를이 공격할 때가 된 것이다.

카를은 무자비한 알바 공작 3세가 진두지휘하는 스페인 출신 용병들을 이끌고 프로테스탄트와의 전쟁에 돌입했다. 독일 도시들은 카를 군대의 힘에 밀려 하나씩 하나씩 항복했다. 그리고 1547년 4월 (라이프치히 동편) 뮐베르크 전투에서 승리를 거둠으로써 프로테스탄트에 대한 결정적 승기를 잡았다. 일설에 의하면 뮐베르크 전투 후 카를은 비텐베르크를 찾아가 수년 전 루터가 안장된 성(城)교회에 들어갔다고 한다. 알바 공작이 카를에게 루터의 시신을 파헤쳐 화형식을 거행하라고 하자 카를은 이렇게 대꾸했다고 보고된다. "난 죽은 사람과는 싸우지 않소." 많은 이들은 이 일화가 사실이라고 믿지만 확인된 바는 없다.

뮐베르크 패전에도 불구하고 프로테스탄트는 다시 반격했고 기습 공격을 받은 카를의 군대는 알프스로 도망쳤다. 카를이 얻은 승리는 빈 껍데기였다. 이미 많은 지역에서 프로테스탄트가 견고한 아성을 구축했기 때문이었다. 비록 마르틴 루터는 죽었지만 그의 가르침은 이미 깊이 뿌리를 내려 400여 명의 독일 프로테스탄트 목사들은 가톨릭의 승리에 순복하길 거부했다. 가톨릭은 우월한 군사력을 가지고도 독일 위에 군림할 수 없었다.

카를은 1556년 왕좌에서 물러나 죽음을 준비하고자 스페인의 한 수도원으로 들어가 은둔 생활을 했다. 그는 죽는 순간까지도 자신의 재위 기간 중 가톨릭 신앙이 제국 내에서 장악력을 상실한 것과 '이단' 운동을 진압하지 못한 것을 개탄했다. 과식하는 습관이 있었고 이 탐식의 죄로 스스로를 혹독하게 자책하던 황제는 오른손에는 양초를 들고, 왼손의 십자가로는 입술을 지그시 누른 채 눈을 감았다. 그의 최후 일성은 '예수님'이었다.

아우크스부르크의 평화

아우크스부르크 시(市)는 종교개혁에서 이미 결정적인 역할을 담당한 지역이다. 초반에는 루터가 에크와 논쟁하기 위해 이곳에 왔고, 이곳에서 열린 제국회의에서는 루터파 신앙의 교리적 입장이 정해졌다. 이제 이 도시는 또 다른 역사적 사건의 현장이 된다.

1555년 아우크스부르크 제국회의는 (황제가 아닌) 통치자나 군주가

한 지역의 종교를 결정한다는 대원칙에 정당성을 부여했다. 제국회의는 제2차 슈파이어 제국회의에서 제정된 불공평한 법을 뒤집었다. 고로 이제 루터파는 가톨릭파와 동등한 발판 위에 서게 되었다. 서구 기독교 역사상 최초로 가톨릭교와 루터교의 신앙고백에 동등한 법적 지위가 부여되었다.[6] 주어진 영토 안에서는 여전히 그 통치자에 의해 종교가 결정되었지만 이제 사람들은 자신이 희망하는 지역이 어디든 자유롭게 이주할 수 있었다.

이러한 '자유'가 개혁파 신앙이나 재세례파에게까지 확대된 건 아직 아니었다. 여하튼 이 자유는 통일된 기독교계에 기반을 둔 국교는 더 이상 존재하기 어려움을 상징했다.

이제 가톨릭과 동등한 위상을 얻은 루터교는 독일 전역으로 계속 확산하였고 스칸디나비아 국가에서는 가톨릭을 대체하기에 이르렀다. 변화의 동인은 단지 신학적 사안 때문만 아니라 정치적인 부분도 있었다. 루터교는 교황에 대한 충성과 로마에 내야 하는 세금으로 지쳤던 나라들에 더 큰 독립성을 부여했다. 스웨덴은 《아우크스부르크 신앙고백》을 신앙 신조로 삼고 루터교를 국교로 삼았다.

만인을 위한 종교적 자유로 나아가는 기나긴 여정에는 노르웨이와 덴마크의 정치적 고려도 한몫을 담당했다. 마르틴 루터가 심은 종교의 자유의 씨앗이 이제 싹을 틔우기 시작했다.

30년 전쟁

유럽은 루터파에게 종교의 자유를 제공하기까지 대장정을 걸어왔다. 하지만 경합하는 충성심과 모호한 합의들로 인해 여전히 분쟁은 계속되었다. 교회와 국가가 여전히 얽히고설켜 있는 현실로 인해 갈등은 종종 복잡한 양상으로 전개했다. 전쟁은 가톨릭과 프로테스탄트 간의 종교적 경계선에서만 터진 게 아니라 다양한 정치적 이해관계와 영토 분쟁에서 기인하기도 했다. 이런 미해결 사안들이 30년 전쟁에 일조했다.

분쟁의 한복판에서도 복음의 의미와 권능을 이해한 사람들은 여전히 복음을 전파했고 실천했다. 가령 루터파 목사인 마르틴 린카르트는 1617년부터 1649년까지 작센 아일렌부르크의 성벽 도시에 있는 교구를 섬겼다. 교구민 중 많은 이들은 전쟁에서 사상자가 되었고, 1637년에는 대흑사병이 돌아 더 많은 사람이 사망했다. 린카르트는 4천5백 번의 매장 예배를 집례했다(때로는 하루에 40~50번꼴로 예배를 인도했다). 그런데도 1636년 그는 우리가 잘 아는 찬송가를 작사했다.

> 다 감사드리세 온 맘을 주께 바쳐
> 그 섭리 놀라와 온 세상 기뻐하네
> 예부터 주신 복 한없는 그 사랑
> 선물로 주시네 이제와 영원히.[7]
>
> (통합찬송가 20장 ─ 편집자)

감사하게도 1648년의 베스트팔렌 평화조약으로 30년 전쟁이 종식되었고, 통치자가 자기 지역의 종교를 정할 권한을 가지며, 사람들은 어디로든 원하는 대로 거주지를 이전할 수 있다는 원칙이 재확인되었다. 비록 이 평화조약은 이전의 제국회의에서 합의했으나 집행할 수 없었던 기본적인 속지주의 원칙에서 한 걸음 나아간 것으로 보인다. 이로써 만민을 위한 종교의 자유로 가는 여정에서 결정적 전기가 마련되었다. 결국, 유럽은 다른 신앙을 가진 이들과 전쟁하지 않고도 종교를 선택할 수 있어야 한다고 결정했다. 칼빈파와 재세례파조차도 이제는 마음껏 예배할 수 있게 되었다.

루터가 95개 조 반박문을 성(城)교회 문에 못질할 때만 해도 자신의 개혁이 유럽의 지도를 바꾸고 전 세계 기독교 신앙에 이렇게 영향을 미칠 줄은 전혀 생각지 못했을 것이다. 그는 자신의 수고가 결국 전쟁과 분쟁과 수백 년의 쟁투를 불러올 줄도 전혀 예견하지 못했다. 마침내 가톨릭의 독점이 깨어졌을 뿐 아니라 일부가 예견한 것처럼 과거의 종교적 결속이 쪼개지면서 다수의 분파가 형성되었다. 그리스도 왕국의 이음새 없는 두루마기 옷은 이제 갈기갈기 찢겼다.

프로테스탄트교는 계속 여기 남아 있다. 그리고 500년간 가톨릭과 루터교 신도들은 종종 적개심을 가지면서 나란히 공존했다. 비록 최근 수십 년 동안에는 우호적인 분위기가 자라나고 있지만 말이다. 이 두 집단이 결국에는 다시 합치기를 희망하는 사람도 있다. 그렇게 하면 복음이 진전할 것인가? 이 문제는 이 책의 마지막 장에서 논의할 것이다.

10

분쟁, 불일치, 운명

마르틴 루터의 저술은 좋기도 하고 나쁘기도 한, 광범위한 결과를 가져왔다. 그가 저술한 것이 그릇 해석될 때도 있었다. 그가 논쟁한 사안들이 오늘날까지 루터파 교회의 신학을 결정하기도 했다. 그가 격앙된 상태에서 쓴 글로 인해 수 세기가 지나도록 유대인과 여타 기독교인의 원망을 사기도 했다. 이러한 여러 논란 중 루터의 5백 년 유산 전반에 여파가 있었던 세 가지를 보기로 하자.

농노에 관한 논란

당신이 땅 주인인 영주의 노예나 다름없는 독일의 농노라고 해보자. 농노에게는 권리가 거의 없다. 땀 흘려 일해 풍요를 창출하고 윗사람을 부유하게 하지만 그 풍요의 혜택을 같이 누리지는 못한다. 농노들은 루터에 관한 이야기를 들었고 《그리스도인의 자유》와 같은 책을 접했다. 루터는 그 책에서 그리스도인은 이웃을 사랑으로 섬기지만, 그 누구의 노예도 아니라고 주장했다.

고로 이 착취당하는 농노들은 항거를 시작했다. 그들은 그리스도인의 자유를 강조하고 교회 위계질서를 가차 없이 공격하는 루터가 분명 자기들을 지지하리라 생각했다. 물론 루터는 농노들의 어려운 처지를 체휼(體恤)했고 그들이 당하는 불의도 훤히 알고 있었다. 하지만 그는 농노의 반란을 인정할 수 없었다. 그런데도 농노들은 자신의 명분과 반역할 권리를 정당화하는 두 번의 호소문에서 루터의 이름을 두 차례 거론했다.

초반에 루터는 《평화에 대한 질책》(An Admonition to Peace)을 집필해 그들의 불만을 잠재울 수 있으리라 생각했다. 책에서 그는 복음을 그릇 적용함으로써 반란을 정당화하지 말라고 농노들에게 조언한다. 아울러 군주들에게는 농노들의 고충을 더 많이 수용하라고 호소했다. 그는 심지어 이러한 농민 봉기가 "거룩한 복음이 진리이고 반박할 수 없음을 알면서도 이에 반하여 길길이 날뛰는"[1] 주교들과 사제들을 포함한 위정자 탓이라는 말까지 했다. 그는 위정자들이 호사스럽게 살고자 사람들을 속이고 갈취한다고 꾸짖은 다음 하나님의 진노를 사지 않도록 회개하라고 촉구한다.

루터는 자신의 소론에서 농노들에 대한 동정심을 드러내며 그들에게는 복음을 듣고 목회자를 고르는 등의 권리가 있음을 확증한다. 하지만 농노들도 깨끗한 양심을 가지고 대의를 올바르게 추구해야 한다고 말한다. 만일 그들이 군주와 같은 위정자들을 다 죽인다면 지옥에서 영혼을 잃어버리게 될 것이라면서 폭력에 대해 경고하기도 한다. 루터는 위에 있는 권세에 복종하라는 바울의 훈계를 그들에게 상기시킨다(롬 13:2). 루터의 글이다. "위정자들이 사악하고 불의하다고 해서 그것이 무질서와 반역을 일삼을 빌미가 되는 건 아니다. 사악함을 응징하는 것은 만인의 책임이 아니라 칼을 쥐고 있는 세상 통치자들의 소임이다."[2] 복수는 오로지 하나님의 것임을 상기시키며, 주먹과 칼로 저항해선 안 되고 그저 주님께 불만을 맡겨야 한다고 루터는 말한다. 만일 자신이 그리스도인임을 자처한다면 농노들은 "악한 자를 대적하지 말라"(마 5:39)라고 하신 그리스도의 법에 따라 살아야 한다.

하지만 이 모든 온건한 훈계는 반란을 막기에는 때늦은 것이었다. 루터는 농노들이 자신의 제안을 무시하고 폭력을 정당화하고자 복음을 이용했다는 사실에 분개했다. 그래서 그는 《도적질하고 살인하는 농노 떼에 반하여》(*Against the Robbing and Murdering Hordes of Peasants*)라는 신랄한 소론을 집필했다. 이 분기탱천한 성토문에서 루터는 농노들이 복종 서약을 어겼으며, 수도원과 성을 약탈함으로써 땅을 피흘림과 전쟁의 공포로 얼룩지게 했고, 복음의 이름으로 싸움으로써 하나님을 신성 모독하는 죄를 범했다고 맹비난했다. 이런 근거를 바탕으로 그들은 죽어 마땅하고 앞장서 농노들을 죽이는 사람은 상급을 받을 만하다고까지 했다.

그다음 널리 알려지고 자주 인용되는 구절에서 루터는 이렇게 날선 말을 했다.

반역은 단순한 살인이 아니기 때문이다. 반역은 온 땅을 공격하고 황폐케 하는 큰불과도 같다. 고로 반역으로 인해 땅은 살인과 피 흘림으로 가득해진다. 반역은 최악의 재난처럼 과부와 고아를 양산하고 모든 것을 전복시킨다. 그러므로 반역보다 죽이는 독이 더 가득하고 상처 주고 악마적인 것은 없음을 명심하며, 할 수 있는 사람은 모두 은밀하게 혹은 드러내놓고 반역자들을 강타하고 살육하고 찌르기를 바란다. 미친개는 죽여야 함과 같은 이치다. 개를 공격하지 않으면 개가 당신을 공격할 것이다. 그리고 당신과 더불어 온 땅을 공격할 것이다.[3]

루터는 정황상 위정자들이 재판장과 처형자를 겸해야 한다고 주장했다. 반역적인 농노들은 "믿음 없고, 거짓증언하고, 불순종하고, 반역하는 살인자, 강도, 신성 모독자"가 되었으므로, 이교도 위정자라도 농노들을 징벌할 권한을 가지며, 즉결 심판해야 한다.[4] 만약 그들을 죽이는 과정에서 죽는다면 그 사람은 순교자로서 복된 죽음을 맞는다는 것이다.

위정자들은 이러한 루터의 말을 반겼고, 기꺼이 딱한 농노들을 "강타하고 살육하고 찌르"고자 했다. 5천여 명의 농노가 살육당했고 반란이 끝날 즈음 사망한 농노의 수는 최대 10만 명 이상에 달한다는 추정도 있다. 물론 농노의 씨를 말릴 수는 없었다. 땅을 기경하고 허드렛일을 할 종이 필요하기 때문이었다.

농노들은 루터에게 배반당했다고 생각했다. 루터는 그리스도인의 자유를 외치고 교회의 불의를 폭로하면서 교정을 설

많은 농노가 공개 반란을 정당화하기 위해 루터의 저술을 사용했다. 그리고 군주들 역시 반란 진압을 정당화하기 위해 루터의 저술을 사용했다.

파했지만, 그의 신념은 농노의 고초에는 적용되지 않았다. 대체로 비무장세력이었던 농노에 대한 잔인하고 복수심에 가득 찬 위정자의 진압 행위를 정당화했다는 비난을 받았다.

그 시기에 루터는 친구나 적이나 할 것 없이 모두에게 혹독한 비판을 받았다. 농노들은 루터에게 배신감을 느꼈다. 가톨릭 위정자는 농노의 소요와 잇따른 반란은 루터의 저술 때문이라고 믿었고, 이 모든 끔찍한 사건을 루터 탓으로 돌렸다. 그때부터 가톨릭 위정자들은 루터파 목사들이 자기 관할령 안으로 들어오는 것을 허용하지 않았다. 그들의 메시지가 위정자에 대한 폭력을 유발한다는 것이 그 이유였다.

이러한 압박과 맹비난에 대해 루터는 《농노에 관한 신랄한 책에 대한 공개서신》(An Open Letter on the Harsh Book against the Peasants)으로 응답했다. 이 책은 이전에 그가 집필한 내용에 대한 사과라기보다는 오히려 자신의 대응을 정당화하는 내용이다. 자신을 비난한 농노에 대해서는 "그러므로 통치자들의 지엄함을 깨닫고 입을 다물 때까지 이들을 마구 흔들어대야 한다"[5]라고 썼다. 그는 자신의 논리가 농노에 대한 감정적 자비심이 아니라 하나님 말씀에 근거한 것이라고 했다. 농노에 대한 자비를 촉구하려면 위정자에 대한 자비 또한 주장해야 한다. 그다음 루터는 이런 유명한 말을 남겼다.

두 왕국이 있다. 하나는 하나님 왕국이고 다른 하나는 세상 왕국이다. … 하나님 나라는 진노와 징벌의 나라가 아니라 은혜와 자비의 나라다. 그 나라에는 용서와 상대방을 위한 배려, 사랑, 섬김, 선행, 평안, 기쁨 등만 있다. 그러나 세상 왕국은 진노와 엄중함의 나라다. 그 나라에는 징벌, 억

압, 심판, 악인을 누르고 선량한 사람을 보호하기 위한 정죄만 있다. 이런 이유로 세상 왕국은 칼을 가지고 있다.[6]

루터에 의하면 이 세상 왕국은 자비로워서는 안 되고 엄격하고 엄중하게, 분기충천하여 자기 소임과 의무를 완수해야 한다. 만일 우리가 두 왕국을 혼동하여 하나님의 진노를 하나님 왕국에 두고 하나님의 자비를 세상 왕국에 둔다면, "이는 마귀를 천국에 두고 하나님을 지옥에 두는 것과 진배없다."[7]

요컨대 만일 우리가 이 세상에서 진노를 받는다면 우리의 유일한 소임은 복종하는 것이지 투쟁하는 것이 아니다. 피지배자에겐 부패한 정치 지배자를 공격할 권한이 없다. 그들은 평화적으로 대항하고, 위정자들이 그들에게 허락하는 운명을 하나님 뜻으로 받아들일 수 있을 뿐이다. "하나님 왕국에 있는 사람은 모든 사람에 대해 자비를 가지고 모두를 위해 기도해야 하며, 세상 왕국의 법질서 유지를 위한 공무집행을 방해하지 말고 보조해야 한다."[8]

루터는 독일의 반역적 농노들을 죽이지 않으면 아무도 그 악행으로부터 안전하지 못하다며, 그들을 죽인 것을 환영했다. 이전 책에서는 기독교 위정자가 반역적인 농노를 어떻게 다루어야 할지를 제시했을 뿐이고, 고의로 무차별 학살을 하라는 것은 아니었다고 말했다. 만약 군주가 순종적인 자와 반역자를 구별하지 않고 선을 넘어 무차별적으로 죽여 고의로 살생을 했다면, 하나님이 그 군주를 심판하실 것이다. 그들은 지옥에서 불사름을 당할 것이며 이는 그들에게 합당한 상급이다. 분명 루터는 폭군 통치보다 무정부 상태를 더 두려워했다.

그러나 어떤 생각은 살아남아 당대의 삶을 넘어서는 결과를 가져온다. 4백 년 후 독일 나치는 루터가 남긴 정치 저술을 환영했다. 나치는 두 왕국의 급진적 이원화와 국가 권력의 신적 기원에 관해 루터가 강조한 부분이 "국가 권력에 대한 제한 없는 긍정"으로 귀결한다고 믿었다. 아래와 같은 진술은 그러한 해석을 뒷받침하는 듯 보인다. 루터는 기독교 신앙을 가진 군인에 관해 논하며 이렇게 썼다. "만일 세상 위정자가 그들에게 싸울 것을 요구한다면 그들은 그리스도인으로서가 아니라 국가의 일원으로서, 복종하는 백성으로서 싸우고 복종하는 것이 마땅하다."[9]

루터는 자신은 교회 권위에 반기를 들었으면서도 하나님이 세우신 국가에 대한 복종은 신학적으로 정당화했다. 그 결과 나치 정권을 향한 절대복종을 정당화하려는 이들은 루터를 즐겨 인용했다. 그의 저술은 군인이 국가에 대한 복종 차원에서 유대인을 죽일 수 있지만, 가정과 교회에서는 사랑과 용서와 친절의 기독교적 미덕을 실천해야 한다는 말로 해석할 수 있었다. 국가에 적용되는 도덕률, 가정과 교회에 적용되는 도덕률이 따로 있었던 것이다.

루터는 종교 전쟁이란 발상을 강하게 혐오했다. 그는 십자가 깃발을 내걸고 성지 탈환을 위해 치렀던 과거 수백 년의 십자군 전쟁에 명확한 반대 입장을 취했다. 그리스도의 이름으로 칼을 드는 것은 저주받을 일이다. 그리스도인은 무릎으로 싸워야 한다. 육적 씨름 이면에는 기도로만 극복할 수 있는 영적 세력이 있기 때문이다.

그러나 국가가 수행하는 비종교적 전쟁은 기독 군인이 참여하여 싸우는 것이 타당하고 옳다. 그들은 기독교 도덕의 영역에서 벗어나 나름의 윤리와 가치를 가진 국가 도덕의 영역에 진입해야 한다.

이런 생각은 국가정책을 수립할 때 가정과 교회라는 사적 도덕과 국가의 무자비한 도덕 사이의 이분법이 어떤 신학적 제약도 받지 않는다는 발상을 부추겼다. 국가는 그저 마땅히 할 일을 할 뿐이다. 루터 본인은 이런 해석에 동의하지 않을지 모르지만, 나치는 그에게서 듣고 싶었던 말을 뽑아냈다.

루터의 '두 영역' 개념은 디트리히 본 회퍼와 칼 바르트 같은 기독교 지도자들이 나치주의 확장에 공범자 역할을 했던 독일 교회에 대응하기 위해 바르멘 선언문을 작성하는 계기가 되었다. 바르멘 문서에는 이런 구절이 있다. "우리는 삶 가운데 예수 그리스도에게 속하지 않으면서 다른 주인에게 속한 영역이 있으며, 그리스도에 의해 의롭게 되고 성결케 될 필요가 없는 차원이 있다는 거짓 교리를 배격한다."[10] 교회는 "오그라드는 영적 영역"의 주 되신 그리스도와 "만유의 주" 되신 그리스도 사이에서 선택해야 했다.

지난 2천여 년간 교회와 국가의 관계는 복잡다단하며 변화무쌍했고 종종 적대적 양상을 띠기도 했다. 그 관계가 어떠해야 하는가에 관한 의견 대립은 틀림없이 주님이 오시는 날까지 계속될 것이다. 그러나 루터의 견해에는 자신도 미처 살피지 못한 부분이 있었다.

예정론과 자유의지에 관한 논란

그리스도인이라면 '예정 vs. 자유의지'에 관한 논쟁을 접한 적이 있을 것이다. 어쩌면 이 논의는 너무나 복잡하고 나와는 무관한 주제라고 여긴 나머지 더 깊이 파고들 여유가 없다고 결론 내렸을 수도 있다.[11] 논쟁의 양 진영에 모두 훌륭한 그리스도인들이 포진하고 있으니 그런 유혹을 쉽게 받았을 것이다. 하지만 그렇게 생각하는 사람들에게 마르틴 루터는 할 말이 있었다. 이 사안에 무관심한 사람들은 "기독교의 사안에 관해 무엇이든 전혀 알지 못할 것이고, 이 땅의 모든 사람보다 한참 뒤처질 것이다. 이걸 느끼지 못한다면 자신은 그리스도인이 아니라고 고백하길 바란다."[12] 무척 강한 말이다!

왜 루터는 이 사안이 그리도 본질적이라고 믿었을까? 그는 이것이 복음의 심장이라고 믿었다. 모든 것이 돌아가는 '축'이었다. 자유의지를 긍정하는 것은 은혜를 타협하는 것과 같았다.

에라스뮈스와의 논쟁

네덜란드의 인문주의자, 로테르담의 에라스뮈스는 루터의 견해에 도전장을 던졌다. 그래서 그는 의지는 자유롭지 않다는 어거스틴의 견해를 지지하는 루터를 비판하는 책을 집필했다. 《자유의지에 관한 혹평에 대하여》(*Diatribe concerning Free Will*)는 에라스뮈스가 루터를 공박한다는 이유로 (코끼리를 공격하는 한 마리 파리처럼) 비판받을 것을 인정하는 내용으로 시작한다. 그는 루터에게 큰 존경심을 표하며 루터가 이러한 의견 교환을 환영하리라 믿는다고 했다. 에라스뮈스는 이 사안이 그리 중요하다고 생각하지는 않았지만 적어도 고려할 가치는 있다고 생각했다. 그러므로 그는 자유의지에 관한 합리적·성경적 근거를 보여주는 몇 가지 논증을 제시했다.

루터는 자신의 책 《의지의 굴레》(*The Bondage of the Will*)에서 에라스뮈스를 향해 천둥 같은 비난을 쏟아내며 반격에 나섰다. 이 책은 단연코 루터의 최고작이며(루터 자신도 그렇게 말했다) 자세히 연구할 가치가 있다. 루터의 책을 읽다 보면 생생한 신학적 대화에서나 볼 수 있는 극적 요소와 위트, 열정을 간파할 수 있다. 구원과 멸망이 걸려 있는 사안은 루터의 신경 줄을 건드렸고, 그 결과 복음에 관한 명철한 변론이 도출되었다.

루터와 에라스뮈스는 개인적으로 한 번도 만난 적이 없었지만 글쓰기를 통해 교분을 쌓았다. 실제로 에라스뮈스는 헬라어 신약성서의 새 역본을 발간함으로써 루터가 개혁을 위해 나가도록 길을 닦았다. 역사가들은 "에라스뮈스가 낳은 알을 루터가 부화시켰다"라고 한다.[13] 그러나 이 논쟁으로 그들의 친분은 막을 내렸다. 루터는 에라스뮈스의 논증이 힘없고 일관성이 없다고 보았다. 루터의 말이다. "에라스뮈스는 미꾸라지다. 그리스도만이 그를 잡을 수 있다."[14]

일상에서 사람들이 고민하는 선택의 자유에 관한 문제는 루터의 관심사가 아니었다. 한 사람이 햇볕을 쬐며 일광욕을 하든 실내에 머무르든, 그런 선택의 자유에는 별 관심이 없었다. 비록 흥미롭긴 하지만 이런 논의는 복음과는 무관했다. 관건은 사람들이 '그들 스스로' 죄로부터 돌이켜 하나님께로 나아갈 수 있느냐는 것이었다. 또한, 루터와 에라스뮈스는 비회심자의 의지력에 관해서는 논의했지만, 그리스도인이 이런 문제에 자유의지가 있는가는 다루지 않았다. 신자는 성령이 내주하시므로 영적 사안에 있어서 어거스틴의 생각처럼 자유의지를 행사할 수 있다고 가정하는 것이 합리적이었다.

그다음 논쟁의 관건은 비회심자가 자신

'인문주의자의 황태자'로 알려진 에라스뮈스는 신학자이자 성경 번역자였고 루터를 선망했다.

의 구원에 어떤 식으로든 일조할 수 있느냐는 것이었다. 비회심자가 그 본성 안에, 하나님을 향해 한 발짝이라도 내디딜 능력을 갖추고 있는가, 아니면 하나님이 그의 주권으로 허물과 죄로 죽었던 자들을 일으켜 세우시고 그들의 의지를 움직이셔서 복음 진리를 받아들이게 하시는가?

루터가 보기에는 인류가 선택의 자유를 행사하여 은혜받을 자격을 얻을 수 있다고 인정하게 되면 하나님의 은혜를 축소할 수 있었다. 만일 에라스뮈스가 옳다면, 한 사람이 회심하고 다른 사람은 멸망하는 것은 그들 안에 있는 차이 때문이다. 전자는 자유의지를 행사할 만한 판단력이 있었던 반면 후자는 그렇지 못했다. 루터는 한 사람은 구원받고 다른 한 사람은 유실된 것은 "오로지 하나님이 그들 사이에 차이를 만드셨기 때문이다"라고 말할 것이다. 만인이 똑같이 죄에 묶여 있다. 고로 한 사람이 복음을 믿게 되었다면 이는 하나님이 그를 구원으로 택하셨고 마음속에 구원을 이룰 특별한 은혜를 불러일으키셨기 때문이다.

루터가 사용한 말에 담긴 충격을 고스란히 느껴보라.

그러나 사람은 그의 구원이 자신의 능력, 지혜, 수고, 의지, 행위를 전적으로 뛰어넘는 것이며 다른 존재, 즉 오로지 하나님 한 분의 의지, 지혜, 기쁨, 행위에 절대적으로 달려 있음을 알기 전에는 철저히 겸손해질 수 없다. 만약 자신이 구원을 향해 최소한의 것이라도 스스로 할 수 있다는 논리에 설득당한다면, … 자신에게 철저히 절망하지 않는다. 고로 그는 하나님 앞에서 겸손해지지 않는다. 오히려 그는 어떤 장소에서, 어떤 시점에서, 어떤 행위로 말미암아 시간이 지나면 구원에 도달하게 될 것이라고 스스로 제안한다. 그러나 … 하나님의 선의에 온전히 [의지하는] 자는 자기에게 전적으로 절망하며, 어떤 것도 선택하지 않으며, 하나님이 자기 안에서 일하시기를 기다린다. 그리고 이런 사람이야말로 은혜에 가장 근접한 자로서 구원받을 가능성이 있는 사람이다.[15]

루터의 논점은 주권적 은혜의 교리가 인간의 교만을 부숴버린다는 것이다. 그가 이 교리를 설교했을 때 사람들은 깨달음을 얻고 하나님의 자비에 힘없이 자신을 내던졌다. 그는 이어서 말한다. "그러므로 이런 것들은 택자를 위해 공개적으로 선포된다. 그러니까 이런 수단으로 겸손해지고 아무것도 아닌 상태로 낮아지면 그들이 구원받을 수 있다는 것이다. 나머지는 이런 굴욕에 저항한다. 그렇다, 그들은 자기 절망의 가르침을 정죄한다. 그들은 뭔가 자그마한 것이라도 스스로 할 일이 있길 원한다. 이런 사람들은 은밀하게 교만을 간직하며 은혜의 대적으로 남아 있다."[16]

여기서 관건은 무엇일까? 오늘날 많은 복음주의자가 구원은 하나님의 은혜에 의한 것이지만, 또한 하나님은 우리가 믿음으로 구원에 일조하기를 기대하신다고 가르친다. 즉, 하나님이 우리를 선택하시는 것이 아니라 우리가 하나님을 선택함으로써 그렇게 할 수 있다는 것이다. 그러니까 하나님은 구원 안에서, 아주 작기는 하지만, 최소한의 뭔가를 우리에게 기대하신다는 말이다. 이 인기 있는 복음관은 에라스뮈스의 가르침이었다.

루터는 이에 강력하게 반대했다. 그는 "사람이 믿는 믿음조차도 하나님이 주신 것"이라고 말했다. 물론 사람의 의지는 구원에 관여하지만, 하나님이 인간 의지에 역사하셔서 그 사람이 하나님을 찾게 되는 것이다. 그러므로 한 사람이 구원받는 이유는 그가 믿으려는 바람이나 능력을 스스로 갖추고 있기 때문이 아니라 하나님이 그를 선택하여 믿음에 이르도록 그의 의지에 역사하셨기 때문이다. 루터에게 구원은 전적으로 주님의 것이었다.

루터는 자연인의 상태를 다음과 같이 생생하게 묘사했다. "매여 있고 사로잡히고 비참한, 아픈, 죽은 상태이나 그의 주 사탄의 역사로 인해 이 모든 불행에 무분별이라는 불행이 더해진다. 그래서 그는 자신이 자유롭고, 행복하고, 선택권이 있으며, 능력 있고, 온전하고, 살아 있다고 믿는다."[17] 하나님이 우리에게 지킬 수 없는 계명을 주신 이유는 그렇게 해야 우리가 절망으로 내몰려 그의 자비에 자신을 내던질 수 있기 때문이다. 어거스틴과 함께 루터는 외친다. "난 해야 하나, 할 수 없다!"

이 시점에서 루터는 그의 신학에 중대한 구분점을 둔다. 바로 하나님의 계시된 뜻과 하나님의 은밀하고 감추어진 목적이 있다는 것이다. 한편으로 하나님은 죄인에게 믿으라고 간청하신다. 다른 한편으로 하나님은 많은 이의 멸망을 계획하신다. 이 은밀한 뜻은 캐물어 들어가야 할 대상이 아니라 경외감으로 사모해야 할 대상이다.

루터는 이 논점을 뒷받침하기 위해 아브라함의 예를 들었다. 하나님이 아브라함에게 아들을 죽이라고 명하신 것은 하나님의 계시된 뜻이 나타난 것이었다. 하지만 동시에 하나님은 소년이 살길을 은밀히 계획하셨다. 그러므로 하나님은 우리에게 특정 명령을 주시지만 다른 뭔가를, 우리에게 하나님이 하라고 명하신 바와 어긋나는 것처럼 보이는 뭔가를 계획하실 수 있다. 토기는 토기장이에게 반문할 자격이 없다. 전능자의 은밀한 지혜를 추궁하는 일이 우리에게는 허락되지 않았다. 우린 다만 손으로 입을 가릴 따름이다. 루터가 말했듯이 우리가 할 수 있는 것이라고는 하나님 앞에서 경외감 가운데 서 있는 것뿐이다.

루터는 이것을 넘어서려고 하지 않았다. 만일 누군가가 하나님의 은밀한 뜻을 파고들고자 한다면 그는 스스로 위태로운 지경에 빠질 것을 감수해야 한다. 루터의 글이다. "우리는 그가 계속 가도록, 그리고 하나님에 대항하도록 내버려 둔다. 그가 어떤 승리를 구가할지 주시하면서도, 우리는 그가 아무것도 할 수 없으리란 것을, 즉 우리의 대의를 훼손하거나 자신의 대의를 세우는 것, 둘 다 할 수 없음을 확신한다."[18]

루터의 하나님관은 하나님의 자비와 양립할 수 있을까? 루터는 이렇게 썼다. "너무 적은 사람을 구원하시고 너무 많은 사람을 멸망케 하시는 하나님이 자비로우심을 믿는 것, 이것이 믿음의 가장 높은 경지다."[19] 하나님이 택자에게 자비를 보이신다는 것은 명명백백하다. 바울이 말했듯이 "그런즉 하나님께서 하고자 하시는 자를 긍휼히 여기시고 하고자 하시는 자를 완악하게 하시느니라"(롬 9:18).

루터는 이어서 인간의 의지는 흡사 짐승 같다고 말한다. 만일 하나님이 그 위에 앉으시면 하나님이 뜻하신 곳으로 간다. 만일 사탄이 그 위에 앉으면 사탄이 뜻하는 곳으로 간다. 그러나 짐승에게는 태울 자를 선택할 능력이 없다. 타는 자들이 누가 짐승의 등에 탈지를 정하기 위해 안간힘을 쓴다.

더욱 명료하게 말하면, 하나님이 택자를 믿음으로 견인하시기 위해 그의 마음속에 역사하시는 것은 강요가 아니다. 다만 "성령 하나님의 달콤한 숨결이 그 위에 불어 의지를 변화시키면, 강압에 의해서가 아니라 순전한 자원함, 경향성, 합의에 따라 의지는 그에 대한 반응으로 갈망하고 행동한다."[20] 인간 의지는 자유롭지 않지만 반응적이다. 마음의 사악함에 반응할 수도 있고 택자에게 복음을 받아들일 능력을 부여하시는 하나님의 주권적 역사에 반응할 수도 있다.

가톨릭교회의 반응

종교개혁 역사에서 루터와 에라스뮈스 사이의 논쟁은 어느 정도로 중요할까? 로마 가톨릭교회는 루터와 갈라서게 된 핵심 사안이 의지의 자유 문제라고 보았다. 루터와는 대조적으로 로마 가톨릭은 인류가 전적으로 타락한 게 아니라고 주장한다. 최초의 타락으로 인류는 도덕적으로 병들긴 했지만 죽지는 않았다. 사람들은 은혜받기 위해 마음을 준비하고, 구원 과정에서 하나님과 협력함으로써 자신의 구원에 기여할 수 있다. 그리고 우리가 이전 장에서 배웠듯이, 구원에서 하나님과 협력할 수 있다는 가톨릭교의 가르침 때문에 영생을 추구하는 과정에서 선행은 매우 중요하다.

두 견해를 이렇게 대비할 수 있겠다. 가톨릭과 오늘날 복음주의 진영의 상당 부분은 인류를 물에 빠진 존재로, 하나님은 은혜로 우리에게 밧줄을 던지시는 분으로 본다. 한 사람이 밧줄을 잡으냐 마느냐 여부는 그 사람의 선택과 성향에 달려 있다. 그리고 그가 밧줄을 움켜쥔 후에도, 자기 노력으로 붙들고 있어야 한다.

루터도 인류가 물에 빠진 상태라고 보았지만, 그는 인류가 의식불명, 더 정확히는 영적으로 죽은 상태라고 보았다. 고로 인류는 하나님의 은혜를 향해 손을 뻗을 수조차 없다. 하나님은 자신의 선택으로 손을 아래로 뻗어, 생기 없는 시신을 일으켜 세우시고 믿음을 주심으로 인류를 구원하신다. 고로 구원은 전적으로 하나님의 일이다.

'자유의지 vs. 예정' 논쟁은 루터와 에라스뮈스에게서 시작된 것은 아니었다. 그 전에도 이미 기독교 역사에서 장구한 논쟁의 역사가 있었다. 그리고 짐작하듯 그들의 논쟁으로 이 문제가 잠잠해진 것도 아니었다. 나중에 보겠지만 존 칼빈도 인류의 구원에 있어 하나님의 주권에 관해서는 (더러 사소한 차이가 있긴 하지만) 루터와 의견을 같이했다. 그다음 알미니우스라는 사람이 루터와 칼빈의 확고한 주장을 반박했고, 알미니우스-칼빈 논쟁은 오늘날까지도 여전히 회자한다.[21]

유대인 관련 논란: 루터의 어두운 면

고전이 된 그의 저서 《제3제국의 흥망성쇠》(*The Rise and Fall of the Third Reich*)에서 윌리엄 샤이러는 루터가 유대인을 "독을 머금은", "쓰디쓴 벌레들", "역겨운 기생충"[22]이라고 불렀다는 이유로 루터를 "미개한 반유대주의자"라고 부른다. 1543년 인생 말년에 루터는 유대인을 반대하는 소책자 세 권을 집필했다. 책자에서 그는 "유대인은 비천한, 창기 같은 민족이다. 하나님의 백성이 아니며, 그들의 족보, 할례, 율법 자랑은 오물로 취급해야 한다. 유대인은 마귀의 똥으로 가득 찼다. … 그들은 돼지처럼 똥 속에 뒹굴며, 그 회당은 구제 불능의 창녀이자 악하고 헤픈 여자다"[23]라고 썼다.

지난 5세기 동안 유대인들은 그리스도가 자신들의 친구가 될 수 없다는 증거로 루터의 말을 자주 인용했다. 유대인을 어떻게 대해야 할지에 관한 루터의 조언을 들어보자.

1305년 비텐베르크에서 유대인이 추방되었을 때 유대인이 돼지 젖을 빠는 형상이 새겨진 부조가 교회 밖 우측 모퉁이에 설치되었다. 1987년 교회는 이 반유대주의에 사과하는 현판을 추가했다.

첫째, 그들의 회당과 학교를 불사르고 타지 않은 것은 무엇이든 흙으로 매장하고 덮어서 돌 하나도, 숯 덩어리 하나도, 다시는 사람 눈에 띄지 않도록 한다. 이는 우리 주님과 그리스도 왕국의 영광을 위해 마땅히 해야 하는 일이다. … 둘째, 그들의 집을 허물고 철거하도록 한다. … 셋째, 우상숭배, 거짓말, 저주, 신성 모독을 가르치는 그들의 모든 기도집과 탈무드 문헌을 압류해야 한다. 넷째, 랍비들에게 생명과 수족을 잃는 고통을 주어 더 이상 가르치는 일을 못 하게 한다. 다섯째, 유대인의 대로(大路) 안전통행권을 폐지할 것을 조언한다. … 여섯째, 그들이 고리대금업에 관여하는 것을 금하고 모든 현금과 금은보화를 압류하여 안전한 곳에 따로 보관해야 한다.[24]

루터, 어쩌면 이럴 수 있는가?

《나의 투쟁》에서 아돌프 히틀러는 루터가 프레더릭 대제와 리처드 바그너와 같은 수준의 위대한 개혁자라고 추켜세웠다. 그러나 히틀러는 믿음과 그리스도를 통한 구원을 선포한 루터를 선망해서 그렇게 한 것은 아니었다. 그는 루터를 교회에 항거한 용감무쌍한 사람으로, 더 중요하게는, 유대인을 증오했던 사람으로 보았을 뿐이었다.

말할 필요도 없이 루터의 그러한 논평은 한심하고 반기독교적인 것으로 강력하게 지탄받아야 한다. 하지만 그 발언의 전후 맥락을 살펴보아야 공평한 처사일 것이다. 루터는 위의 글보다 더 앞선 시기에 유대인의 불신앙이 중세 기독교의 실패 때문이라는 글을 쓴 적이 있다. 그가 작고할 때 자신이 쓴 이 논평을 반복했길 소원한다. "우리는 기도하며 눈앞에 계신 하나님에 대한 두려움으로 그들[유대인]을 향해 강한 측은지심을 가져 그들 중 일부라도 불길에서 건져내야 할 것이다. 우리는 감히 복수를 생각해선 안 된다. 우리가 복수하고 싶은 것의 천 배 이상이 그들 몫으로 이미 주어졌다."[25]

왜 루터는 이러한 심경 변화를 겪었을까? 나는 루터가 믿기 어려울 정도로 순진했기 때문이라고 생각한다. 그는 자신이 복음의 실체를 드러내기만 하면 유대인들이 그리스도를 대거 메시아로 받아들이리라고 철석같이 믿었다. 하지만 그들이 기독교로 돌이킬 기미가 전혀 보이지 않자 분노한 루터는 그들을 대적했다. 루터는 말년에 노년의 짜증과 노환이 엄습하자 차라리 하지 않았으면 좋았을 말을 많이 했다.

그의 발언이 변명의 여지가 없는 건 맞지만 여기서 우리는 두 가지를 명심해야 한다. 첫째, 그의 적개심은 인종적인 것이 아니라 종교적인 것이었다. 그의 저술에는 혈통의 순수성에 관한 내용이 전혀 없으며, 교리의 순전성에 초점이 맞춰져 있다. 그는 유대인이 그리스도를 배격했다는 사실에 분노했다. 유대인의 재물에 대한 논평을 보면, 그는 유대인이 고리대금업을 통해 불법적으로 재물을 취득해왔다고 믿었다. 고로 그들의 재물을 압류하여 "믿는 유대인"을 위한 기금에 넣어두어야 한다고 주장했다. 이러한 그의 사고 근저에는 그리스도를 증오하는 자들을 교회도 증오해야 한다는 중세적 사고가 있었다. 그래서 '그리스도의 살인자'인 유대인은 그의 분노와 핍박의 표적이 되었다.

둘째, 루터의 유대인에 대한 독설은 다른 명망 있는 기독교 지도자들의 발자취를 따르는 행위였다. 저스틴 마터는 그의 책《트라이포와의 대화》(Dialogue with Trypho)에서 유대인의 불행은 신이 내린 천벌이며 "유일하신 한 분을 살해했으니 환난이 너희를 엄습하는 것은 지당하다"라고 썼다. 존 크리소스톰은 유대인에 대한 증오로 가득한 메시지를 여덟 편 설교했다.

우리는 이렇게 물어야 한다. 마르틴 루터가 히틀러 치하의 독일에 살았더라면 어떻게 말하고 행동했을까? 그는 분명히 히틀러의 인종주의에 기반을 둔 유대인 증오를 반대하고 총통을 적그리스도로 정죄했을 것이다. 히틀러가 루터의 다른 면을 보지 못했음이 너무도 애석하다. 루터는 그의 모든 허물에도 불구하고 그리스도의 십자가를 이해했던 사람이었다. 히틀러는 루터의 투쟁 부분만을 알았다.

비텐베르크의 성(城)교회 안에 있는 루터의 묘비와 강대상

루터가 맞든 틀렸든, 아니면 그 중간 어디쯤 있든, 그는 깊은 열정으로 자신의 신념을 붙들었고 단죄하는 언어로 자신의 견해를 밝혔다. 성령의 영감을 받아 말하기를 여러 번 했던 사람이라도 자신이 두려워하던

마귀의 영감을 받아 말할 때도 있다. 그럼에도 불구하고 우리는 루터의 거대한 지성, 이신칭의의 깨달음, 비범한 용기에 큰 빚을 지고 있다.

11

루터와 성경

만일 마르틴 루터에게 독일어 성서 번역 외에 다른 업적이 없었다 하더라도, 그는 독일 역사에 한 획을 긋는 인물이 되었을 것이다. 이 엄청난 과업이 루터의 여러 업적 중 하나에 불과하다는 사실은 그 자체로 그의 의지와 천재성을 잘 보여준다.

루터는 보름스 제국회의에서 종종 서로 상충하는 교황이나 전통의 규정은 받아들이지 않겠다고 분명하게 공언했다. 오직 성경만이 교리와 실천의 근거라는 확신이 그를 사로잡았다. 그는 아리스토텔레스의 철학과 기독교 신학 사이에서 정-반-합을 도출하려는 교회의 결정에 강력히 저항했다. '인간 이성'에 대한 의존은 교회가 길을 잘못 들어섰다는 또 다른 방증일 뿐이라고 그는 믿었다.

성경은 철학자들이 알지 못하는 하나님을 계시한다. 성경은 전혀 예상할 수 없었던 것, 즉 십자가에 못 박힘으로 마귀와 싸우시는 하나님을 담고 있다. 성령은 나름의 언어를 갖고 계시기에, 그 언어를 해석하고 본뜻을 분별하려면 성경을 공부해야만 한다. 인간 철학은 값없이 베푸신 복음의 빛을 가린다.

보름스에서 벌인 극적 변론의 여운이 채 가시기도 전에, 발트부르크 성에 갇힌 루터는 저술과 번역으로 관심을 돌렸다. 그는 자신에게 허락된 시간이 길지 않으리라 생각했다. 사실 황제가 보름스 칙령에 서명했으니 그를 죽여 황제의 환심을 사려는 대적들이 수두룩했다.

루터는 발트부르크 성에서 작은 방 하나를 얻었다. 돌바닥으로 된 방에는 창 하나, 탁자 하나가 있었다. 루터는 에라스뮈스의 헬라어 신약성경 개정판을 가지고 독일어 신약성경 번역에 착수했다. 번역은 학문성과 개인 훈련에 따른 위대한 승리였다. 장시간 작업은 불면증과 혼란, 우울증을 쫓는 유일한 방법이기도 했다.

루터역 신약성경은 단 11주 만에 완성되었다(하루 1,500단어꼴로 번역한 셈이다). 구약성경 번역은 다른 이들과 협력하면서 남은 평생에 걸쳐 진행했다. 완성된 성경 역본은 독일 민족을 공통의 독일 방언으로 통합시키는 데 쓰임받았고, 독일 기독교의 모습을 송두리째 바꾸어놓았다. 훗날 루터는 종교개혁을 일으킨 일등 공신은 성경이라고 했다. "말씀이 다 했다." 하나님이 능력 주셔서 기도와 설교를 통해 그 일을 할 수 있었다는 것이다.

루터의 번역 방법

루터의 성경 번역이 왜 그렇게 중요한 걸까? 첫째, 그는 신약성경의 헬라어 원본을 번역했다. 라틴어 번역에 근거한 다른 역본은 읽기

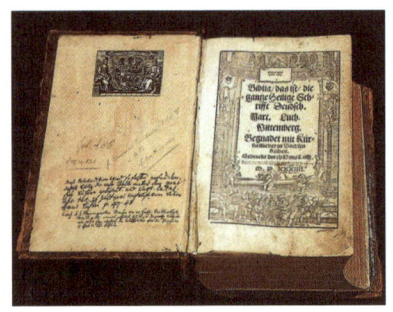

루터의 독일어 성경 번역은 독일어를 통일하여 날로 증가하는 독일의 민족적 정체성에 일조했다.

어려울 뿐 아니라 성 제롬의 라틴어 번역의 부정확성을 그대로 담고 있었다. 루터는 헬라어로 기록된 신약 원본을 직접 접해 본다 뜻을 더 잘 이해할 수 있었다.

사실 이전에 있던 번역의 부정확성으로 수 세기 동안 교회는 잘못된 길로 갔다. 예를 들어, 라틴어 역은 마태복음 4장 17절에 나오는 예수님의 명령을 "참회를 행하라(Do penance). 천국이 가까우니라"라고 번역했다. 그러나 헬라어 원문은 "참회하는 마음을 가지라(Be penitent)"로 되어 있다. "그러므로 하나님은 겉으로 드러나는 행위가 아닌, 변화된 마음과 생각을 요구하신 것이다. … '회개하라'와 '참회를 행하라'는 다르다."[1] '행함'은 구원과 무관했다(가톨릭에서 고해 성례의 일부인 '보속' 행위도 penance라고 한다—옮긴이).

"참회를 행하라"는 구절이 자기 행위를 통해 구원에 공헌할 수 있다는 생각에 어떻게 신빙성을 부여했는지, 그리고 이를 근거로 교회가 어떤 식으로 자기 소견대로 '참회 행위'를 처방했는지는 쉽게 가늠할 수 있다. 하지만 "참회하는 마음을 가지라"는 말씀은 마음의 변화를 강조한다. 이는 회개하는 태도이고 마음에서 우러나오는 죄로 인한 애통함이다. 95개 조 반박문의 첫 번째 논제에서도 드러나듯이, 루터는 이 차이점을 이미 간파하고 있었다. "우리의 주님이자 주인 되신 예수 그리스도가 '회개하라'라고 하셨을 때 그 본뜻은 신자의 삶 전체를 참회해야 한다는 것이었다."

둘째, 루터는 성경을 독일의 토박이말, 즉 독일 민족의 평범한 말로 옮겼다. 그는 비텐베르크에서만 통용되는 뉘앙스가 아니라 일반적인 독일 방언을 반영하는 단어를 선택하려고 심혈을 기울였다. 그는 성서를 보통 사람의 손에 의탁하기를 주저하지 않았다. 성경으로 성경을 해석하면서 평범한 사람도 성경의 가르침을 깨우칠 수 있다고 믿었다. 그는 밭 가는 사람과 베 짜는 사람이 일하며 성경을 읽고 암송하길 원했다.

루터의 글이다. "집에 있는 어머니, 거리의 아이들, 시장의 남자에게 말을 걸고 그들이 어떻게 말하는지를 경청하여 그에 따라 번역해야 한다. 그렇게 하면 그들은 독일어로 자기에게 이야기하는 것을 깨닫고 관심을 보일 것이다."[2] 그는 언어를 "주리 틀어" 본문에 없는 바를 말하게 하려는 자들에 반대했다.

루터는 번역 작업을 하면서 레위기에 언급된 동물의 다양한 부위를 제대로 이해하기 위해 푸줏간 주인을 여러 번 찾아갔고, 계시록에 언급된 다양한 보석들을 섭렵하기 위해 보석상을 방문했다. 그는 모세가 워낙 훌륭한 독일어를 구사한 나머지 모세가 유대인인 줄 알아채지 못하길 바랐다고 말했다!

루터는 성경의 문법적·역사적 해석을 신뢰했다. 그는 추측과 우화적 번역을 피했다. 그는 신학적 확신에서 한 치의 물러섬도 없었고, 자기 신학이 번역 작업에 보탬이 되었음을 주저 없이 인정했다. 가령 로마서 3장 28절은 이렇게 되어 있다. "그러므로 사람이 의롭다 하심을 얻는 것은 율법의 행위에 있지 않고 믿음으로 되는 줄 우리가 인정하노라." 루터는 여기에 '오직'(alone)이라는 단어를 추가하여 이렇게 옮겼다. "사람이 의롭다 하심을 얻는 것은… '오직' 믿음으로 되는 줄…." 그는 원문에 없는 단어 하나를 추가한 것으로 비판받았지만, 이런 추가가 사도 바울의 생각을 명료하게 부각하는 데 필요했다고 변론했다.

정경 범위 논쟁

종교개혁자들은 정경의 범위를 두고 논쟁의 포문을 다시 열었다. 개신교가 외경(外經)이라고 부르는 많은 책이 당시의 성경 지면에 포함되어 있었기 때문이다. 성 제롬이 마지못해 라틴어 역본에 삽입했기 때문에 이 책들이 성경 안에 들어왔다. 그리고 이 역본이 천 년 동안 그리스도 왕국의 성경이 되었다. 실제로 가톨릭교회조차 구약성경의 다른 책과 외경을 동일한 권위로 대하지 않았다. 트렌트 공의회 전까지는 가톨릭교회도 이 외경이 타당함을 공인하지 않았다. (루터 사망 4년 후인) 1546년, 몇몇 기초적인 개혁 조치를 도입하기 위해 소집된 트렌트 공의회에서 이 외경들은 새롭게 승격된 지위를 부여받았다. 개신교는 외경이 이신칭의 교리를 반대하는 데 사용할 만한 내용을 담고 있기 때문이라고 믿었다.

개혁자들은 정경성의 참된 근거가 책의 본원적 특성과 가르침에 있다고 믿었다. 루터에 의하면, 이는 칭의 교리가 정경성의 핵심 기준임을 의미했다. 루터는 교회를 성경의 권위 위에 두면서 교황의 여러 선언을 교회의 소견에 옳은 대로 첨가해서는 안 되며, 교회를 성경의 권위 아래 둬야 한다고 믿었다.

그러므로 루터는 "그 복음주의적 경건성과 위력에 준하여"[3] 성경에서 더 중요한 책과 덜 중요한 책 사이에 구분을 두었다. 그는 히브리서, 야고보서, 유다서, 계시록을 독일어 성경의 맨 끝에 두었고, 그가 쓴 서문에는 이런 설명을 덧붙였다. "이제까지 우리에게는 바르고 진정한 신약의 책들이 있었다. 그 뒤에 나오는 네 책은 옛날에는 다르게 평가되었다."[4]

루터는 야고보서를 싫어했다. 행위 없이 믿음만으로 의롭다 하신다는 바울의 이신칭의 가르침과 조화하지 않았기 때문이었다. 그래서 그는 야고보서를 다른 진정한 저술과 대비시켜 "지푸라기 서신"이라고 불렀다(루터는 이 표현을 선지자 예레미야에게서 빌려왔다. 예레미야는 자의적으로 환상을 말하는 자들을 알곡에 견주어 '겨'[지푸라기]라고 했다. 렘 23:28 참조). 하지만 루터의 발언을 과장해서는 안 된다. 그는 야고보가 실천적 기독교의 스승이었음을 잘 알았다. 루터는 야고보가 십자가나 부활에 관해 아무 말도 하지 않았다는 부분을 말한 것이다.

그는 히브리서도 반대했다. 세례 후 회개 가능성을 부인하는 듯했기 때문이었다. 유다서는 베드로후서의 복사본인 것 같다는 이유로 불필요하다고 생각했다. 그리고 이미지와 환상만을 취급하는 묵시서인 요한계시록의 신비에서 그는 어떤 의미도 찾지 못했다.

후대의 관점에서 보자면 루터는 분명 이 네 책을 오해했다. 그의 눈에는 이 책들에 관한 해석과 목적이 가려져 있었던 듯하다. 야고보서는 바울 서신과 양립할 수 있다. 히브리서는 다양한 세례 방식과 양립할 수 있다. 그리고 비록 유다서가 베드로후서와 본질에서는 동일한 내용이지만 나름의 독특한 특성이 있다. 계시록의 경우 많은 환상과 비유를 담고 있지만, 그리스도를 크게 높이며 생생하게 그분의 영광스러운 재림을 부각한다.

정경 문제는 여전히 가톨릭과 개신교가 갈라지는 지점이다. 요한 에크는 루터와 논쟁하면서 이런 논점을 제기했다. "성경은 교회의 권위가 아니고서는 진위를 가릴 수 없다." 달리 말하면 교회가 어떤 책에 진위성을 부여할 수 있으며, 전통을 성경 위로 승격시킬 수도 있고 종종 그렇게 한다는 것이다. 교회의 공식 가르침이 무엇이든 그 내용이 곧 진리가 된다.

1962~1965년에 개최된 2차 바티칸 공의회(바티칸 II)는 이 사안에 관한 교회의 공식 입장을 이렇게 요약했다. "그러므로 성스러운 전통, 성스러운 성경, 교회의 가르치는 권한은 … 서로 긴밀히 연결되고 결합하여 있으므로 하나가 다른 것들 없이는 설 수 없으며, 성령의 작용 하에서 모두 함께 그리고 각각 나름의 방식으로 영혼 구원에 효과적으로 기여한다."[5]

개신교는 어떤 책에 내재적 권위가 있거나 없거나, 둘 중 하나임을 강조한다. 하나님에게서 왔든지 아니든지 둘 중 하나라는 것이다. 가령 에이브러햄 링컨이 쓴 편지는 역사가들이 그 진위를 인정하지 않을지라도 진품일 수 있다. 그런데 만일 링컨이 처음부터 그 편지를 쓰지 않았다면 사람들이 온갖 공의회와 선언문을 동원한다 해도 그 편지를 링컨 손에서 나온 것으로 만들 수는 없다.

요컨대 성경의 한 책이 하나님의 영감에 의한 것이라면 구약의 이스라엘과 신약의 교회가 그 가치를 알아보지 못했더라도 권위가 있다. 그러나 하나님의 영감을 받지 않았다면 아무리 진지하게 신적 권위를 강조하더라도 여전히 권위를 세우지 못한다. 내 말은 특정한 책의 '권위'와 그 권위에 관한 '인식'을 구별해야 한다는 것이다.

개신교는 오류를 범할 수 있는 교회가 취사선택한 성경책 목록이 무오함을 믿으며 이를 당당하게 인정한다. 그렇다. 이론적으로 교회는 오류를 범할 수도 있다. 교회는 무오하지 않기 때문이다. 그러나 성경은 그렇지 않다.

이렇게 말은 했지만 우리는 교회가 오류를 범했다고 믿지는 않는다. 첫째, 신약 정경에 포함할 정도로 진지하게 고려할 만한 책이 추가로 존재하지 않는다. 정경화 과정에서 논란이 되었던 책들은 스스로 제 가치를 입증했으며, 배제된 책들은 성경이라는 기준에 미달함이 드러났다. 교회가 오류를 범했다고 말하는 사람에게 우리는 이렇게 답한다. "당신의 주장을 제시해보세요. 어떤 책이 빠져야 하고, 또 어떤 책이 포함되어야 하는지 우리에게 추천해주세요." 대개 그 시점에서 논의는 흐지부지된다.

둘째, 위에서 논증한 바와 같이 우리는 하나님이 말씀을 보존하기 위해 섭리적으로 간섭하셨다고 믿는다. 하지만 하나님이 교회의 모든 공식 결정을 무오하게 하심으로 그렇게 한 것은 아니다. 하나님은 그분께 속한 사람들이 신성한 권위의 인장(印章)이 찍힌 책들을 알아보도록 인도하심으로써 이 일을 이루셨다.

오류 있는 교회가 무오한 성경을 선별했다는 생각을 하면 여전히 불편한가? 이건 놀랄 일이 아니다. 사실 무오한 성경을 쓴 사람 자체가 무오하지 않은 인간들이기 때문이다. 구약의 다윗 왕과 신약의 베드로가 그 예다.

루터의 성서 경외

신약의 네 책에 대해 석연치 않아 했지만, 루터는 성경을 크게 경외했고 신자들은 성경을 이해하고자 힘쓰고 그 권위에 복종해야 한다고 믿었다. 루터의 성경 경외를 가장 실감 나게 전할 방법은 성경에 관해 그가 언급한 부분을 직접 인용하는 것이라고 본다.

나는 선한 양심으로 이 말을 할 수 있습니다. 나는 이 작업에 지극한 충성과 정성으로 임했고, 어떤 것도 위조할 생각은 추호도 없었습니다. 이걸로 1페니도 취하거나 구하거나 원한 적이 없습니다. 이걸로 영광을 받겠다고 생각한 적도 없습니다(이는 하나님, 나의 주님이 잘 아십니다). 나는 다만 사랑하는 그리스도인을 향한 섬김으로, 그 위에 좌정하신 한 분께 영광 돌리기 위해 이 일을 했습니다. 그분은 매시간 나를 너무도 선대하셨기에, 내가 이보다 천 배나 더 많이, 더 부지런히 번역했다 하더라도, 나는 그분께 한 시간을 더 살게 해달라고, 혹은 건강한 눈을 달라고 요구할 자격이 없습니다. 내 모든 존재와 소유는 그분의 은혜와 자비, 아, 그분의 보혈과 쓰라린 땀방울 덕분입니다. 그러므로 이 모든 것은 하나님 뜻대로, 하나님 영광을 위해, 충만한 기쁨과 진심으로 한 일입니다. 어설픈 글쟁이들과 교황의 하수인들이 날 들볶는다고 해도 좋습니다, 그러라고 하십시오. 그러나 경건한 그리스도인과 그들의 주 그리스도는 날 칭찬하십니다. 그리고 단 한 명의 그리스도인이라도 나를 신실한 일꾼으로 인정한다면 나는 너무도 후한 보상을 받은 것입니다.[6]

성경을 면밀히 읽고 공부하는 사람은 그 어떤 내용도 하찮게 여기지 않고 자신의 삶과 도덕성 함양의 밑거름으로 삼습니다. 성령이 그 이야기를 기록으로 남기길 원하셨기 때문입니다. 우리는 모세가, 아니 실은 성령이 얼마나 큰 열심으로 족장들의 아주 소소한 행동이나 고통까지도 묘사했는지를 봅니다.[7]

우리는 단지 이성만으로 성경을 비판하거나 설명하거나 재단해선 안 됩니다. 우리는 열심히 기도하며 성경을 묵상하고 그 뜻을 구해야 합니다. 마귀와 그의 미혹 또한 우리가 경험과 실천을 통해 성경을 배우고 깨닫는 계기가 됩니다. 이런 것이 없다면 아무리 열심히 성경을 읽고 듣는다고 해도 우리는 결코 성경을 깨닫지 못합니다. 여기에서는 성령이 우리의 유일한 주인이자 개인 교사가 되어야 할 것입니다. 그리고 젊은이들은 그 훈계자에게 배우는 것을 전혀 부끄러워해서는 안 됩니다.[8]

하나님의 말씀은 불타는 방패입니다. 말씀은 금보다 더 실속 있고 더 순전합니다. 금은 불 가운데 연단하더라도 그 실체가 전혀 소실되지 않고 맹렬한 열기로 임하는 모든 진노를 이겨냅니다. 마찬가지로 하나님의 말씀을 믿는 자는 모든 것을 이겨내고 모든 불행에 맞서 영원히 안전하게 거합니다. 이 방패는 지옥도, 마귀도, 그 어떤 것도 두려워하지 않기 때문입니다.[9]

훗날 루터는 말했다. "난 그저 가르치고 설교하고 하나님의 말씀을 적는 일만 했다. … 그리고 내가 잠을 자거나 친구 필립 멜랑히톤과 암스도르프와 함께 비텐베르크 맥주를 마시는 동안, 그 말씀이 교황직을 약화시켰다. 어떤 군주도 황제도 교황직에 이런 손실을 입힌 적이 없었다. 난 아무것도 한 게 없다. 말씀이 다 했다.[10]

루터의 연구 방법

루터는 성경을 명료화하는 일에, 특히 구원 교리의 핵심을 명료화하는 일에 일생을 바쳤다. 그는 성경 공부가 뜻밖의 발견으로 가득 찬 여행길에 오르는 것 같아야 한다고 했다. 그는 자신의 성경 연구를 숲길 산책에 비유했다. "이 숲에는 내가 흔들어 사과를 얻거나 작은 열매를 따지 않은 나무가 거의 없다."[11] 그리스도를 대적하여 싸우려는 마귀가 있으므로 이 숲길 산책은 필수적이다. 루터는 평범한 사람들도 성경에 박식해야 한다고 믿었다. 그들 스스로 자신이 뭘 믿는지를 확인해야 하지 않겠는가.

성경은 한 권의 책이 아니라 두 밀레니엄을 아우르는 책으로 가득한 도서관이다. 성경의 핵심 진리에 관해 루터는 에라스뮈스에게 이렇게 말했다. "십자가에 못 박히신 분을 통해 그리스도인은 그가 알아야 할 모든 것을 알게 되고, 더 나아가 이제는 알 수 없는 것까지 압니다."[12]

"성경은 쉽게 늘리거나 끌고 갈 수 있으므로, 성경을 읽으려는 자는 누구든지 그릇된 길로 빠지지 않도록 유의해야 한다. 누구도 자기감정에 따라 성경을 끌고 가선 안 되며, 그리스도의 십자가라는 우물로 성경을 끌고 가야 한다. 그러면 확실히 바른길로 가고 실패하지 않을 것이다."[13]

루터 번역의 역사적·민족적 반향

앞서 언급했듯 성경을 독일어로 옮긴 사실이 루터의 유일무이한 업적이라고 하더라도 그는 이미 독일 민족사에 위대한 시혜자로 남았을 것이다. 우리는 당시 독일이 다양한 도량형을 쓰며 공통어가 없는 여러 지역의 군집이었음을 기억해야 한다. 루터는 당시 그가 살던 비텐베르크 마을과 거리에서 들었던 언어로 헬라어 성경을 독일어로 번역했다. 그리고 독일의 대다수 사람에게 가장 잘 알려진 단어를 선별하고자 사람들에게 묻고 자문하기도 했다.

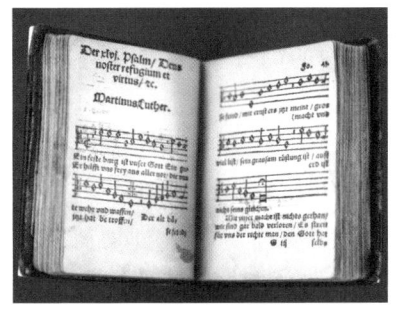

루터는 성경 진리가 노래를 통해 강력하게 전달될 수 있음을 알았다. 잘 알려진 찬송가 중에는 그가 작사한 "내 주는 강한 성이요"도 있다.

루스 H. 샌더스는 그녀의 저서 《독일어: 한 언어의 전기(傳記)》(*German: Biography of a Language*)에서 루터가 단지 독일어로 성경을 번역했다는 사실을 넘어 당대의 보통 사람의 말로 옮기는 데 큰 성공을 거두어 가톨릭 반대자들이 "재단사나 구두 제작자도 … 열심히 읽는다"라고 투덜거렸다고 전한다.[14] 2010년 8월 6일 자 〈더 이코노미스트〉에 실린 샌더스의 책에 관한 서평에는 이런 글이 있다. "한 사람이 한 언어에 이만한 발자국을 남기기란 드문 일이다. 루터역 성경에 쓰인 독일어는 그 시대에 누구의 모국어도 아니었다. 오늘날 루터의 독일어는 너무나 보편화한 나머지 한때 독일에서 활발하게 사용됐던 여러 방언이 (표준화로 인해) 사망 위협에 처할 정도가 되었다."[15]

이 평가를 좀 더 살펴보자.

루터는 명료함과 필력으로 치자면 타의 추종을 불허하는 언어로 자기 사상을 표현하여 그 사상의 내재적 효력을 극대화했다. 그는 평범한 예배자가 성경을 가까이할 수 있도록 성경을 독일 지역에 사는 보통 사람의 말로 옮기려 애썼다. 그는 이 일을 너무나 천재적으로 해내어 그가 쓴 독일 방언은 독일 전체의 글말이 되었다. 루터의 성서 번역이 없었더라면 독일은 서로 통하지 않는 여러 방언을 사용했을 수도 있다. 신성로마제국의 북서부 지방이 이런 경우인데, 이곳에서는 지방 방언들이 현대 화란어로 진화했다. 루터는 또한 전 세계 기독교 예배에서 아직도 불리는 찬송가를 여럿 작사했다.[16]

1400년대 마인즈에 인쇄기를 도입한 구텐베르크 덕분에 성경 사본들은 독일 전역에 급속도로 퍼져나갔다. 성경은 단지 교회 소장용이 아니라 글을 읽을 줄 아는 사람은 누구나 가까이할 수 있는 책이 되었다. 밭 가는 사람과 베 짜는 사람도 성경을 가까이하는 마르틴 루터의 비전은 현실이 되었다.

12

루터, 카타리나, 자녀, 죽음

마르틴 루터가 에르푸르트 수도원에서 독신 서약을 했을 때 그는 자신이 절대 결혼하지 않으리라 확신했다. 그러나 그가 교회로부터 파문당하자 멘토이자 고해 사제였던 요한 스타우피츠는 독신 서약에서 그를 풀어주었다. 이 전직 수도사였던 종교개혁가는 이제 자유롭게 결혼할 수 있었지만, 여전히 결혼에는 뜻이 없었다. 언제라도 죽임당할 수 있다는 생각으로 살았던 그는 자신의 아내 될 사람에게 결혼은 불공평한 처사라고 생각했다. 과부가 될 게 거의 확실했기 때문이었다.

그런데 루터가 발트부르크 성에 체류하던 시절, 재미난 일이 벌어졌다. 독신 서약을 포기한 비텐베르크의 수도사들이 수도원을 떠나는 수녀들과 결혼하기 시작한 것이다. 루터가 저술한 복음에 관한 소책자가 토르가우 인근 수녀원에 유포되었고, 루터는 수녀들에게 수녀원에서 탈출하는 방법을 조언했다. 이건 범법 행위였을 뿐 아니라 사형 죄에 해당하는 중범죄였다. 그러나 루터는 그의 군주이자 선제후인 프레더릭 현제가 눈감아주리라 믿었고, 실제로 그렇게 되었다.

루터는 토르가우의 수녀원으로 나무통에 송어를 담아 배달했던 레오나르트 코프와 협정을 맺었다. 1523년 코프는 12명의 수녀를 나무통 뒤에 숨겨(어떤 기록은 수녀들이 나무통 안에 숨었다고 한다) 덮개 마차에 싣고 비텐베르크로 데리고 왔다. 그중 세 명은 자기 집으로 돌아갔고, 아홉 명은 비텐베르크에 머물렀다. 한 학생이 친구에게 그 정황을 이렇게 보고했다. "다들 결혼에 목을 맨 수녀복 입은 처녀들이 마차 가득 마을로 이제 막 들어왔어. 더 나쁜 일을 당하지 않도록 하나님이 그들에게 남편을 허락하셔야 할 텐데."[1] 이 여인들은 세상 물정에 어두웠고, 누군가는 "저들은 노래하고 기도하는 것밖에는 할 줄 아는 게 없어"라고 평했다.

루터는 그들에게 남편과 가정을 찾아줘야 한다는 책임감을 느꼈다. 누군가는 루터부터 그중 한 명과 결혼하라고 제안했다. 그는 내일이라도 이단으로 몰려 죽임당할 수 있다는 생각으로 사는 사람이라 결혼에는 뜻이 없다고 답했다. 결국에는 카타리나 폰 보라를 제외한 모든 수녀가 남편감을 찾았다. 루터는 그녀가 결혼할 만한 사람으로 몇 명을 추천했으나 그녀는 관심을 보이지 않았다. 그녀는 비텐베르크에 강의하러 왔던 한 남자, 니콜라스 암스도르프 박사를 마음에 두고 있었다. 암스도르프와 대화하던 중 그녀는 루터가 권한 남자들은 싫고 자신이 결혼하게 된다면 암스도르프나 루터 둘 중 하나라고 루터에게 전해달라고 했다(이 두 사람이 결혼할 수 없음을 알고 장난삼아 던진 말이었다. 더욱이 두 사람 다 40대였다).

카타리나가 종교개혁에 가장 중요하게 기여한 바는 개신교 결혼의 모델을 제시하고 성직자 결혼의 가치를 보여 준 것이다.

부모님은 루터에게 카타리나와 결혼할 것을 종용했다. 아들의 수도원 입회 결정을 반대했던 아버지는 결혼은 적극적으로 찬성했다. 루터는 결혼 제도가 신이 만드신 것이며 독신보다 더 높은 수준으로 봐야 한다고 가르쳐왔다. 이제 루터의 마음속에서 결혼에 관한 생각이 서서히 움트기 시작했다. 비록 화형대에서 죽게 될지언정 결혼은 카타리나에게 신분을 부여할 것이고 자신은 가르친 대로 실천하는 길이 될 것이다.

마침내 그는 결혼하려는 이유를 세 가지로 제시했다. 아버지를 기쁘게 하기 위하여, 교황과 마귀의 부아를 돋우기 위하여, 순교하기 전에 그의 증거를 인치기 위하여. 그는 1525년 6월 13일 카타리나와 약혼했고(당시 약혼은 결혼과 동격이었다) 6월 27일 공개 결혼식을 치렀다(이 식은 비텐베르크 마을 광장에서 6월마다 재현되는 전통행사가 되었다).

루터는 조지 스팔라틴에게 이런 초청장을 보냈다. "자네는 내 결혼식에 꼭 와야 하네. 난 천사들을 웃게 하고 마귀들을 울게 했네." 스팔라틴이 루터에게 연애 기간을 더 가지는 게 어떻겠냐고 묻자 루터는 거의 이런 식으로 답했다고 한다. "오늘 할 수 있는 일을 내일로 미루지 말라!" 그는 수녀들의 탈출을 도왔던 코프를 초청했으나 아무 답이 없자 이렇게 두 번째 초대장을 보냈다. "나의 주(主) 카타리나와 나는 당신에게 최상급 토르가우 맥주 한 통을 보내줄 것을 청합니다. 만일 맥주가 맛이 없으면 당신 혼자 다 마셔야 합니다."[2]

오전 10시에 루터는 카타리나를 데리고 비텐베르크의 종소리가 울리는 교구 교회로 갔다. 식은 교회 출입구에서 열렸다. 어떤 이들은 이 결혼이 개혁가 루터의 영향력에 종지부를 찍을 것이라고 예견했다. 그러나 여러 면에서 상황은 전혀 반대로 흘러갔다. 루터의 결혼생활은 부부가 상호 존중과 축복 가운데 동역자로 함께 사역하며 섬기는 모델을 보여주었다. 루터는 그의 생각처럼 순교자로 생을 마감하지 않았고 카타리나와 21년을 함께 살았다.

카타리나와의 삶

루터와 카타리나는 잘 어울리는 한 쌍이었다. 그들은 서로 존중하며 유머가 넘치는 가정을 이루었다. "하나님 말씀 다음으로, 거룩한 결혼 제도보다 더 소중한 보화는 없다. 하나님이 지상에서 주시는 가장 고귀한 선물은 경건하고, 유쾌하고, 하나님을 두려워하며, 가정 살림을 하며, 함께 평화롭게 살며 당신의 재산과 몸과 생명을… 의

탁할 수 있는 아내이다."³

결혼은 많은 변화를 가져왔다. 결혼하기 전에는 1년 내내 침대보를 갈지 않아 땀으로 얼룩진 침대에서 잤지만, 너무 열심히 일했고 너무나 고단했기 때문에 별로 개의치 않았다. 루터는 또한 결혼할 때 카타리나에게 반한 상태는 아니었지만 세월이 흐르며 서로에 대한 사랑을 키워갔다고 했다. "난 카타리나를 프랑스와도 베네치아와도 바꾸지 않을 것이다. 하나님이 나에게 그녀를 허락하셨고 다른 여자들은 더 큰 허물이 있을 테니까."⁴

그가 결혼한 여인은 강인하고 유능하며 유명한 남편의 맞수가 될 만한 사람이었다. 어느 날 의기소침해서 앉아 있는 루터에게 그녀는 장례식에 가는 것처럼 어두운 옷차림으로 다가왔다. 누가 죽었느냐고 루터가 묻자 그녀는 "하나님이 죽었대요. 그 소식 못 들었나요?"라고 대꾸했다. 그러자 루터는 마치 하나님이 죽은 양 낙담했던 자신이 얼마나 어리석었는지를 깨닫고 큰 소리로 웃었다고 한다.

그는 종종 카타리나를 "내 갈비뼈"와 "내 주(主)"(그녀는 귀족 가문 출신이었다)로 칭했다. 때때로 그녀의 이름을 가지고 장난을 치며 나의 "케테"(*Kette*, 독일어로 '족쇄'라는 뜻)라고 불렀고, 자신은 그녀의 "자원하는 종"이라고 했다. 그들은 후일 선제후의 후원을 받았지만, 처음에는 무일푼으로 시작했다.

카타리나는 돼지와 닭을 돌보고 정원을 가꾸며 과수원을 관리하는 등 생활력이 강했다. 이뿐 아니라 통풍, 불면증, 괴혈병, 변비, 어지럼증, 귀 이명 등 온갖 병을 달고 살았던 루터를 보살피는 일도 그녀의 몫이었다.

그녀는 루터의 불면증에 대한 진정제로 자신이 직접 주조한 맥주를 내주었다. 루터는 성 바울의 갈라디아서를 "나의 카타리나 폰 보라"라고 칭함으로써 그녀에게 최고의 영예를 선사했다. 그는 이런 말도 했다. "집안일에 관한 한 나는 카타리나의 뜻을 따른다. 그 외의 영역에서는 성령의 인도를 받는다." 그는 카타리나에게 지나치게 빠져 있는 건 아닌지 근심했다. "난 나를 위해 너무나도 많은 것을 해주신 그리스도보다 카타리나에게 더 많은 공을 돌린다." 루터는 인성(人性) 학교로는 독신보다 결혼이 훨씬 낫다고도 했다.

카타리나는 집안 살림을 하고 가계 경제를 도맡아 관리했다. 남편은 돈 다루는 법을 평생 터득하지 못했다. "하나님은 돈이 그 사이로 빠져나가도록 손을 손가락으로 나누셨다"라고 한 루터의 말처럼, 그는 꼭 필요한 것이 아니면 다 나눠줬다. 카타리나는 때로는 그가 그렇게 하지 못하도록 돈을 숨겨야 했다.

부부는 비텐베르크에서 이틀 거리에 있는 농장을 하나 상속받았다. 카타리나가 농장 일을 보느라 집을 비우는 날이 잦아지자 루터는 아마 부아가 돋았는지 집을 비운 아내에게 이런 편지를 보냈다. "비텐베르크에서는 육신에 살지만 줄스도르프에서는 영 안에 사는 줄스도르프의 부유한 여인에게." 루터는 단지 욕정 때문에 사는 결혼도 있지만 자신의 결혼은 사랑 속에서 성장했다고 말했다. 그의 말이다. "아내는 남편이 기쁨으로 귀가하고 아쉬움으로 집을 나서도록 해야 한다."

루터 가족과의 저녁식사

물론 카타리나는 자신이 맡은 많은 책임을 거들 하녀들을 두었다.

루터의 가정은 집으로 찾아오는 학생들과 벗들에게 거의 항상 개방되어 있었다. 풍성한 식사와 약간의 맥주를 마신 후 대화는 신학, 교황, 시사 문제로 이어졌다. 루터의 생각이나 질문에 대한 답변을 받아 적는 학생도 있었다. 그의 생각은 루터 사후 학생들이 취합한 6,596개의 어록이 담긴 《탁상 담화》(Table Talks)로 오늘날 우리에게까지 전해진다. 그중에는 다음과 같은 위트 넘치는 발언들이 있다.

> 수도사들은 전능하신 하나님의 모피 코트에 사는 벼룩들이다. …
> 나는 교황의 버팀목이다. 내가 사라지면 교황이 더 힘들어질 것이다. …
> 독일은 교황의 돼지다. 그래서 그에게 그리 많은 베이컨과 소시지를 줘야 한다. …
> 새들은 신앙이 부족하다. 그들은 내가 아무 해를 끼칠 생각이 없는데도 내가 과수원에 들어가면 날아가버린다. 이처럼 우리도 하나님에 대한 믿음이 부족하다.[5]

루터는 자신의 건강과 안전을 염려하는 카타리나를 나무랐다. "당신은 하나님에 관해 스스로 걱정하는구려. 마치 그분이 전능하신 분이 아닌 것처럼 말이요. 그분은 늙은 마르틴 루터가 잘레[독일 동부를 관통하는 강]에 익사하거나 벽난로 가에서 쓰러져 죽는다면 새 마르틴 루터 열 명은 새로 만드실 수 있는 전능한 분이요. … 난 당신과 모든 천사보다 더 나은 보호자가 있어요. 나의 보호자이신 그분은 말구유에 누워계시고 동정녀의 가슴에 매달렸지만 전능하신 아버지 하나님 우편에 앉아계시기도 해요. 그러니 부디 평안 가운데 안식을 누려요. 아멘."[6]

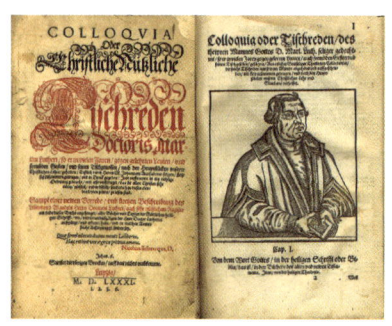

1581년 판 《탁상 담화》의 표지와 마르틴 루터의 초상화

1542년 날짜로 된 유서에서, 결혼한 지 17년 되던 해에, 루터는 그녀를 "경건하고 신실하고 헌신적인, 사랑과 따뜻한 배려가 넘치는 아내"[7]라고 불렀다.

아이들: 기쁨과 슬픔

첫아들 한스가 이갈이를 할 때 루터는 아이가 성가시지만 기쁨을 주는 존재라고 했다. "이것이야말로 교황은 누릴 자격이 없는 결혼의 기쁨이다." 한스는 순종하기를 힘겨워하여 루터 부부에게 근심을 안기는 일이 잦았다. 루터는 딸인 둘째 아이의 대모가 될 사람에게 이런 편지를 썼다. "친애하는 부인, 하나님이 나와 내 아내 카타리나에게서 작은 이교도를 배출하셨습니다. 당신이 오셔서 이 아이의 영적 어미가 되어주시길 바랍니다."

코부르크 성에 머무르는 동안 1530년 아우크스부르크 제국회의에 참석하지 못했던 루터는 안절부절못하며 힘겨워했다. 멜랑히톤이 루터교와 가톨릭교를 통일시키려는 카를 5세 황제를 기쁘게 하려고 너무 많이 양보하지 않을까 하는 우려에서였다. 이런 초조함 속에서도 루터는 짬을 내서 네 살 아들 한스에게 이런 감동적인 편지를 썼다. 여기 일부를 발췌한다.

네가 잘 배우고 열심히 기도한다는 소식을 들으니 기쁘구나. 내 아들아, 계속 정진하면 집에 돌아가 멋진 곳에 데려가 줄게. 많은 아이가 황금 옷을 입고 장밋빛 사과와 배, 체리, 자두를 나무 밑에서 줍는 멋진 정원을 아빠가 알고 있단다. 그 아이들은 노래하고 유쾌하게 뛰놀지. 그리고 황금 고삐와 은 안장을 두른 근사한 조랑말을 가지고 있어. 정원사에게 이 아이들이 누구냐고 물었더니 그가 말하더구나. "기도하고 배우고 말 잘 듣는 아이들이죠."

그래서 난 말했지. "선한 사람이여, 나에게도 아들이 하나 있고, 이름은 한스 루터예요. 그 아이도 이 정원에 올 수 있나요?"… 그러자 그 남자가 말하더구나. "만일 그 아이가 기도하고 배우고 말을 잘 듣는다면 그 아이도 정원 안으로 들어올 수 있죠."

그러니 내 사랑하는 아들아, 공부하고 열심히 기도하고 리푸스와 조스트[멜랑히톤의 아들들]에게도 그렇게 하라고 일러주렴. 그래야 모두 함께 그 정원에 가지. 내 사랑하는 하나님이 너를 돌보시길. 레나 이모에게도 안부 전해주고 나 대신 입맞춤을 해주렴.[8]

루터는 자녀들을 통해 하나님을 배웠다. 아이들은 그에게 '하늘에 계신 우리 아버지'의 의미를 깨우쳐 주었다. 세상이 아수라장이라도 어머니의 가슴에서 흡족하게 젖을 먹는 아이는 하나님 자녀에게 있는 믿음을 예시한다.

루터네 가정에는 모두 여섯 아이(한스, 엘리자베스, 마그달레나, 마르틴, 폴, 마가레타)가 있었고, 그중 딸 둘은 어린 나이에 죽었다. 루터 부부는 또한 역병으로 부모를 여읜 어린 고아 넷을 키웠고, 이들과 함께 다른 아이들도 수도원에 같이 데리고 살았다(루터 가족은 수도원을 집으로 개조해 살았다—옮긴이). 넷째 아들 폴은 프레더릭 선제후의 뒤를 이은 요나스 선제후의 시의(侍醫)가 되었다.

가족과 음악 연주를 하는 루터

크리스마스가 다가오면 루터는 아이들과 함께 어린아이처럼 기뻐하며 크리스마스를 축하했다. 이 가족이 크리스마스 캐럴을 부르는 장면은 크리스마스마다 재현되었다. 그 캐럴 중에는 루터가 작사한 찬송가도 있었다. "천사들이 하늘에서 좋은 소식 전하네/ 이 땅에 기쁜 소식 울리네."[9]

개인적인 슬픔

루터가 가장 예뻐했던 사랑스러운 딸 마그달레나가 겨우 열네 살의 어린 나이에 임종 침상에 누웠다. 루터는 기도했다. "오 하나님, 전 이 아이를 너무 사랑합니다. 하지만 당신 뜻대로 하소서." 그리고 딸을 쳐다보며 "막달렌첸, 내 어린 딸, 여기서 아버지랑 계속 살고 싶기도 하고 하늘 아버지께 가는 게 좋기도 하지?"라고 묻자 딸이 말했다. "예, 사랑하는 아버지, 하나님의 뜻대로요." 그는 딸이 눈을 감을 때까지 딸을 품에 안고 있었다. 그러고는 말했다. "내 사랑하는 렌첸[Du liebes Lenchen, 렌첸은 딸의 애칭이었다], 너는 부활하여 별처럼 해처럼 빛날 거야. 이 아이가 평안하고 모든 게 잘 될 것을 알면서도 이리 슬프다니 참 이상도 하다."[10]

마그달레나가 세상을 떠날 때 루터의 나이는 쉰아홉이었다. 그 무렵 루터는 다른 시련을 통과하는 중이었다. 딸을 잃은 슬픔은 아이가 하나님과 함께함을 아는 기쁨과 종종 혼재되어 있었다. 친구 요나스에게 쓴 편지다.

"내가 가장 아끼는 아이가 하나님의 영원한 나라에서 다시 태어난다는 소식을 듣겠지. 우리는 그 아이가 떠난 걸 기뻐해야 하네. 세상과 육신과 마귀로부터 건져냄을 받았기 때문이지. 그러나 자연스레 흐르는 사랑이 너무 강해서 우리 마음에는 번뇌가 남고, 우리 안에는 죽음에 대한 감각이 남게 마련이지."[11]

루터는 아이의 묘비에 이런 글귀를 새겨 넣었다.

여기 나 레나, 루터의 딸이 안식하다
모든 복된 자들과 함께 나의 작은 침상에 잠들다
난 죄와 허물 가운데 태어나
영원히 적적할 인생이었으나
난 살았고 모든 것이 선을 이루었다
그리스도, 당신의 피로 날 구원하셨습니다.[12]

오늘날 관점에서 루터의 결혼이 후대에 미친 어마어마한 파장을 제대로 헤아리기란 쉽지 않다. 한 역사가는 이렇게 표현했다. "루터와 카타리나는 서구 세계의 결혼관을 바꾸어놓았다. 루터는 성직자의 결혼을 주장하고 스스로 본을 보임으로써 거대한 사회 개혁을 시작했다. 이 개혁은 교회 개혁만큼, 아니, 어쩌면 그보다 더 큰 분수령이었다."[13]

루터 당시만 해도 천 년도 넘게 독신을 이상적인 상태로 신봉했음을 기억하라. 어거스틴은 결혼 안에서의 성관계조차 죄에 연루되는 것이라고 주장했다. 하지만 마르틴과 카타리나는 후세대에 다른 교훈을 남겼다. 즉, 결혼은 부부간의 사랑과 즐거운 성관계 그리고 참된 동반자 관계의 총합이라는 것이다. 그리고 하나님은 그런 결혼을 좋게 여기신다.

생과 사의 교훈

비텐베르크에 역병이 퍼지자 많은 이들이 죽음을 두려워하여 피신했다. 루터는 그리스도인이 남아 병자를 도와야 하는지, 아니면 안전을 위해 도망가야 하는지에 관한 에세이를 썼다. 그의 결론은, 간략히 말하면, 이것이 양심의 문제라는 것이다. 우리는 굳이 머물러야 할 책임이 없는 사람이 떠나는 것을 판단해서는 안 된다. 하지만 마을 집정관 등 일정한 책임이 있는 사람이라면 남아 병자를 도와야 한다. 비록 그 과정에서 죽는다고 해도 그는 하나님의 뜻을 행하다가 죽는 게 될 것이다. 그리스도 덕분에 우리는 죽음을 비웃을 수 있다고 루터는 믿었다. 죽음은 우리에게 어떤 권세도 행하지 못한다. 루터는 자신이 통통한 사람이니 "벌레들에게 배불리 먹을 것을 제공하겠다"라고 했다. 많은 이들이 피신했으나 루터 가족은 비텐베르크에 남아 병자들을 도왔다.

자신이 병들어 곧 죽게 되었다는 생각이 들자 루터는 카타리나를 타일렀다. "만일 이것이 하나님의 뜻이면 받아들여야 해요." 그녀는 이렇게 대꾸했다. "내 사랑하는 박사님, 만일 이것이 하나님의 뜻이라면 여기보다는 우리 주님과 당신이 함께 있길 바라요. 우리 걱정은 하지 말아요. 하나님이 우리를 보살피실 거예요."

마침내 루터는 아들들과 여행길에서 돌아온 뒤 아이슬레벤 마을, 그가 세례받았던 교회에서 반 마일 떨어진 곳에서 눈을 감았다. 수년 전 보름스에서 그는 이런 말을 했다. "[내 주장을] 철회하느니, 차라리 내게 천 개의 머리가 있어서 하나씩 참수를 당하겠습니다." 이제 임종을 앞둔 침상에서 그는 자신이 고백한 믿음 안에서 죽겠느냐는 질문을 받았다. 그는 그러겠다고 대답하고 이렇게 말했다. "난 두려움이 없었습니다. 아무것도 무서워하지 않았어요. 하나님이 사람을 이토록 간절하고 담대하게 만드실 수도 있네요."[14]

루터의 마지막 설교

2010년, 나는 답사팀을 이끌고 종교개혁 유적지로 가서 아이슬레벤 교회를 탐방했다. 그리고 루터가 마지막으로 설교했던 그 강대상에 올라가 설교해도 된다는 허락을 받았다. 하나님의 섭리였던지 마침내게는 루터의 마지막 설교본문 사본이 있었다. 나는 루터가 설교했던 바로 그 강대상에서 설교 중 몇 문단을 발췌하여 설교하는 영광을 누렸다!

그의 마지막 설교는 1546년 2월 15일에 있었고, 본문은 마태복음 11장 25~26절이었다. "그때에 예수께서 대답하여 이르시되 천지의 주재이신 아버지여 이것을 지혜롭고 슬기 있는 자들에게는 숨기시고 어린아이들에게는 나타내심을 감사하나이다. 옳소이다. 이렇게 된 것이 아버지의 뜻이니이다."

그의 말이 오늘날 현실에도 유의미하다는 것을 전달하고자 몇 문단만 인용한다. 명료함을 위해 몇 군데를 편집했다.

이것은 훌륭한 복음이고 이 안에는 많은 것이 담겨 있습니다. 이제 그 일부분에 관해, 가능한 한 많은 부분을 다루면서 하나님께서 우리에게 은혜 주시는 대로 이야기해봅시다.

주님은 여기서 이런 것들을 지혜롭고 슬기 있는 자들에게는 숨기셨다는 이유로 하늘 아버지를 찬양하고 높이십니다. 그러니까 하나님은 그의 복음을 지혜롭고 슬기 있는 자들에게는 알리지 않으셨습니다. 고로 주님은 하나님이 지혜롭고 슬기 있는 자들을 반대하시며 어린아이와 같은 자들을 애틋하게 사랑하신다고 말씀하십니다.

하지만 세상 입장에선 하나님이 지혜로운 자들을 반대하시고 정죄하신다는 것이 매우 어리석고 불쾌한 소리로 들립니다. 사실 우리는 이런 생각을 합니다. '만일 지혜롭고 슬기 있는 자들이 하나님을 돕지 않는다면 하나님은 다스리실 수 없을 거야. … 하나님이 하시는 모든 일에 대해 그들이 나서서 개선해야 해. 그래서 이 땅에 가난하고 멸시당하는 제자가 없도록 해야지. 하나님은 만인의 학생이 되어야 하고, 만인은 하나님의 선생이 되어야 하지.'

그러나 이것은 역겨운 태도입니다. 하나님이 더는 못 견디실 만도 하지 않나요? 이렇게 하나님 앞에서도 똑똑하고 지혜로운 자들, 그분을 다시 학교로 돌려보내려는 자들을 하나님이 크게 기뻐하실까요? 달걀이 암탉보다 더 지혜로워지려 들면 상황이 심각한 겁니다. 자녀가 아버지와 어머니를 다스리려 들면, 그리고 어리석고 단순 무지한 자들이 스스로 지혜롭다고 나서면, 그 다스림이 과연 얼마나 훌륭할까요. 바로 이런 이유로 지혜롭고 슬기 있는 자들은 성경 어디서나 정죄당하는 것입니다.

마귀는 우리를 바보들과 뒤섞어놓았습니다. … 고로 교황 역시 매우 지혜로운 사람이 되고 싶어 합니다. 단지 그가 높은 자리에 있다는 이유로, 스스로 교회의 머리라고 주장한다는 이유로, 현자 중의 현자가 되고 싶어 하죠. 마귀는 교황에게 잔뜩 헛바람을 불어넣었습니다. 그래서 교황은 자신이 무슨 말을 하고 무슨 일을 하든지 그게 곧 순전하고 신성한 지혜이며 모든 이가 그걸 받아들이고 순복해야 한다고 착각합니다. 그 누구도 이것이 하나님 말씀인지 아닌지 반문해서는 안 된다고 생각합니다.

그러나 하나님은 이를 용인치 않으십니다. 하나님은 학생이 되실 생각이 없으십니다. 그들이 학생이 되어야 합니다. …

오, 보세요. 이건 세상의 지혜로운 자가 거절당한다는 뜻입니다. 그래서 우린 스스로 지혜롭다고 여겨서는 안 되며, 그리스도의 말씀만 붙들고 그에게로 나와야 합니다. 그리스도는 사랑으로 우리가 이렇게 말하고 행하라고 초청하십니다. "당신만이 나의 사랑하는 주님이시고 주인이십니다. 나는 당신의 제자입니다."

이 복음에 관해 이보다 훨씬 더 많은 말을 해야겠지만, 내가 너무도 연약하여 여기서 이만 맺고자 합니다.[15]

루터는 어림잡아 30~35분가량 설교했다. 맺음말에서 그는 말을

마르틴 루터는 1546년 2월 18일, 62세의 나이로 하나님 품에 안겼다.

잇기에는 "너무 연약하다"고 인정하고는 교회를 나서서 길 건너 집무실로 가 몸져누웠다. 그리고 며칠 후 세상을 떠났다.

루터의 시신은 비텐베르크로 돌아왔다. 시신이 지나가는 마을 대로변에는 사람들이 장사진을 이루었다. 그는 오래전 자신의 95개 조 반박문을 못 박았던 성(城)교회에 묻혔다. 그의 묘비문은 (라틴어 줄임말로) 간단했다. "1546년 2월 18일, 고향 아이슬레벤에서 소천한 신학박사 마르틴 루터의 시신이 여기 묻혔다."

그로부터 4년 후 카타리나가 세상을 떠났다. 기록에 의하면 그녀의 마지막 말은 "나는 외투에 달라붙은 잔가시처럼 그리스도께 붙어 있을 것이다"였다. 그녀는 한때 자신이 몸담았던 수녀원이 있는 토르가우 마을에 묻혔다. 중세의 종교 훈련을 받으며 엄격한 계율에 갇혀 살던 이 독신 여성은 과연 자신이 언젠가 역사상 가장 유명해질 사람과 결혼하여, 수백만의 뇌리에 걸출하고 근면하고 하나님을 두려워하는 아내와 어머니로 각인될 줄 알았을까. 아마 꿈에도 몰랐을 것이다.

소천하기 몇 년 전 루터는 예기치 못한 놀라운 일들로 가득한 자신의 삶을 반추하며 이런 말을 했다. "대체 누가 이 모든 일에 대해 별을 보고 읽어낼 수 있단 말인가?"

마르틴과 카타리나는 우리에게 사는 법과 사랑하는 법뿐만 아니라 죽는 법도 가르쳐주었다. 마지막에 두 사람 모두 죽음의 불가피성을 포함하여 모든 일 속에 있는 하나님의 뜻을 받아들이며 겸허히 고개 숙였다. 그들의 사랑과 힘겹게 얻은 동역자 관계는 오늘날까지도 우리에게 영감을 준다.

13

츠빙글리: 취리히를 개혁하다

스위스 취리히의 그로스뮌스터(대성당)를 방문하면 돌에 이런 문구가 새겨진 것을 볼 수 있다. "1519년 1월 1일, 이곳에서 울리히 츠빙글리의 종교개혁이 시작되었다." 인근 교회에 가면 한 손에는 성경을, 한 손에는 검을 쥔 개혁자의 동상이 눈에 들어온다. 이는 하나님과 국가에 대한 츠빙글리의 이중 헌신을 상징한다. 차차 알게 되겠지만, 그는 가톨릭에 맞선 전쟁에서 검을 든 종군 사제로 참전해 스위스군을 독려하다가 전사했다.

츠빙글리는 마르틴 루터보다 7주 앞서 스위스 알프스에서 태어났다. 진지하게 신약성서 연구에 전념하기 시작할 무렵, 그는 복음 이외에 아무것도 설교하지 않겠다고 작정했다. 취리히에 있는 그로스뮌스터의 사제 청빙을 수락했을 때 그가 내건 입장이기도 했다. 스위스 연방은 엄밀히 말해 아직 신성로마제국령이었지만 16세기 즈음엔 어느 정도 독립을 누리고 있었다.

1519년 1월 1일, 사제 시무를 시작한 신임 목사는 전통적 예배 양식을 폐기하겠다는 뜻을 공표하면서 회중을 충격에 빠뜨렸다. 그는 지정된 성구집을 따라 설교하지 않을 것이며, 대신 마태복음에서 시작하여 신약성서를 처음부터 끝까지 설교하겠다고 밝혔다. 흥분한 회중은 술렁였다. 이제껏 누구도 그들에게 체계적으로 하나님의 말씀을 가르친 적이 없었다.

이보다 2년 앞서 마르틴 루터는 비텐베르크의 성(城)교회 문에 95개 조 반박문을 못 박았다. 당연히 츠빙글리는 비텐베르크에서 루터가 한 일을 알고 있었고, 그를 엘리야로 칭하며 그 용기에 찬사를 보냈다. 그는 회중에게 루터의 저서를 구입하여 읽을 것을 독려했다. 하지만 '루터파' 꼬리표를 달지는 않았으며 그를 의지하지도 않았다. 츠빙글리의 말이다. "난 이 교리를 루터에게서 배운 게 아니라 하나님 말씀 자체에서 배웠다." 그가 복음을 깨우치기 위해 찾은 것은 루터가 아닌 성경이었다.

츠빙글리의 목회 첫해에 끔찍한 역병이 취리히 전역을 휩쓸었다. 인구 7천 명 중 2천 명 이상이 사망했다. 츠빙글리 자신도 거의 죽다 살아났다. 이 일 후 그는 '역병의 노래'로 알려진 노랫말을 썼다.

날 도우소서, 오 주님
나의 힘과 반석이여

취리히의 물 교회(Water Church) 앞에 있는 츠빙글리 동상

오 이런

죽음이 문 두드리는 소리

날 위해 못 박히시고

죽음을 정복하셨던

당신의 그 팔을 높이 들어

날 자유케 하소서.

다음은 죽음 직전까지 갔다가 회생한 후 그가 쓴 시다.

나의 하나님! 나의 주님!

당신의 손으로 치유받아

다시금 이 땅 위에

발 딛고 섭니다

죄가 더 이상

날 주장하지 못하게 하소서

내 입술로 오로지

당신만 노래하게 하소서.[1]

그리고 역병에서 살아난 이 남자는 그가 사는 도시와 나라와 전 세계에까지 영향을 미칠 종교개혁을 감행했다. 마르틴 루터처럼 츠빙글리는 교황의 권위를 거부하고 이신칭의를 설교하며, 성인(聖人)과 면죄부의 공로를 부정했다. 그는 또한 예정을 믿었고, 칠성례를 두 가지로 줄여야 한다고 주장했다.

1520년대 초 츠빙글리는 더 이상 로마 가톨릭교회 내에서 사제

지위를 유지할 수 없었다. 1520년 그는 이제껏 받아왔던 교황 연금을 포기했고, 이틀 후 '취리히 백성의 사제'라는 직분에서 물러났다. 그러나 놀랍게도 사임하자마자 시의회는 그를 시 전체의 대표 설교자로 고용했다. 이제 그는 관리들의 개혁을 요구할 수 있는 위치에 섰다. 츠빙글리는 거룩하신 어머니 교회를 버렸다고 자신을 비판하는 사람들에게 "당나귀를 떠나 암소에게로 나아오고, 염소를 버리고 양에게로 오라"라고 응수했다. 츠빙글리와 그의 추종자들에게 이제 주사위는 던져졌다.

1522년 츠빙글리가 사순절 기간에 참석한 만찬에서 동석한 남자 몇 명이 두 개의 말린 소시지를 잘게 조각내 나눠 먹은 일이 있었다. 우리에게는 하등 문제 될 바 없어 보이지만, 당시에 말이 새어나가자 사순절 기간의 육식 금지를 어겼다고 반발이 일어났다. 시의회는 위반자를 조사했고, 거리에서는 싸움판이 벌어졌다. 츠빙글리는 비록 자신은 고기를 먹지 않았지만 먹은 이들을 옹호했으며, 왜 그리스도인이 모든 음식을 먹을 수 있는가에 관한 메시지를 전했다. 회오리치는 논란의 한복판에서 츠빙글리는 날로 거세지는 가톨릭 반대자들에 맞서 자기 입장을 명확하게 변론하지 않을 수 없었다.

대토론회

츠빙글리는 반대자에게 응수해야 했다. 비방자들이 츠빙글리의 개혁을 공개 검증하는 '대토론회'가 세 차례 열렸다. 1523년 1월 29일 목요일 아침, 6백여 명이 최초의 '취리히 토론회'에 참석하기 위해 취리히 마을회관으로 몰려들었다. 츠빙글리의 앞 탁자 위에는 달랑

라틴어, 헬라어, 히브리어 성경만 놓여 있었다. 모임이 정회하자 츠빙글리를 고발하려는 사람은 누구나 발언할 기회가 주어졌다. 츠빙글리는 하나님의 말씀 외에 다른 재판관은 필요치 않다고 했다.

츠빙글리는 로마 가톨릭교회와의 쟁점을 67개 항목으로 발표했다. 시의회는 츠빙글리가 발표한 문서를 수락했을 뿐 아니라 그에게 설교를 계속할 것을 독려했다. 츠빙글리는 공개적으로 이단 혐의를 벗었으며 그의 '67개 조'는 최초의 개혁파 신앙고백으로 정립되었다. 그가 새로운 교리를 설교한다는 혐의가 제기되자 그는 이렇게 답변했다. "복음이 무엇입니까? 복음은 1,522년이나 된 해묵은 것입니다." 복음은 신약성서만큼이나 유서 깊다는 논지였다. 더러는 분개했지만 아무도 그를 반박하지는 못했다.

그러나 해야 할 일이 아직 많이 남아 있었다. 1523년 10월에 2차 토론회가 열렸고, 이번에는 형상과 미사에 관한 문제를 다루었다. 여기서 츠빙글리는 미사가 "신성 모독적인 행위로 적그리스도의 소행과도 같다"라고 공박했다. "우리의 대속자이신 그리스도는 빵과 포도주를 단지 음식으로, 그의 희생제와 언약에 관한 기념물로 주셨을 뿐이다." 더욱이 츠빙글리는 성례 안에 그리스도가 현존한다는 발상을 거부했다. "오로지 영 안에서 예배해야 하는 하나님이 물리적으로 참여하는 것은 아니다."[2]

설교에 대한 호응은 뜨거웠지만, 실제 개혁 자체는 즉각 시행되지 않았다. 교회당 내 형상과 우상 제거는 1524년 6월에야 단행되었고, 미사 폐지는 1525년에야 이루어졌다. 3차 토론회가 끝났을 즈음에는 교회당에서 형상들이 자취를 감췄고, 사순절 기간 육식 섭취와 함께 사제 결혼도 허용되었다. 실제로 츠빙글리 자신이 시(市) 주교에게 결혼을 허용해달라고 청원을 내면서 자신도 서약 위반자라고 고백했다(그는 사제, 수녀, 수도사 다수가 어차피 정절을 지키지 않는다고 보았다). 그렇게 교회 전통과 교황 제도와의 단절은 일단락되었다.

츠빙글리는 악기를 여섯 가지나 연주할 줄 아는 사람이었지만, 신약에 오르간이란 악기가 명시되어 있지 않는다는 이유로 형상과 유물뿐 아니라 오르간 사용 역시 금했다(오르간을 박살 냈다는 말도 있다). 당연한 일이겠지만 교회 예배는 전례적 특성을 잃어버렸다. 사람들은 하나님 말씀만 경청해야 했다. 교회에 다니지 않는 사람들에게는 예배 참석을 장려했으며, 교회 주변을 배회하는 것이 금지되었고, 예배 출석부가 도입되었다. 가톨릭 교인의 경우 취리히 체류는 허용되었지만, 참정권은 주어지지 않았다.

츠빙글리는 또한 택정설을 믿었다. 그러니까 하나님이 어떤 사람들은 만세 전부터 구속받은 자의 무리에 속하도록 예정하셨다는 것이다. 그리스도를 믿는 믿음으로만 택자를 변별할 수 있었다. 그러나 안타깝게도 이 교리는 그의 치열한 민족주의와 결합하여 "취리히 시 전체가 소수의 가톨릭 신자를 제외하고는 주님이 택정하신 무리다"[3]라는 생각으로 발전했다. 어찌 보면 하나님의 선택이 취리히의 전 시민에게 적용되는 것처럼 보였다. 이로써 개인 신앙은 종종 '덜' 강조되었다. 교회에 대한 가장 적절한 설명은 하나님의 새 이스라엘이었고, 교회가 가장 명백하게 구현된 곳은 (당신이 짐작한 대로) 취리히였다.

장크트갈렌 주(州)의 츠빙글리 생가

자명한 문제는 참 교회의 요소가 불분명하다는 점이었다. 한편으로 사람들이 구원받는 것은 그리스도를 믿는 개인 신앙을 통해서였지만, 다른 한편으론 스위스에 속한 지역 전체를 '택자'로 간주했다. 교회사가 롤런드 베인턴은 예정의 시험대는 믿음이라고 하면서, "그러나 믿음의 경계가 너무 멀리까지 희석되어 아예 스위스 국경선과 동일시되었다. 택자가 선민(選民)화 될 위험이 있었다."[4]

츠빙글리는 주교와 관계가 단절된 이래 점점 더 시의회에 직접 의존하기 시작했으며, 임기가 만료되면 시의회가 자신을 재임명한다는 것까지 합의했다.

시의회와의 긴밀한 연합으로 츠빙글리는 위험한 길에 접어든다. 다음 장에서 우리는 그가 결국 리마트 강변에 서서 친한 친구들이 익사형을 받아 죽는 것에 동조하는 모습을 본다. 단지 그들이 물에 잠기는 침례를 받았다는 이유에서였다.

츠빙글리의 평판을 놓고 볼 때 그와 루터가 의견 차이를 보일 것은 자명한 이치였다. 문제는 그 차이가 해소될 수 있는가였다.

성찬에 관한 논란

마르틴 루터는 로마와 결별하면서 성찬의 가치는 수찬자의 믿음에 달려 있다고 강조했다.[5] 그는 또한 화체설에 관한 자신의 신념을 수정하여 종종 '현존설' 혹은 '공체설'(公體說, consubstantiation, '공재설'이라고도 함)이라는 이름으로 가르쳤다. 그리스도는 빵과 포도주라는 성찬 요소에 실재하시지만, 포도주는 여전히 포도주이고 빵은 여전히 빵이라는 것이다. 고로 그는 실체 변화는 배제하였으나 그리스도의 말씀의 축자적 신비는 견지했다.

헤세의 필립은 가톨릭이 루터파 영토를 되찾기 위해 전쟁을 꾸밀 가능성이 있다고 보았고, 그래서 독일과 스위스의 종교개혁 운동의 연합을 추진했다(슈말칼덴 연맹의 지도자인 필립에 관해서는 앞에서 이미 살핀 바 있다). 필립은 아직은 한 번도 만나지 않았지만, 공통점이 많은 츠빙글리와 루터 두 사람이 직접 만나 운동의 연합 가능성을 타진해 볼 것을 종용했다.

이견이 생긴 주요 지점은 성찬 교리였다. 루터는 빵과 포도주가 정결 의식 후 실제로 그리스도의 몸과 피가 된다고 믿었던 반면, 츠빙글리는 그것이 단지 상징성만 있는 그리스도의 몸과 피의 표상에 불과하다고 믿었다.

츠빙글리는 라인 강을 따라 배로, 루터는 비텐베르크에서 마차로 회동 장소인 말부르크(현재의 프랑크푸르트 북부)로 왔다. 열띤 토론은 불가피했다. 츠빙글리는 그리스도의 몸이 성찬 안에 임재하는 것은 불가능하다고 주장했다. 그리스도가 "이는 내 몸이라"고 말씀하신 것은 이 땅에서 몸 안에 계실 때였기 때문이다. 그리고 그리스도는 신비하게 임재하실 수 없다. 그의 신비한 몸은 교회이고, 교회가 사망에 넘겨졌다는 언급이 없기 때문이다. 소거 논증을 통해 츠빙글리는 빵과 포도주가 단지 상징물에 불과하다고 결론지었다.

그에 대한 답변으로 루터는 팸플릿을 하나 집필하여, 성례 안에서 그리스도의 현존이 어떻게 나타나는지에 관한 자신의 견해를 피력했다. 그는 "그리스도의 본성이 각각 상호 침투하고, 그분의 인성은 그분 신성의 속성에 참여한다"라는 관점을 견지했다. 만일 하나님이 무소 부재하시다면 그리스도의 몸과 피도 무소 부재하며 성례 안에 있는 게 가능하다는 것이 루터의 논증이었다. 그는 실체 변화가 일어나는 것은 부정했지만, 그리스도의 말씀을 축자적으로 받아들이길 원했다.

유명한 논쟁

루터는 논쟁 자리에 올 때부터 이미 스위스사람에 대한 편견이 있었다. 그의 생각에 스위스인은 비텐베르크의 칼슈타트처럼 급진주의자들이었다. 형상을 박살 내고 악기를 배제하고 교회 예배에서 전례를 없앴다는 이유로 루터는 츠빙글리와 그의 대표단을 경계했다.

여기 그들의 성찬 논쟁을 부분 발췌한다. 루터의 천둥 같은 말이다.

당신의 기본적인 주장은 이것입니다. 마지막 분석에서 당신은 몸이 한 번에 두 장소에 있을 수 없다는 걸 증명하고 싶어 했죠. … 나는 어떻게 그리스도가 하나님이자 인간이 될 수 있는가, 어떻게 두 본성이 결합할 수 있는가에 관해서는 의문을 제기하지 않습니다. 하나님의 권능은 우리의 모든 생각을 능가하시며 우리는 그분의 말씀에 복종해야 하기 때문이죠. 성경이 "이것은 내 몸이라"라고 말한 그곳에서 그리스도의 몸이 있지 않다는 것을 증명해보세요. 합리적인 증거라면 내가 경청하겠습니다. 육신적 증거들, 기하학 원리에 근거한 논증이라면 단연코 거부합니다. … 하나님은 모든 수학 너머에 계시며, 하나님의 말씀은 높임받아야 하고 경외함으로 실천해야 합니다. "받아서 먹으라. 이것은 내 몸이니라"라고 명하신 분은 하나님이십니다. 그러므로 난 이에 반하는 유효한 성경적 증거를 요청합니다.

이 시점에서 루터는 "이것은 내 몸이니라"를 탁자 위에 분필로 써서 벨벳 천으로 덮었다.

다음은 츠빙글리의 반론이다.

> 루터 박사가 주장을 굽히지 못하는 이유는 편견과 선입견 때문입니다. 성찬에서 몸이 비유적임을 입증하는 성경 구절을 인용하기 전까지는 뜻을 굽히길 거부합니다. … 성경 구절은 항상 비교가 필요합니다. 비록 우리는 "이것은 내 몸의 표징이다"라고 하는 성구는 없지만, 그리스도가 물리적 음식[식사]이라는 발상을 반박하는 증거는 있습니다. … 요한복음 6장에서 [그리스도는] 자신이 물리적인 음식이라는 발상으로부터 거리를 두십니다. … 여기서 그리스도는 물리적 의미에서 자신을 성찬에 내어주지 않았다고 할 수 있습니다. … 당신도 위안을 제공하는 것이 영적 음식임을 인정했습니다. 그리고 우리가 이 큰 문제에 동의하므로, 그리스도를 사랑하는 마음으로, 견해 차이 때문에 누군가에게 이단죄라는 짐을 지우지 않길 간곡히 청합니다.[6]

그다음 츠빙글리는 성경에서 어떤 진술은 상징적이라는 것을 예시했다. 그는 루터가 단지 비유를 인정하길 거부하는 것이라고 논증했다. 논쟁 말미에 루터는 다시금 현존설 혹은 공재설에 대한 자신의 믿음을 강력하게 역설했다. 그는 이 교리를 부인하면 다른 이단 사상을 수용하는 데로 나아가리라 생각했다. 하지만 츠빙글리는 자신의 기념설에 있어 요지부동이었고, 성례는 그리스도와 신자 사이의 결혼 연합을 완성하는 결혼반지와 같다고 비유했다.

누구의 생각도 바뀌지 않았던 열흘이었다. 그러나 스위스 측은 루

루터와 츠빙글리는 성찬의 본질에 관해 결코 합의하지 못했다.

터파가 그리스도 안에서 형제임을 인정하며 친교의 손을 내밀었다. 루터도 합의하려는 의향이 있는 듯했다. 하지만 멜랑히톤은 루터에게 스위스 급진파들과 일치를 보인다면 향후 가톨릭과 화해할 가능성은 전혀 없으리라는 점을 강조했다. 고로 루터는 츠빙글리가 내민 손을 잡아 악수하지 않았다. 그가 생각하기에 츠빙글리 측은 그리스도 안의 형제들이 아니었다. 츠빙글리가 성례 속 그리스도의 현존을 부인하기 때문만은 아니었다. 루터와는 달리 츠빙글리는 가톨릭 군대의 공격을 받으면 나가 싸우는 것이 합당하다고 믿었기 때문이었다. 루터는 평화주의자는 아니었지만, 세상 군주만이 전쟁에 나가 싸운다고 믿었다. 국가는 전쟁을 선포할 수 있지만, 그리스도인은 공격을 받아도 검이 아니라 무릎으로 싸워야 한다. 그의 생각에 스위스인들은 너무 급진적이었고 몇몇 핵심 사안에서 오류에 빠져 있었다.

양측의 완강함으로 인해 분열은 그대로 남았고, 이 양상은 오늘날까지 루터파와 개혁파 교회 사이에 뚜렷이 남아 있다. 헤세의 필립이 꿈꾼 하나 된 개혁 교회의 비전은 실현되지 못했다.

츠빙글리의 죽음

츠빙글리가 루터와의 논쟁을 마치고 귀가했을 때는 가톨릭과 개신교 간의 긴장이 고조되던 시점이었다. 가톨릭 교인들에 대한 경제 제재가 시행되자 8천여 명의 가톨릭군이 취리히로 진격해 들어왔다. 개신교 측은 허겁지겁 모병해 1,500명 정도 되는 남자들을 모았고 증원군이 오기를 기다려야 했다. 이제 츠빙글리는 단지 종군 사제가 아니라 검과 군인모를 쓴 군인으로 군사들과 함께 전장에 나갔다. 베인턴의 글이다. "여기 십자군이, 무장사제가, 이스라엘의 기드온 같은 택한 백성의 지도자가 있었다."[7] 택자든 아니든 취리히의 군대는 격파당했다. 츠빙글리는 다른 지휘관들과 함께 생포되었고, 처형관은 그의 몸을 네 토막 내어 불사른 후 재를 바람에 흩뿌렸다. 루터는 그의 죽음을 복음 대신 검을 든 것에 대한 심판이라고 여겼다.

그 후 임한 평화기에 스위스 개혁 운동은 이제껏 획득한 바를 유지했지만 확장하지는 못했다. 가톨릭 소수파는 개신교 지방에서 평화롭게 살 수 있었지만, 개신교 소수파는 가톨릭 영토에서 다시금 용인되지 않았다. 하지만 한 나라에서 한 분 하나님, 하나의 신앙, 하나의 세례를 이룬다는 중세의 신념은 역사의 뒤안길로 영영 사라져 버렸다.

14

재세례파: 약속과 박해

지난 몇 년간, 나는 답사팀을 이끌고 취리히 리마트 강둑에서 몇몇 재세례파가 강제로 익사 당한 장소를 수차례 찾았다. 울리히 츠빙글리의 암묵적 동의하에 그렇게 익사 당한 사람 중에는 츠빙글리의 제자 펠릭스 만츠도 있었다. 이 이야기는 꼭 하고 넘어가야 한다. 젊은 제자의 용기에 관한 이야기이기도 하지만, 츠빙글리 시대에 숱한 논쟁을 촉발한 질문을 둘러싸고 벌어졌던 격동을 단적으로 보여주기 때문이다. 그 질문은 바로 이것이다.

'교회란 무엇인가?'

내 생각에는 가장 명망 있는 개혁자 세 명, 즉 루터, 칼빈, 츠빙글리도 모순된 교회관을 갖고 있었던 것 같다. 그들은 한편으로는 회중이 그리스도를 향한 개인 신앙을 통해 회심한다는 걸 알았다. 다른 한편 그들은 교회를 신성로마제국의 국경선 안에 태어난 사람을 모두 포괄하는 지역적 개념으로 생각했다. 그들은 (기독교로 회심한 후

반대자들은 재세례파를 익사형으로 처벌했다.

그리스도인 주교들을 임명하고 종교를 제국 통합의 수단으로 이용한) 콘스탄틴 대제 이후 성장을 거듭해온 '기독교화 된 유럽'이라는 비전을 굳게 붙들었다. 하나 된 그리스도 왕국이라는 비전은 사회에 결속력을 제공하며 기독교적 가치를 고취하기 때문에 계속 유지해야 한다는 입장을 고수했다.

통일된 그리스도 왕국의 연속성을 유아세례만큼 극명하게 상징하는 것도 없었다. 유아세례는 유럽 사회에 출생한 모든 이가 더 큰 지역교회의 일부분이라는 사실을 '보장'했다. 유아세례는 늦어도 북아프리카의 사이프러스 시절부터 실행되었다고 본다. 이 관행은 콘스탄틴 시대

펠릭스 만츠와 다른 재세례파 순교자들을 기리며 리마트 강변에 세운 기념판

이후로 지역적·통합적인 기독교 사회를 꿈꾸는 여러 나라가 포용하면서 유럽 전역으로 확산했다.

헬라어와 고전에 관심 있는 젊은이들은 츠빙글리의 천재성에 매혹되어 그에게 몰려들었다. 그들 중에는 콘라드 그레벨이라는 나이 어린 학자가 있었고, 후에 펠릭스 만츠도 이 무리에 합류했다. 그러나 1523년 즈음, 이 젊은이들은 츠빙글리가 국가에 얽매인 교회를 풀어주지 않는다는 이유로 더 이상 그를 신뢰하지 않았다. 그들은 교회 문제를 해결하기 위해 시의회에 의지하고 끌려다니는 모습은 잘못이라고 보았다.

그들이 보기에 츠빙글리는 하나님이 말씀하신 바를 타협하지 않겠다는 서약을 어겼다. 한 역사가의 말이다. "취리히 의회가 취리히 교회에 행사하는 관할권에 대해 콘라드 그레벨이 거부하기로 결정한 것은 중차대한 역사적 순간이었다. 별로 크게 부각되진 않았지만, 이것이 현대 '자유교회' 운동의 기점이었다."[1]

교회와 국가 모두 유아세례를 의무화했지만, 츠빙글리의 젊은 제자들은 신약 어디에서도 유아세례의 근거를 찾을 수 없다고 보았다. 유아세례를 반대하는 설교를 한 어느 목사는 감옥에 갇혔다. 흥미롭게도 츠빙글리는 자신도 한때 유아세례에 반대하는 설교를 했지만, 후에 자신의 패착이었다고 번복했다.

스위스 자유교회의 시작

그다음에 일이 터졌다. 1525년 1월 21일, 십여 명의 남자들이 눈길을 헤치고 그로스뮌스터 교회 근처의 펠릭스 만츠의 집으로 들어가

서로 세례를 베풀 준비를 했다. 그들은 두려움 가운데 무릎 꿇고 고개 숙인 채 하나님께 뜻을 보여달라고, 용기를 달라고 기도했다. 기도 후 그들은 서로에게 세례를 베풀었고 어떤 대가를 치르더라도 그리스도의 제자가 되겠다는 서원을 했다.

이것이 재세례파, 즉 '다시 세례 주는 사람들'의 태동이었다. 이들은 유아기에 세례를 받았지만 이제 그리스도 안에서 자신의 개인적 신앙고백으로 성인 세례를 받은 것이다. 로마와의 단절을 이보다 더 철저하게 상징하는 사건은 없었다. "여기, 종교개혁의 여정 최초로 일군의 그리스도인들이 과감하게 신약의 모형을 따라 고안된 교회를 만들었다."[2]

그들의 교회는 국가로부터 자유로웠고 로마의 전통에서도 자유로웠다. 그들은 황제가 기독교로 개종하더라도 국가가 '기독교화'하는 건 아니라고 믿었다. 그들은 세상이 여전히 세상으로 남을 것이라고 주장했다. 만약 교회가 박해받지 않는다면 그건 빛이 빛을 내지 못하고 "소금이 소금 맛을 잃었기 때문이다." 교회는 다른 길을 걸어야 했다. 즉, 교회는 이질적인 가치와 세속적 리더십을 지닌 세상과 항상 전쟁 중이어야 하며, 국가로부터 박해받을 것을 예상해야 한다.

재세례파 최초의 순교자는 에벌리 볼트라는 설교자였다. 그는 1525년 5월 29일 로마 가톨릭 위정자들의 손에 화형당했다. 츠빙글리의 제자 콘라드 그레벨의 경우, 재세례파 설교자로 활동한 기간은 20개월에 불과하다. 그는 집집이 방문하며 말씀을 증거하고 세례를 베풀며 성찬을 집전했다. 한번은 시터 강에서 5백 명의 회심자에게 세례를 주기도 했다. 결국, 그는 연행되어 그로닝겐 성(城) 감옥에 투옥되었다가 얼마 후 역병으로 사망했다. 3주 후 또 다른 친구인 펠릭

취리히 리마트 강변의 그로스뮌스터(왼쪽)와 '물 교회'

스 만츠 역시 투옥되어 잔인한 운명을 맞았다.

분명한 사실은 재세례파가 중세의 정교(政敎) 통합이라는 질서에 위협이 되었다는 것이다. 그리스도에 대한 믿음을 고백하는 사람들에게만 세례를 주는 것은 교회가 사회 내 소수파임을 인정한다는 의미였다. 어떤 경우에도 교회를 사회의 총체성과 동일시해서는 안 되었다. 그들의 주장에 따르면, 기독교는 (단지 유아기에 세례받았다는 이유로 자신이 그리스도인이라고 믿는 사람들이 아니라) 대속받은 자만이 도달할 수 있는 삶의 방식을 요구했다.

아이 머리에 바닷물을 통째로 들이부어도 그 아이를 그리스도인으로 만들 수 없다는 것이 그들 주장이었다. 고로 유아세례는 전혀 세례가 아니며 단지 "로마 추종자들의 목욕물로 적시는 것"에 불과하다. 이 '급진파'들은 '재'세례파라고 불리는 것에 반대했다. 유아 시절 머리에 물을 뿌렸다고 제대로 된 세례를 받았다고 볼 수 없으므로 자기들은 '다시' 세례 주는 자가 아니라는 것이다. 그들은 하나님이 그리스도를 믿는 자들의 마음속에 말씀과 성령으로 직접 역사하셔서 성령이라는 선물과 새 삶을 살 능력을 주신다고 믿었다. 오직 이런 자가 세례받기에 합당한 자들이었다.

취리히는 가라지를 뽑지 않은 밭으로, 도저히 하나님의 '새 이스라엘'로 볼 수 없다는 것이 그들 주장이었다. 알곡과 가라지가 함께 자라니 참 신자들이 하나님을 높이는 교회를 이루려면 솎아내야만 한다. 최종 분리는 하나님이 하시겠지만, 신자에게는 훈련과 깨어 있는 순종으로 가능한 한 순수하게 교회를 지키라는 명령이 주어진다.

그러므로 교회와 국가는 분리되어야 한다. 국가는 지역사회의 모든 사람을 아우르지만, 교회는 오직 성도로 구성된다. 사실 많은 재세례파는 여기서 한발 더 나아가 참 신자는 국가와 전혀 무관해야 한다고 고집했다. 국가는 죄로 말미암아 하나님이 세우신 것이므로 죄인들이 관리하도록 내버려 두는 게 최상이라는 것이다. 그래서 그들은 정치에서 발을 뺐고, 전쟁, 사형, 법정을 배척했다. 그들은 또한 그리스도께서 금했다는 이유를 들어 자기방어 차원에서 칼을 드는 것도 거부하고, 맹세하는 일도 하지 않았다. 그들은 이리 가운데 양이었고, 선한 목자가 그들을 지켜주시지 않는다 해도 도살장으로 끌려가는 양처럼 죽는 데까지 목자를 따르려 했다.

그렇다고 해서 재세례파가 필연적으로 반항적인 시민은 아니었다. 실제로 그들 대다수는 법이 종교 관행과 갈등을 빚지 않는 한 국법에 적극적으로 복종했다.

그 양 무리의 모든 구성원은 자신을 선교사로 간주했다. 성인 남녀가 집을 떠나 전도 여행길에 올랐고 허다한 사람을 자신이 믿는 신앙으로 전도했다. 스위스와 라인 계곡의 일부 지역에서는 재세례파의 수가 개신교와 가톨릭 교인을 합한 수를 웃돌기 시작했다.[3]

그들은 엄격하게 도덕적으로 살 것을 요청했고 하나님의 은혜로 많은 이들이 그렇게 살았다. 츠빙글리는 그들에 대해 이렇게 말했다. "처음 접하면 행실이 흠잡을 데 없고 경건하고 소박하고 매력적으로 보인다. … 비판적 시각을 가진 이들조차 그들의 삶이 훌륭하다고 할 것이다."[4] 이보다 더한 증거는 어떤 가톨릭 신자가 그들을 관찰한 후 남긴 말에 있다. "거짓말도, 속임수도, 욕설도, 갈등도, 험한 말도, 무절제한 탐식이나 음주도, 외적인 자기 과시도 없었다. 겸손, 인내, 올곧음, 온유, 정직, 절제, 진실함의 수준이 너무 높아서 하나님의 성령을 가졌다고 짐작하게 한다."[5]

그야말로 격찬이다. 이에 대해 개혁자들은 기독교적 행실의 모범을 만나게 되어 반색했을까? 그러나 실은 정반대였다. 개혁자들은 그들에게서 등을 돌렸으며, '신자 세례'를 통해 국가로부터 급진적으로 단절한다면 그리스도 왕국의 기초가 허물어진다고 믿었다. 당연한 일이겠지만 비저항이라는 신념은 위정자들의 심기를 불편하게 했다. 사실 평화주의가 널리 받아들여지면 누가 튀르크와 싸우겠는가? 그런 이유로 이 급진파들을 필히 혹독하게 다뤄야 했다.

재세례파의 순교

1529년 독일 슈파이어 제국회의는 하나 된 그리스도 왕국을 향한 결연한 의지를 강력히 재확인했다. 개신교 측엔 일정한 자유가 주어졌지만, 가톨릭과 개신교 모두 신자 세례를 실천하는 사람은 화형, 익사형, 참수형에 처해야 한다고 믿었다. 놀라지 말라. 스위스도 동일한 처벌을 입법화했다. 1526년 3월 7일 취리히 시의회는 "남녀노소를 불문하고 시, 마을, 지방의 누구라도 서로 세례를 베풀어서는 안 된다. 타인에게 세례를 베푸는 사람은 우리 주님의 책망을 받을 것이며, 현 법령에 따라 자비 없이 익사형에 처한다."[6]

이 법령의 최초 희생자는 앞서 언급한 츠빙글리의 친구 펠릭스 만츠였다. 그는 취리히 시청사에서 6백 야드 떨어진 곳으로 끌려가 손발이 결박된 상태로 보트에서 물속으로 던져졌다. 물결 위로 믿음의 충절을 지키라는 그의 어머니와 형제의 목소리가 울려 퍼졌다. 그의 마지막 말은 "오 주님, 당신의 손에 내 영혼을 맡깁니다"였다. 이 말을 남기고 그는 그로스뮌스터에서 반 마일 떨어진 리마트 강의 차갑고 어두운 물 밑으로 사라졌다.

물가에 서 있던 츠빙글리는 빈정거림이 역력한 투로 이렇게 말했다고 한다. "물에 잠기고 싶어 한다면 그러라지." 즉, 만츠가 그토록 '침례'를 받고 싶어 하니 그를 익사시켜 그렇게 하자는 말이었다. 이 익사형을 필두로 재세례파에 대한 믿기 어려운 박해가 시작되었다. (종교개혁자들의 신학에 관한 역작을 저술한 내 친구 티머시 조지에 따르면 종교개혁 이후 순교한 재세례파 그리스도인의 수가 로마의 박해로 죽은 그리스도인의 수보다 많았다!)

롤런드 베인턴은 재세례파의 찬송가를 펼쳐 이름 아래 실린 설명만 봐도 상황을 헤아릴 수 있다고 한다. "1525년 익사형, 1526년 화형, 1527년 참수형, 1528년 교살형 등등."[7] 때로는 한 교회의 회중

전체가 몰살당한 일도 있었고, 지도자를 끌어내 자신이 묻힐 무덤을 파게 한 일도 있었다. 지체 2,173명의 사망을 기록한 후 한 연대기 기록자는 이렇게 썼다.

> 어떤 인간도 그들이 체험한 바를 그 마음에서 꺼내 빼앗을 순 없었다. … 하나님의 불이 그들 속에 타오르고 있었다. 그들은 신성한 진리를 내버리느니 차라리 열 번의 죽음을 택하고자 했다. 그들은 하나님의 성소에서 흘러나오는 물, 즉 생명수를 마셨다. 그들이 세운 장막은 이 땅에 세운 것이 아니라 영원한 세계에 세운 것이다. 그들의 믿음은 백합처럼, 충성은 장미처럼, 경건과 진솔함은 하나님 동산의 꽃처럼 활짝 피었다. 그들이 구원의 투구를 빼앗기지 않도록 주의 사자가 그들을 위해 싸웠다. 그러므로 그들은 모든 고문과 고뇌를 두려움 없이 견뎌냈다. 그들은 세상 것들을 단지 그림자로만 여겼다. 그렇게 그들은 하나님께 나아갔고 하나님 한 분 외엔 그 어떤 것도 알지 못했고, 구하지 않았고, 갈망하지 않았고, 사랑하지 않았다. 그러므로 고난당하는 그들의 인내심이 그들을 괴롭히는 원수들의 인내심을 능가했다.[8]

그들의 단순하고도 하나님 지향적인 헌신에 절로 고개가 숙여진다.

변방의 광신도들

십 년 동안 재세례파 운동은 흠도 점도 없었다. 비록 인간 사냥, 화형, 참수형, 익사형을 당했지만, 그들 대부분은 신앙의 정절을 지켰다. 그러나 일부 광신도로 인해 재세례파의 이미지가 더럽혀지고 운동에는 오점이 남았다.

　1534년 일부 급진적 재세례파들이 베스트팔렌의 뮌스터 마을을 새 예루살렘으로 정했다. 이 무모한 광신도들은 재세례파의 평화주의를 어기고 폭력적으로 지방정부를 장악했다. 그들은 도살장으로 가는 양처럼 마을 광장으로 행진했지만, 싸움이 일어날 때를 대비해 칼을 찬 상태였다. '성령의 계시'가 내려왔고 싸움이 시작되었다.

　이 열심당원들은 신약의 사도뿐 아니라 족장과 선지자 흉내까지 내려 했다. 어떤 이들은 이사야 선지자를 따라 발가벗은 채 걸어 다녔고, 어떤 이는 뜨거운 숯을 입술에 댔다. 아브라함, 이삭, 야곱의 선례를 따라 일부다처제가 도입되었다. 이 광기에 종지부를 찍기 위해 가톨릭교회와 루터파 교회가 연합하여 '새 예루살렘 도성' 재탈환에 나섰다. 마을은 함락되었고 지도자들은 참수형에 처했다.

　안타깝게도 이 일 이후 많은 이들의 머릿속에 재세례파는 이 변방 광신도들의 도가 지나친 행동과 동일시되었다. 이 사건은 믿음의 정절을 지키며 뮌스터 급진파의 광란을 기피했던 수만 명의 엄숙한 헌신에 긴 그림자를 드리웠다.

메노나이트파의 탄생

메노나이트파 창설자인 메노 시몬스와 후터파의 창설자인 제이콥 후터는 뮌스터 급진파의 행동을 배격했다. 이 경건한 재세례파는 추종자에게 소박함, 진실함, 청빈, 온유를 특징으로 하는 신약의 기본 모형으로 돌아갈 것을 촉구했다. 참된 그리스도인은 육신을 십자가에 못 박아야 하며 "하나님과 사람 앞에서 흠잡을 것 없는" 삶을 살

메노 시몬스는 평화주의를 외쳤고, 그래서 그와 추종자들은 '뮌스터의 광인들'과는 크게 구별되었다.

아야 한다. 여자는 값비싼 보석으로 치장해선 안 되며, 칼을 녹여 쟁기로 만들고, 원수에게 사랑을 베풀어야 한다.

그러나 이 모든 일을 했음에도 불구하고 박해는 계속되었다. 당시에 잔혹하게 학살당한 이들이 얼마나 많은지를 오직 하나님만 아신다.

교회와 국가의 관계가 어떠해야 하는가에 관한 복잡다단한 문제를 두고 수세기 동안 그리스도인은 분열을 거듭했다. 이런 문제를 논박하기에 이 책은 적합하지 않다. 그리스도를 향한 재세례파의 헌신과 세상에 뒤섞이지 않은 순전한 교회라는 비전에 흔들림 없이 헌신한 그들에게 우리는 경의를 표해야 한다.

15

칼빈: 제네바를 개혁하다

"**당**신이 제네바에 남지 않는다면 저주가 임할 것이오!" 불같은 설교자 길로메 파렐이 1536년 제네바를 방문한 젊은 학자 존 칼빈에게 던진 말이다. 프랑스의 개신교 핍박을 피해 제네바에 온 칼빈은 도착하자마자 이곳 사람들이 자신을 알고 있다는 사실에 놀랐다. 이제 칼빈은 제네바에서 가장 명망 있는 개신교 지도자와 얼굴을 마주했다. 파렐은 칼빈이 제네바에 남아 수년 전 이 도시에서 시작된, 아직은 걸음마 단계인 개혁 운동을 도와야 한다고 역설했다.

제네바의 한 여관방에서 칼빈은 왜 자신이 제네바의 종교개혁을 지도할 수 없는지를 조목조목 설명했다. 자신의 연소함, 경험 부족, 기질을 들며 이런 격동과 책임을 감당할 그릇이 못 된다고 했다. 가만히 듣고 있던 노인이 자리를 박차고 일어나 칼빈의 눈을 뚫어지게 응시하며 한 손가락으로 칼빈을 지목하며 말했다. "지금처럼 교회가

제네바의 성베드로 성당(생피에르 교회)

절박할 때에 자네가 도움의 손길을 내밀지 않는다면, 하나님이 자네의 연구를 저주하실 것이네!" 칼빈은 뜻을 꺾고 제네바로 이주하여 '2세대' 개혁가의 길로 접어들었다.

루터가 95개 조 반박문을 비텐베르크 성(城)교회 문에 못 박은 지도 19년이 지난 때였다. 루터의 저서, 팸플릿, 사상은 독일 국경을 넘어 일파만파로 퍼져나갔다. 스위스의 많은 이들이 개신교로 돌아섰으며 이제 이 운동에는 지도자가 절실히 필요했다.

1532년, 파렐은 이미 시작된 종교개혁 운동에 힘을 보태고자 제네바로 이주했다. 제네바에서는 이 설득력 있는 설교자 덕분에 많은 시민이 개신교 신앙으로 나아왔다. 그는 제네바에서 가장 크고 가장 유명한 교회인 성베드로 성당(프랑스어로는 생피에르)을 장악했다. 형상이 파괴되고 미사는 폐지되었으며 수도사는 축출당했다. 1536년 5월 21일 시(市) 총회는 종교개혁 찬반 투표를 하여 개신교를 제네바의 공식 종교로 삼았다. 그러나 파렐은 자신이 험난한 개신교 운동의 선두 주자가 되기에는 너무 연로함을 알았다. 그래서 앞장서 칼빈을 설득해 자기 자리를 대신하게 한 것이다.

파렐은 어떻게 존 칼빈을 알았을까? 칼빈은 개혁신학 서적인 《기독교 강요》로 유럽 전역에 자기 이름을 알렸고 파렐도 그렇게 해서 그를 알았다. 초판 발간 당시 칼빈의 나이는 겨우 스물일곱이었다. 후에 증보판과 개정판도 꾸준히 나오면서, 이 책은 향후 2백 년간 신학 분야 기초 교재로 유럽에 지대한 영향을 미쳤다. 오늘날까지도 수백만 명이 이 책을 읽는다.

《기독교 강요》에서 칼빈이 정립한 하나님과 인간과 교회에 관한 관점 덕분에 숱한 사람이 영감을 얻고 기독교적 섬김과 헌신의 삶을 살게 되었다. 칼빈은 인류의 죄와 타락이 너무나 지배적이며 사람의 생각과 의지에 엄청난 영향을 미친 나머지 하나님이 그 마음에 거듭남의 기적을 베푸시지 않는 한 복음 진리를 믿을 수 없다고 보았다. 하나님의 목적은 좌절될 수 없으므로 하나님은 택자의 마음속에 바로 이런 기적을 베푸신다. 칼빈은 이 예정에 대한 믿음으로 널리 알려졌다. 이 부분은 곧 다시 설명하겠다.

칼빈 이야기

칼빈은 하나님의 특별한 은총을 받은 자였다. 1509년 프랑스 북부에서 태어나 파리 대학에서 잠시 공부하는 동안 그는 마르틴 루터의 저술을 접했다. 인문학 공부를 마치자 아버지는 그를 프랑스 오를레앙 대학에 보내 법학을 공부하게 했다. 칼빈은 1529년 부르주 대학에 편입했다.

칼빈이 개인적 회심을 언급한 부분은 거의 없지만, 자신은 교황 제도의 미신에 중독되어 있었으며 하나님의 역사가 아니고서는 그 신념에서 헤어 나올 수 없었다고 말했다. 그는 하나님이 섭리의 감춰진 고삐로 자기 진로를 다른 방향으로 트셨다고 했다. "나의 생각은… 어린 나이에도 불구하고 딱딱하게 굳어져 있었다. … 하나님은 갑작스러운 회심으로 내 생각을 돌이키셨고 온순한 상태로 되돌리셨다."¹ 그는 하나님이 자기 생각을 길들이시고 어둠을 물리치셔서 회심이 일어났다고 했다. 칼빈의 생각에 이 복음의 서광을 비춘 것은 분명 루터의 저술이었다(당시 루터의 사상은 프랑스와 스위스 대학가에 널리 퍼져 있었다). 비록 두 개혁가는 한 번도 만난 적이 없었지만, 상대방의 저술을 읽고 높이 평가했다. 칼빈은 루터를 "가장 존경하는 아버지"라고 칭했다.

프랑스에서의 박해

칼빈이 정규 연구 과정을 마칠 무렵 프랑스에서는 이미 개신교 박해가 시작되고 있었다. 1534년 10월 프랑스의 개신교도들은 가톨릭 미사를 맹렬하게 비난하는 익명의 플래카드를 곳곳에 내걸었다. 국왕 프랑수아 1세는 그날 아침 일어나 자신의 침실 밖에도 유인물이 있는 것을 발견하고는 두려움과 분노에 사로잡혔다. 그리고 그 분노는 대대적인 개신교 박해의 포문을 열었다. 박해는 1598년 낭트 칙령 때까지 계속되었다. 수백 명의 개신교도가 투옥되었고 35명이 화형으로 사라졌는데 그중에는 칼빈의 친한 친구들도 있었다.

이 위기는 칼빈이 《기독교 강요》를 집필하는 데 동기부여가 되었다. 그는 국왕이 개신교를 이해하길 바랐고(책을 국왕에게 헌정했다) 개신교와 재세례파의 과격한 행동을 혼동해서는 안 된다는 것을 입증하고자 했다. 그는 사람들이 자기 글을 읽으면 개신교 신앙이 합리적이고 성경적이라는 사실을 잘 이해하리라고 확신했다.

우리가 이미 보았듯 어느 종교를 따를지를 놓고 스위스 시의회는 투표로 결정했다. 그 결과 가톨릭이 득세할 때는 개신교가 박해받았고, 개신교가 집권하면 가톨릭이 박해받았다. 칼빈은 예배 양식과 교리는 시정을 담당하는 정부 위정자가 아니라 교회 지도자가 결정해야 한다고 역설했다. 그러나 칼빈의 의견은 기각되었고, 그는 3년간 프랑스 스트라스부르에서 망명 생활을 해야 했다. 그곳에서도 그는 연구를 이어갔고 네덜란드 남부 출신의 여인, 이델레트 반 뷰렌과 결혼했다. 그는 이 시기에 《기독교 강요》 개정판을 내고 종교개혁 운동의 다른 지도자들과도 교분을 쌓았다.

칼빈이 제네바를 떠나 있을 때 사돌레토 추기경은 제네바인들에게 공개 사유서를 보내 왜 그들이 가톨릭교회로 복귀해야 하는지를 강변했다. 편지 내용을 전해 들은 칼빈은 그에 못지않은 유려함으로 명철한 답변서를 보냈다. 시간이 흘러 칼빈의 반대자들이 선거에서 패하자 그에게 다시 와 달라는 요청이 왔다. 그는 1541년 9월 13일 귀국했다.

교회

제네바에 재정착한 후 칼빈은 이 도시를 하나님의 새 이스라엘로 만들려는 여러 시도를 했다. 그의 시도는 츠빙글리가 취리히에서 했던 일을 떠오르게 했다. 칼빈은 옛 이스라엘처럼 이 도시가 하나님과 언약을 맺어 오로지 주님만 예배하고 바벨론의 유혹을 물리쳐야 한다고 믿었다. 점을 치거나 교회에서 소란을 부리거나 일요일에 내기를 하면 처벌받았다. 술집이 문을 닫았고 교회 출석은 의무화되었다. 가톨릭 사제를 위해 성배(聖杯)를 만든 금세공업자가 처벌받았고 자녀의 이름을 가톨릭 성인의 이름을 따서 짓는 부모는 견책당했.

가톨릭 교인의 경우 잠잠히 있는 한 제네바 체류는 허용됐지만, 관직에서는 쫓겨났고 회심하고 돌이킬 것을 요구받았다. 제네바는

존 칼빈

'하나님의 이스라엘'이라는 이름으로 기대할 법한 그런 선민의 도시가 되어가고 있었다. 츠빙글리와 마찬가지로 칼빈 역시 지역교회 개념을 수용했다. 하지만 그는 동시에 참 교회는 더 큰 그리스도 왕국에 속한 작은 집단으로 제한된다는 견해를 신봉했다. 요컨대 제네바의 모든 사람이 광의의 교회에 속하지만, 하나님을 찾고 구원의 확신을 가진 사람만이 택자의 참 교회에 속했다.

다른 유럽 국가에서 박해가 일어나 1540년대부터 17세기까지 제네바로 기독교 난민이 계속 물밀듯 몰려들었다. 6만 명에 달하는 사람이 핍박을 피해 인구 1만3천 명의 도시로 이주했다. 고로 제네바는 '택자' 성도를 끌어당기는 자석으로 알려졌다. 다시 고향으로 돌아간 난민들은 칼빈의 가르침을 전파했고, 이렇게 칼빈주의는 영국, 스코틀랜드, 네덜란드, 종국에는 신세계에도 퍼져 나갔다.

세르베투스의 화형

칼빈을 피상적으로만 아는 사람이라도 예정 교리와 미카엘 세르베투스의 화형, 이 두 가지는 빼놓지 않고 언급한다. 볼테르는 칼빈이 이런 허물로 인해 지옥 맨 아래층에 있을 것이라고 믿었다. 그러나 우리 중에는 이런 가혹한 평가에 반대하는 이도 있다.

이제 그 이야기를 해보자. 스페인의 명석하고 학식 있는 의사 세르베투스는 도무지 삼위일체 교리를 받아들일 수 없었다. 프랑스의 가톨릭 위정자들은 그에게 유죄를 선고하였으나 그는 비엔(프랑스 남부 코뮌)의 감옥에서 탈출하여 제네바로 망명했다. 칼빈이 자신에게 도피처를 제공하리라 생각했던 것이다. 가톨릭 당국은 이 이단 범죄자의 인도를 청구했다.

세르베투스는 혁신적 인문주의자이자 과학자로서 많은 분야에서 크게 존경을 받는 인물이었다.

고로 칼빈은 제네바 시에 체류코자 온 그에 대해 뭔가 조처를 해야 했다. 칼빈은 결국 세르베투스를 사형시킨 자로 비난받게 되지만, 전후 맥락을 봐야 한다. 첫째, 세르베투스의 이단 판결과 처형은 제네바 시의회가 행한 일이었다. 세르베투스에게 이단 판결을 내린 건 시의회였지만, 그 이단 혐의를 정리하는 데에는 칼빈의 협조가 있었다.

칼빈은 세르베투스와 많은 시간을 보내며 그의 신념을 바꾸려고 설득전을 폈다. 시의회가 투표로 사형을 결정했을 때 칼빈은 참수형이 화형보다는 덜 고통스럽다는 생각에 참수형을 제안했다. 하지만 그의 제안은 기각되었고 세르베투스는 1553년 10월 27일 이단 혐의로 화형을 당한다.

우리에게는 얼마든지 이전 세대의 잔혹함을 성토할 권리가 있다. 우리는 종교의 자유를 지고의 교리로 여기며 보편적으로 바람직한

미카엘 세르베투스 기념비

것으로 받아들인다. 그러나 교리적 오류 때문에 누군가의 사형에 동참한 못된 개신교인의 대표로 유독 칼빈을 콕 집어내 비난할 권리는 우리에게 없다. 실상 가톨릭과 개신교 모두 유럽 전역에서 이단으로 간주한 자들을 핍박하고 죽였다. 프랑스의 개신교 박해와 스페인 종교재판은 논외로 한 채 칼빈만 비판할 수는 없다.

수년 전 제네바를 답사하던 중 일부러 짬을 내어 세르베투스가 화형당한 장소를 찾아갔다. 지금은 북적대는 사거리에 그 지점을 표시하는 기념비가 서 있었다. 기념비에는 그 사건에 대한 언급과 함께 "칼빈은 그 시대의 아들이었다"라는 타당한 지적이 있었다. 실로 맞는 말이다.

예정

칼빈은 하나님, 대속, 섭리 교리에 관한 신학으로 우리에게 잘 알려져 있다. 사실, 예정에 관한 칼빈의 교리는 목양적 고민에서 출발했다. 그는 험난한 시대를 살아가는 하나님의 백성에게 위안이 필요함을 알았고, 그들에게 하나님이 어떤 분이며 세상에서 하나님은 어떻게 일하시는지에 관한 교리를 가르쳐야 할 필요성을 느꼈다. 칼빈은 비록 인류의 본성에 관해서는 매우 비관적이었지만, 하나님의 목적에 관해서는 낙관적이었다. 그는 이렇게 말했다. "[많은 사람을] 겁먹게 하는 바로 그 어두움 안에 이 가르침의 유용성뿐 아니라 달콤한 열매가 들어 있다."[2]

칼빈은 왜 어떤 사람은 구원받고 어떤 사람은 잃어버린 바 되는지를 사유하면서 논의를 출발한다. 성경을 연구하는 과정에서 그는 우리가 모두 똑같이 죄와 허물로 죽었다는 사실을 알았다. 우리는 본성상 진노의 자식들이며 누구도 하나님을 찾지 않는다. 한 사람이 구원받으려면 하나님이 시신에 생명을 부여해야 한다. 하나님은 눈먼 인간의 마음을 극복하고 우리가 할 수 없는 일을 하셔야 한다.

그러므로 누군가는 믿고 누군가는 안 믿는 이유는 우리 안에서 찾을 수 없다(우리는 모두 소경이고 죽은 자다). 하나님 안에서 찾아야 한다. 전능자가 선택하는 자는 그분이 일으켜 세우시고 영생의 선물을 허락하신다.

그리스도는 나사로의 무덤가로 가셔서 나사로에게 다시 살기를 원하느냐고 묻지 않으셨다. 죽은 자는 이런 결정을 내릴 수 없기 때문이다. 예수님이 나사로를 대신해 결정하시고, 부활하라는 명령을 내리셔야 했다. 그런 이유로 예수님은 말씀하셨다. "아버지께서 죽은 자들을 일으켜 살리심 같이 아들도 자기가 원하는 자들을 살리느니라." 영적으로 죽은 경우, 하나님이 생명을 주시고 믿을 능력을 주시기 때문에 그들은 믿음을 행사하는 것이다. 물론 육신적으로 죽은 경우, 그들은 어떤 식으로든 자신의 부활에 관여하지 못한다. 두 경우 모두 죽음에서 일으킬 결정을 내리시는 분은 하나님이시다.

올바로만 이해한다면 이 예정 교리는 안정감의 토대가 된다. 이로 인해 "믿음이 흔들리는 게 아니라 믿음의 확증을 얻는다." 누군가가 택정을 확신한다면 인내로 계속 전진하는 데 동기부여가 된다. 이 교리는 또한 전도의 열정을 불러일으킨다. 누가 택자의 무리에 속했는지 알지 못하기에 우리는 모든 사람에게 구원받으라고 호소해야 한다. 우리는 하나님이 택하신다면 극악무도한 죄인도 일으키실 수 있음을 확신한다.

자신의 구원 신학을 '5개 조항'으로 제시한 것은 칼빈의 아이디어가 아니었다. 알미니우스라는 사람이 칼빈의 예정 교리와 그 함의를 반박하는 과정에서 칼빈주의에 대한 5개항 반론을 작성했다. 알미니우스의 도전에 응하기 위해 1618년 네덜란드에서 도르트 총회가 열렸다. 이 총회에서 오늘날 우리가 '칼빈주의 5대 강령'(기억을 돕기 위해 첫 글자를 따서 TULIP이라고도 한다)으로 부르는 것을 채택하고 옹호했다. 다음은 칼빈이 가르친 구원 교리 5대 조항의 간략한 요약이다.

칼빈주의 5대 강령: TULIP

전적 부패

'전적 부패'(Total Depravity)는 간단히 말해, 우리가 아담의 죄를 물려받았으며(롬 5:12) 날 때부터 진노의 자식들(엡 2:3)이라는 의미다. 죄로 인한 부패는 생각과 의지에도 작동한다. 그 결과 누구도 스스로 하나님을 찾을 수 없다. 하나님이 그를 자신에게로 끌어오셔서 새롭게 하시고 복음을 믿게 해주셔야 한다.

다른 이들은 그저 인류가 병들었다고 했지만, 칼빈은 죽었다고 믿었다. 단지 아픈 것이라면 보통의 은혜가 회복을 도와 올바른 선택을 하게끔 할 수 있다. 그러나 만약 우리가 영적으로 죽었다면 생명 주시는 자가 구원을 주도하셔야만 구원받을 수 있다.

무조건적 선택

전적 부패의 교리와 성경의 가르침을 기초로 보았을 때, 어떤 이들이 구원받는 이유는 하나님이 그들에게 아무런 조건 없이 영생을 주셨기 때문이다(요 15:16, 행 13:48, 엡 1:4, 살후 2:13). 이를 '무조건적 선택'(Unconditional Election)이라고 한다. 하나님이 선택하지 않은 이들은 영영 잃어버린 자가 된다. 칼빈은 우리 모두가 구원받은 건 아니라는 사실을 즐거워하지 않았다. 기실 그는 하나님의 결정에 대해 갈등하고 슬퍼했지만, 성경이 명확하게 그렇게 가르치므로 이를 믿었다.

제한적 속죄

'제한적 속죄'(Limited Atonement)는 간단히 말해, 그리스도께서 모든 사람을 위해 죽으신 게 아니라 참 교회인 택자를 위해서만 자신을 내어주셨다는 것이다. 칼빈주의자들은 이 교리가 하나님의 두 가지 기본적 속성인 공의와 목적의 진실성을 보전하는 데 필요하다고 우리에게 말한다. 요컨대 만일 예수님이 모든 사람의 죗값을 치르셨다고 한다면 하나님의 용서 조건이 정당하게 충족되었으니 모든 사람이 하나님께 용서를 받을 수 있는가? 만일 유다의 배반이 하나님이 열납하신 그리스도의 몸값에 포함되어 있다면 왜 유다는 자기 죄를 위해 고통당해야 했을까?

그러니까 제한적 속죄(혹은 '특정' 속죄라고 부를 수 있을 것이다) 교리는 예수님이 실제로 지불하신 만큼 얻으셨다는 가르침이다. 이 속죄론을 뒷받침하는 성경 구절은 넘쳐난다. 이사야 53장 5절은 그리스도가 상함은 "우리의 죄악" 때문이라고 한다. 남편들은 "그리스도께서 교회를 사랑하시고 '그 교회를 위하여' 자신을 주심 같이"(엡 5:25) 아내를 사랑해야 한다.

종종 요한일서 2장 2절에 근거하여 이 교리에 대한 강력한 반론이 제기된다. 이 구절에서 우리는 그리스도가 "우리 죄를 위한 화목제물이니 우리만 위할 뿐 아니요 온 세상의 죄를 위하심이라"라는 말씀을 읽는다. 칼빈주의자들은 '온 세상'이라는 표현은 만인이 아니라 성경에서 일정한 범주 내에 있는 전부를 지칭할 때 사용되기도 한다고 응수한다. 가령 그리스도는 "모든 사람을 내게로 이끌겠노라"(요 12:32)라고 말씀하셨다. 이는 분명 모든 개인을 그리스도께로 이끌겠다는 의미가 아니다. 멸망하는 허다한 무리에 비하여 상대적으로 소수가 그리스도께로 견인되기 때문이다.

그러나 대부분 칼빈주의자는 그리스도의 죽음이 온 세상의 죄를 대속하기에 충분하지만 오직 택자를 위해서만 '효과적'이라고 한다. 그런 의미에서 그리스도의 죽음은 온 세상을 위한 것이었지만 하나님은 그 유익을 오직 택자에게만 적용하신다. 예수님이 십자가에서 단번에 대가를 지불한 의도는 종종 아버지가 "내게 주신 자"(요 17:24)라고 칭한 하나님의 백성을 구속하는 데 있다.

불가항력적 은혜

'불가항력적 은혜'(Irresistible Grace)란 제대로 정의하지 않으면 매우 헷갈리는 교리가 될 수 있다. 물론 성경에는 성령을 거부할 수 있다고 명확하게 가르치는 구절이 있다. 가령 스데반은 돌을 맞을 때 유대인 동족들에게 성령을 거스른다고 비난했다(행 7:51). 그러나 칼빈주의자들은 구원의 문제에서 택자가 계속 성령을 거스를 수는 없다고 믿는다. 택자는 결국 성령이 자신을 그리스도에게 견인해 오는 것에 반응한다. 이것을 거스를 수 없는 은혜, 혹은 더욱 적절하게는 '효과적인 은혜'라고 부른다. 하나님이 택하신 자들의 삶 가운데 그 일을 성취하시는 은혜인 것이다.

성도의 인내

'성도의 인내'(Perseverance of the Saints)란 앞에서 말한 네 교리의 논리적 귀결점이다. 택자는 믿음 가운데 인내할 것이고 한 명도 구원을 잃어버리지 않는다는 뜻이다. 이는 그리스도께서 확증하신 바다. "아버지께서 내게 주시는 자는 다 내게로 올 것이요. … 나를 보내신 이의 뜻은 내게 주신 자 중에 내가 하나도 잃어버리지 아니하고 마지막 날에 다시 살리는 이것이니라"(요 6:37, 39).

칼빈주의 교리를 둘러싼 논쟁은 수 세기 동안 이어져 왔다. 가장 흔한 반론은 택정에 대한 칼빈주의식의 이해가 사람을 꼭두각시로 만든다는 것

칼빈이 사용하던 성베드로 성당의 나무의자

이다. 만일 당신이 택자라면 하나님이 당신을 믿게 하실 것이다. 택자가 아니라면 당신은 복음을 믿지 못할 것이고 고로 멸망할 것이다.

지면 제약으로 이 모든 문제 제기에 대해 세세하게 답할 수는 없다. 여기서 다만 내가 지적하고자 하는 바는 칼빈주의자는 하나님이 인간 의지를 우회하시는 게 아니라 인간 의지 안에서, 인간 의지를 통해 역사하셔서 택자에게 복음을 믿을 성향을 주신다는 것이다. 고로 택자는 하나님이 그 마음에 강하게 역사하시기에, 기꺼이 믿고자 자발적으로 복음을 받아들인다. 하나님은 인간 의지와 독립적으로 역사하시는 게 아니라 인간 의지를 통하여 역사하신다.[3]

칼빈에 대한 호불호가 분명히 갈림에도 불구하고 지난 5백여 년간 그의 영향이 지속해서 이어져 왔다는 사실은 아무도 부인할 수 없다. 마르틴 루터의 영향은 대체로 독일에 국한되었던 반면, 존 칼빈의 영향력은 유럽 여러 나라로 퍼져 나갔다. 역사가 윌리엄 스티븐슨의 말이다. "홀로 내버려 두었더라면 루터주의는 침몰했을 가능성이 크다. 종교개혁이란 배가 계속 떠 있기 위해서는 칼빈주의가 필요했다. 그리고 전 세계적으로 볼 때 우리는 칼빈을 근대의 가장 위대한 종교적 세력으로 기억할 것이다."[4]

칼빈은 1568년에 소천했다. 그는 자신의 무덤에 어떤 표식도 하지 못하게 했다. 이유는 단순하다. 가톨릭이 세상을 떠난 성인들에게 했듯이 행여나 추종자들이 자신을 숭상하길 원치 않았다. 그러나 제네바 공동묘지에는 그의 매장지로 추정해 기념하는 곳이 한 군데 있기는 하다.

16

칼빈주의의 지속적 영향

존 칼빈은 누구에게나 사랑받는 인물은 아니었다. 1551년 고향 프랑스 느와용에 그의 사망 소식이 전해지자 고향 사람들은 자기로부터 나온 이단을 드디어 데려가셨다고 자축하며 감사를 올렸다. 하지만 그들의 기쁨은 오래 가지 못했다. 때 이른 오보였던 것이다. 그들은 그 후로도 13년을 더 '이단'을 참아내야 했다.[1]

수 세기에 걸쳐 칼빈은 온갖 선망과 증오를 한 몸에 받았다. 하지만 오늘날 그의 대적들조차 인정하는 바가 있다. 유럽 전역과 미국에 미친 그의 영향이 지대하고 지속적이라는 것이다. 수백만의 기독교인이 칼빈의 교회관에 반대하면서도 개혁파 구원 교리와 칼빈이 강조한 개인 삶 그리고 역사에 대한 하나님의 주권을 기꺼이 수용한다. 하나님의 위대함과 섭리에 대한 그의 원대한 견해는 5백 년간 무수한 사람들의 마음과 생각 속에서 명맥을 이어갔다.

루터는 하나의 공식 루터파 교회를 세웠지만, 칼빈의 영향은 프랑스 위그노 교회, 스코틀랜드 장로 교회, 네덜란드 개혁 교회, 영국의 청교도에까지 미쳤다. 모진 박해로 칼빈의 고국 프랑스에 있던 위그노 교회는 결국 명맥이 끊겼고, 칼빈도 지속적인 영향력을 미치지 못했다. 그렇지만 그 이야기를 안 하고 넘어갈 수는 없다.

프랑스 위그노파

프랑스 종교개혁 초기에는 루터의 영향이 지배적이었으나 이내 칼빈이 이 독일 개혁자를 능가했다. 칼빈은 프랑스인이었다. 그가 유려한 불어로 쓴《기독교 강요》는 칼빈이 고국 프랑스에 모국어로 된 신학적 보루를 안긴 것과 같았다. 칼빈의 영향력은 날로 커졌다. 제네바에서 칼빈의 훈련을 받고 개혁신앙을 전파하기 위해 프랑스로 간 목사들 덕분이었다. 그는 또한 프랑스의 개신교 지도자들과 간간이 편지를 주고받으면서 조언과 격려를 제공했다. 박해의 고난 중에 있던 한 젊은 목사에게 보낸 편지에서 칼빈은 이렇게 따뜻하게 말했다. "자네와 내가 입장을 바꿔 자네가 지금 견디는 일을 차라리 내가 당했으면 좋겠네." 프랑스 전역에서 비밀리에 성경 공부와 기도회로 모이는 개신교 소그룹이 서서히 생겨났다. 이 소그룹 중 상당수가 교회로 성장했다.

박해받은 이들은 지하로 들어갔다. 그곳에서 그들은 여건이 나아져 공개적으로 활동할 날을 기다렸다. 윌리엄 스티븐슨에 의하면, "개신교는 프랑스의 모든 구역에 참호를 팠다. 큰 수로와 강을 끼고 있는 마을들, 파리에서 좀 떨어진 지역, 쉽게 외국 문물을 접할 수 있는 곳에서 특히 왕성했다."[2]

사실 개신교가 실질적 다수파인 지역도 더러 있었다. 1552년 즈음에 이 무리는 '위그노'(Huguenots)라는 이름을 얻었다(그 의미는 분명치 않다). 이 개신교 집단에는 상인, 하류층 전문직 종사자, 소수의 귀족이 있었다. 이 개신교적 이상과 관련해서 가장 유명한 프랑스인은 프랑스 군 제독인 가스파드 드 꼴리니(1519~1572)였다.

1562년 8월, 프랑스 시민은 오직 가톨릭 의례만을 준수해야 한다는 왕실 선언이 있었다. 위그노의 다수는 압박 아래 무너졌고, 자녀들은 가톨릭 신앙으로 재세례받았다. 그 어간에 충성스러운 자들의 죽음은 계속되었다. 그러나 엄혹하고 집요한 탄압에도 불구하고 개신교 운동은 보전되었다.

가톨릭 지도층은 개신교 신앙의 복원력에 위협을 느꼈다. 그래서 1572년 캐서린 드 메디치는 위그노파를 근절하기 위해 '성 바돌로매 날 대학살'을 교사했다. 사도 성 바돌로매의 만찬 기념일 전날 학살

역사가들은 1572년 단 몇 주 동안 가톨릭이 학살한 프랑스 개신교도의 수가 5천 명에서 3만 명에 달한다고 추산한다.

은 시작되었다. 위그노의 군사·정치 지도자인 가스파드 드 꼴리니의 암살을 필두로 위그노를 겨냥한 대학살이 파리 전역으로 번져갔다. 학살은 다른 프랑스 도시와 마을로 확산되며 몇 주간 계속되었다. 현대에 와서 추산하는 바로는 (편차가 크지만) 프랑스 전역에서 사망한 개신교도 수가 5천 명에서 3만 명에 달했다고 한다.

위그노 운동은 너무나 많은 리더와 추종자를 잃어 절름발이가 되었지만, 완전히 박멸되지는 않았다. 그들은 가톨릭 다수파와 동등한 대우를 받을 날을 고대하며 계속 명맥을 이어갔다. 1598년 4월 프랑스의 앙리 4세가 개신교에 상당한 권리를 부여하는 낭트 칙령에 서명했다. 마침내 관용과 양심의 자유로 가는 길이 열렸다.

하지만 87년 후인 1685년 10월, 루이 14세는 이 조약을 파기한다. 프랑스가 한 법과 한 왕 아래 있으려면 하나의 종교 체제를 유지해야 한다는 논리였다. 대부분 선대왕처럼 정치 통일은 종교 통일을 요구한다고 그는 믿었다.

루이 국왕은 과거 비준된 모든 양보 조치를 철회한다고 공포했다. "그 결과 우리는… 앞서 언급한 소위 개혁파 종교인의 모든 성전 건물을… 이제 파괴하길… 원한다." 집회의 자유도 폐지되었다. 가톨릭 신앙을 받아들이지 않는 사람은 "현 칙령 반포 후 15일 이내에 우리 왕국과 관할령에서 떠나야 한다. 그렇지 않으면… 노 젓는 죄수가 될 것이다."[3] 칙령은 이어서 이들이 프랑스를 떠날 때 아무것도 가지고 가선 안 된다고 했다. 프랑스 국경 안에서 태어난 아이들은 가톨릭 신앙으로 세례받을 것을 요구받았다.

아울러 루이는 프랑스의 종교 통합을 이루기 위한 결연한 노력으로 위그노에 대한 정부 차원의 치밀한 캠페인에 착수했다. 위그노는 공공 영역에서 축출되었고, 공무원이 될 수 없었고, 인쇄업이나 의료업 등의 전문직 진출이 금지되었다. 결과적으로 개신교도는 프랑스 혁명 때까지 동등한 권리를 얻지 못했다.

박해를 피해 수만 명(최대 20만 명)의 위그노가 고국을 등지고 프로이센, 홀랜드, 영국, 미국 등의 타국으로 피난을 갔다. 전문직 시민의 대거 유출은 프랑스에 재앙이었고 그들을 맞아들인 나라에는 횡재였다. 위그노는 피난 간 모든 나라에서 개신교 발전에 일조했다.

스코틀랜드 장로 교회

칼빈의 제자 존 녹스는 거의 혼자 힘으로 스코틀랜드 기독교 안에 칼빈주의를 융합해 넣었다. 녹스는 제네바에서 칼빈과 함께 2년을 보낸 후, 그가 사랑한 복음을 전파하려는 열망을 안고 스코틀랜드로 돌아온다.

1500년대 초에 태어난 녹스는 농노의 후손으로 알려져 있다. 자그마한 체구에 기품 있는 외모는 아니었으나 위력적인 언변의 소유자였다. 그가 개신교도가 된 경위에 대해서는 알려진 바가 거의 없다. 하지만 성 앤드루스 대학 재학 시절 하나님의 말씀과 함께 루터의 저술을 접했을 가능성이 크다. 그는 충동적이고 거칠었고 종종 무례했다. 스코틀랜드 개신교와 가톨릭 간의 갈등 상황에서도 그는 서슴지 않고 미사가 우상숭배이고 마리아에게 드리는 기도는 이교적이라고 공언했다. 그는 거룩한 예배에 불같은 열정을 가진 사람이었다.

녹스는 칼빈과 제네바를 사랑했다. 그는 제네바가 "그리스도를 위한 가장 완벽한 학교"라고 여겼으며, 이 도시의 절도 있고 순전한 면

스코틀랜드 에딘버러의 뉴 콜리지에 있는 존 녹스 동상

을 높이 평가했다. 그의 염원은 스코틀랜드에 제네바 같은 도시를 세우는 것이었다. 하지만 로마 가톨릭이 힘 있는 자리를 다 차지한 상황에서 과연 어떻게 이 일을 이룰 수 있을까?

시간이 갈수록 스코틀랜드 개신교는 그 세력을 더해갔다. 1559년의 혁명으로 프랑스 가톨릭파가 더 이상 영향력을 행사할 수 없게 되자 교회들은 재빨리 개혁파의 보루로 탈바꿈했다. 그들이 우상숭배라고 여긴 형상은 제거되었고, 말씀 설교가 예배에서 가장 큰 비중을 차지했다. 이렇게 해서 오늘날 우리가 알고 있는 스코틀랜드 장로교가 태동했다. 그리고 얼마 지나지 않아 스코틀랜드는 지상에서 가장 칼빈주의적인 나라가 되었다.

녹스가 몰고 온 충격파는 스코틀랜드에서 멈추지 않았다. 1549년 영국으로 돌아간 그는 성공회 교회에 가톨릭의 잔재인 일부 의례와 관행을 청산하고 개혁신앙의 교리와 관행을 받아들일 것을 촉구했다. 이런 이유로 역사가 중에는 녹스가 청교도 운동의 창시자라고 말하는 이들도 있다.

바쁘고 고단한 삶을 살면서도 그는 설교를 계속했다. 말년에는 강대상으로 실려 가면서까지 설교했다. 그는 1572년 사망했다. 그가 눈감을 때 과연 한국, 아프리카, 미국 등 전 세계 수백만의 기독교인이 자신을 장로교인으로 소개하며(정도 차는 있지만), 칼빈주의 가르침을 따를 날이 올 줄 알았을까.

영국과 청교도

영국의 헨리 8세 치하에서 시작된 개혁은 영국 국교회, 즉 성공회의 태동으로 귀결되었다. 성공회는 개신교 신학을 받아들이면서도 가톨릭 전례를 상당 부분 보전했다.

그런데 칼빈주의가 영국에서 세력을 넓혀가면서, 그 추종자들은 성공회의 개혁이 충분하지 않으며 제한적이라고 주장했다. 이들은 성공회 교회에 영향을 미쳐 교회를 '정화'하려고 했는데, 그런 이유로 그들은 청교도(Puritans)로 알려진다. 청교도는 성공회 교인이 그 발치에서 로마의 흙을 제대로 떨어낸 적이 한 번도 없다고 믿었다. 그들은 교회가 반쪽 개혁을 넘어 철저한 '개혁 교회'로 거듭나길 원했다.

또한, 그들은 영국의 여러 마을에서 설교자들을 고용하여 성공회의 전례적 제약을 받지 않는 주중 설교 프로그램을 운영했다. 케임브리지와 다른 대학에서 공부한 많은 청교도가 이 자리를 채웠다. 그러나 설교만으로 청중의 마음을 얻은 것은 아니었다. 이들은 가르친 대로 살았다. 한결같이 본이 되는 청교도들의 비범한 거룩은 이 운동의 성장 동력이었다.

1600년대 중반 청교도 2세대에 이르러 청교도의 절정기가 시작되었다. 당대의 유명한 목사 중에는 존 오웬, 리처드 백스터, 존 버니언, 존 플라벨, 윌리엄 가우지가 있었다. 하지만 부흥은 비극과 맞물렸다. 1630년대 성공회 대주교 윌리엄 라우드의 진노로 청교도는 큰 핍박을 받았다. 스코틀랜드식 종교개혁을 이루겠다는 희망은 사그라들었다. 존 코튼을 비롯한 수천 명의 청교도는 영국을 피해 미국 해안으로 이주했다.

1645~1657년에는 올리버 크롬웰의 집권으로 청교도가 의회에서 급부상하는 시기가 도래했다. 그들은 스코틀랜드식 장로교 체제를 도입하기 시작했다. 이즈음 영국 프로테스탄트 기독교에 가장 큰 영향을 미친 중대한 문서들이 작성되었다. 그중 하나인 1646년에 나온 《웨스트민스터 신앙고백》은 일부 침례교파와 회중 교회에까지 영향을 미쳤고, 몇몇 교단의 신학적 출발점 역할을 했다. 《웨스트민스터 신앙고백》은 지금까지도 개혁신학을 가장 잘 요약한 문서로 인정받는다.

그러나 찰스 2세의 재위 기간 동안 청교도에 대한 탄압은 날로 거세졌고, 급기야 1662년에는 영국 국교회를 철저히 따를 것을 강제하는 법이 집행되었다. 수백 명의 청교도가 집에서 쫓겨났고 가르치는 자리에서 축출됐다. 그래도 일부 청교도는 반대 의견을 내는 소수의 목소리로 남았다. 박해는 청교도가 대중의 시야 밖으로 밀려날 때까지 계속되었다. 그렇게 청교도들은 조용히 영국 역사의 뒤안길로 사라졌다. 그렇게 해서 많은 청교도가 미국으로 건너왔다.

메이플라워호에 승선한 필그림(Pilgrim)은 16세기 개신교의 대표적 역본인 《제네바 성경》을 지니고 있었다. 이 역본은 영국에서 개신교 령인 제네바로 망명한 학자들이 안전한 환경에서 치밀하게 번역한 결과물이었다. 이 책은 스코틀랜드에서 인쇄되어 스코틀랜드와 영국에 보급되었다. 양국에서 대중에 직접 보급된 최초의 인쇄 성경이었다. 이 성경에는 연구용 주해와 절 표시, 관주, 지도 등이 수록되었다. 칼빈이 축복한 이 성경은 칼빈주의가 스위스 국경을 훨씬 넘어 전 세계에 반향을 일으킬 수 있게 한 또 다른 통로였다.

네덜란드와 화란 개혁 교회

칼빈주의자들은 유럽 전역에서 모진 박해를 받았는데, 네덜란드의 개혁파 기독교인도 예외는 아니었다. 그들 역시 가톨릭교회의 잔인한 지도자에게서 벗어날 길을 찾았고, 프랑스와는 달리 그들은 성공했다. 그러므로 화란의 칼빈주의 역사는 비극과 신학적 승리가 교차하는 역사였다.

어떻게 이곳에서 개혁 교회가 흥왕하게 되었을까? 초기에는 이 지역에서 무수한 순교자가 나왔다. 특히 가톨릭교를 떠나 루터의 가르침을 좇았던 아우구스티누스 수도사 가운데 순교자가 많았다. 그런데도 앤트워프 시(市)는 활기찬 루터파 공동체의 요람이 되었다. 비록 가톨릭이 개신교도를 계속 박해했지만 16세기 중반이 되자 칼빈주의자도 생겼다. 1561년 《벨직 신앙고백》 덕분에 네덜란드 귀족들이 개혁신앙의 대오에 합류하기 시작했다. 그들은 스페인과 정치적으로 연계된 로마 가톨릭에서 벗어나길 원했다.

1568년 오렌지의 윌리엄은 스페인 강압 통치로부터 네덜란드를 해방하기 위해 반란을 주동했다. 윌리엄은 '스페인 종교재판' 중지와 모든 이단 반대 법령의 철회를 원했다. 그는 결국 스페인 왕에 대한 충성을 포기하고 자신이 칼빈주의자임을 공개적으로 인정했다. 전장에 나가며 그는 이렇게 말한다. "나는 모든 군왕 중에서도 가장 강력한 분과 동맹을 맺었다. 그분은 뜻하신다면 얼마든지 우리를 구원하실 수 있는 만군의 하나님이다."[4] 결국 스페인은 패했고 네덜란드에서의 권력도 함께 잃었다. 네덜란드에는 윌리엄이 쟁취하려 했던 종교 관용이 주어졌다. 다른 지역에서 천대받던 재세례파조차 네덜란드는 어느 정도 용인했다. 개혁파 목사들은 민간 통치자들의 지지를 받으며 협상에서 유리한 고지를 점했다. 새 민간 정부에 지방이 항복하자 주요 예배 처소도 칼빈주의자에게 넘어갔다. 물론 많은 가톨릭 신자들은 개신교에 복종을 거부했지만, 결국에는 칼빈주의자들이 이겼다.

하나님의 말씀이 이제 네덜란드의 유력 지역을 장악했고, 백성들은 과거 로마 교회의 흑암에 가려 있던 복음의 빛과 진리를 발견했다. 칼빈주의를 받아들임으로써 정부와 상업에는 개혁이 일어났다. 개혁 교회는 다른 많은 나라가 부러워할 문제를 안게 되었다. 채워야 할 강대상이 갑자기 많아진 것이다. 제네바 모델을 따라 목사를 양성하는 일에는 너무 많은 시간이 필요했기에 그들은 타국의 목사들에게 와서 도와달라고 청해야 했다.

그 모든 성공에도 불구하고 네덜란드가 염원했던 (적어도 제네바와 동등한 수준의) 온전한 기독교 사회는 끝내 실현되지 못했다. 개혁 교회는 항상 소수였고 대다수 시민은 교회의 교리에 말치레만 했다. 그러면서 개혁신앙은 안착해갔다. 개혁파가 안정되자 반대 진영도 안정을 찾아갔다.

화란의 제이컵 아르미니우스(1560~1609) 교수의 가르침으로 신학 논쟁이 불거졌다. 하나님이 어떤 사람은 영생으로 택하시고 어떤 사람은 외면하신다고 말하는, 당시 우세했던 칼빈주의 교리의 경직성에 그는 도전장을 내밀었다. 아르미니우스는 칼빈주의가 인류에게서 자유의지를 제거했으며, 그렇기에 화란교회 내에서 큰 걸림돌이 되고 있다고 믿었다.

이에 대한 반응으로 화란교회는 1618년부터 1619년까지 도르트 총회(앞 장에서 언급했다)로 알려진 공식 회의를 개최했다. 이 경건한 사람들의 공의회는 지금

알미니우스의 가르침에 대응하기 위해 칼빈주의자들은 자신의 교리를 유명한 TULIP(5대 강령)으로 요약 정리했다.

우리에게는 '칼빈주의 5대 강령'으로 알려진 내용으로 응답하며 아르미니우스의 견해를 배격했다. 이 신학적 쾌거야말로 화란 칼빈주의자들의 가장 위대한 유산이 아닐까 싶다.

칼빈 사상은 독일에까지 침투하여 루터파를 크게 당혹스럽게 했다. 제네바에서 칼빈의 후임 목사였던 테오도르 베자의 저술이 헝가리에 보급되었고, 이로써 칼빈 사상은 헝가리까지 지경을 확장했다. 개혁 교회가 흥왕하지 않은 지역에서도 칼빈이 저술한 책은 돌아다녔다. 칼빈의 저서에 대한 이태리어 역서도 상당량 판매된 것이 의외다. 물론 이는 바티칸의 심기를 건드렸다.

신학을 학문의 여왕으로 간주하던 시대였다. 그러나 오늘날 그 여왕은 자신의 왕관을 잃어버렸다. 교회를 위대하게 만든 것은 하나님의 주권과 인류 타락에 관한 교리였으며, 이신칭의에 관한 선명한 이해였음을 우리는 자주 망각한다. 대개의 경우 복음주의자들은 칼빈의 발자취를 좇은 기독교인들이 일궈낸 세상의 상속자들이다. 비

록 칼빈의 교회론이나 정치관에는 동의하지 않는다 해도 그의 구원 교리와 거룩함을 향한 갈망은 지금도 활력소가 된다.

16세기에 등장한 칼빈주의는 가톨릭 사상에 만연했던 오류에 도전장을 내밀었다. 동일한 방식으로 칼빈의 가르침은 오늘날 복음주의를 덮고 있는 소비자 중심의 얄팍한 왜곡에 도전장을 낼 것이다. 복음의 건전한 이해만이 교회를 다시 위대하게 만든다.

개혁자들 간의 차이점

마르틴 루터 신학의 출발점은 이신칭의 교리였다. 그의 위대한 표어는 "너는 용서받았느니라!"였다. 존 칼빈은 "만일 하나님이 우리를 위하시면 누가 우리를 대적하리요?"였다. 또한, 루터는 인간사를 간섭하시는 하나님의 주권을 믿었지만, 가르침의 요체는 구속의 경이로움이었다. 반면 칼빈은 하나님의 목적이 확실함을 강조했다.

예배 양식으로 보자면 루터는 성경에서 명확하게 금지하지 않는 한 교회는 어떤 형태의 예배도 자유롭게 채택할 수 있다고 믿었다. 고로 그는 가톨릭 예배 양식을 가능한 한 많이 보전했다. 이와 대조적으로 칼빈과 츠빙글리는 '규정적 원리'에 입각하여 성경에서 명확하게 명령한 것만 예배에 허용했다. 이 스위스의 두 개혁자 모두 신약에서 초기 기독교인이 경배 음악을 사용했다는 언급이 없다는 이유로 오르간 같은 악기 사용을 금했다.

개혁자들은 또한 성례의 의미에 관해서도 이견이 있었다. 비록 스위스파는 유아세례 관행이 이어져야 한다는 루터의 의견에 동의했지만, 유아세례에는 다른 의미를 부여했다. 루터는 세례가 기독교적

윌리엄 파렐, 존 칼빈, 테오도르 베자, 존 녹스(왼쪽부터)

삶으로의 진입점이라는 가톨릭의 기본 신념을 받아들였다. 세례는 거듭남에 영향을 미치기 때문에 세례받은 유아는 원죄가 씻겨나가 하나님의 자녀가 된다. 오늘날까지 루터파 교회들은 "우리는 타락한 인류의 자녀로 태어났고 세례의 물로 하나님의 자녀로 거듭났으며 영생의 상속자가 되었다"[5]라는 믿음을 견지한다. 그 결과 많은 루터교도는 자신이 세례받았기에 기독교인이 되었다는 기본적 관점을 가지고 있다. 물론 유아는 교리 공부와 입교 교육 등의 훈계로 양육을 받아야 한다는 것도 알고 있다. 그러나 자신이 이미 (거듭난) 하나님의 자녀라는 전제로 인해 아이는 종종 의식적인 회심의 때가 없어도 된다고 안심한다. 교회 교리에 정신적으로 동의하고 유아세례의 의미를 재확인하는 일로 충분하다는 것이다. 아이는 자신이 이미 회심했다고 믿는다.

츠빙글리와 칼빈은 유아세례를 유지했지만 이를 언약의 징표로 해석했다. 고로 유아세례는 하나님 편에서 행하시는 어떤 기적적 역사에는 영향을 미치지 못한다. 한때는 칼빈도 세례받은 유아는 하나님에 의해 이미 중생했다고 말하기도 했지만, 그는 그 생각을 번복했다. 그렇게 되면 택정받은 유아들은 '아담 안에서' 태어난 게 아니라 '그리스도 안에서' 태어났다는 의미가 되기 때문이다. 칼빈이 제시한 보다 합리적인 제언은 유아세례를 '미래 신앙'의 징표로, '회개의 씨'가 아이 안에 있어 언젠가는 열매 맺을 것이라는 징표로 보는 것이다. 때로는 유아세례의 의미를 아이가 언젠가는 거듭날 것이라고 하나님과 부모 사이에 맺은 언약의 징표로 해석하기도 한다.

유아세례와 신앙을 결부시키기 위해 여러 논거가 사용되었지만 내가 보기에는 각기 심각한 문제를 포함하고 있다. 이 중요한 논란의 한복판에서 우리가 기억해야 할 것은 신약 어디에서도 유아세례에 관한 가르침이 없다는 사실이다. 유아세례를 받은 사례도 성경에 없다. 사도행전에서는 구원 얻는 믿음에 대한 반응으로 성인이 세례를 받았다. 그리고 세례 형태는 분명 침례였다.

성찬의 경우, 로마 가톨릭의 화체설에는 세 개혁자 모두 한목소리로 반대했다. 화체설은 주의 식탁에 놓인 빵과 포도주라는 요소가 문자 그대로 그리스도의 몸과 피가 되며, 고로 경배 대상이 된다는 것이다. 개혁자들은 이에 관해 각기 의견을 제시했는데 그 안에도 차이가 있었다. 이미 살펴보았듯이, 루터는 츠빙글리와의 논쟁에서 그리스도의 몸과 피가 주의 식탁에 놓인 요소 안에 정말 임한다고 확신했다. 이 견해는 그리스도가 요소들과 나란히 임재하신다는 의미로 공재설(共在說)로 불리기도 한다. 여하간 수찬자에게 주어지고 그의 입에 놓인 것은 진정한 그리스도의 몸과 피다. 예상하는 바와 같이, 루터파 교회는 계속 가톨릭 화체설을 비판하는 동시에 그리스도가 단지 영적으로만 요소들 안에 임한다는 (칼빈파의) 견해나 단지 멀리 있는 그리스도의 몸과 피의 상징에 불과하다는 (츠빙글리파의) 견해도 비판했다. 이 견해 차이는 오늘날에도 루터파와 개혁 교회들 사이에 여전히 남아 있다.

국가관을 보자면, 루터는 국가에 큰 권한을 허용하며 정치권력에 복종할 필요가 있다고 강조했다. 칼빈과 츠빙글리는 그렇게까지 적극적이지는 않았다. 또한, 루터는 그 누구도 십자가 깃발을 내걸고 전쟁해서는 안 된다는 점을 중요하게 여기며 단호하게 주장했다. 즉, 개신교는 가톨릭에 대항해 전쟁을 일으켜서는 안 되며, 가톨릭이 기독교 기치 하에 튀르크전을 수행한 것도 그릇된 일이었다. 바로 이런 이유로 츠빙글리가 개신교 군대의 종군 사제로 참전했다가 전사했을 때 루터는 이것이 그리스도의 교회를 옹호하기 위해 칼을 든 것에 대한 하나님의 심판이었다고 믿었다. 그러나 루터는 만일 국가가 기독교인에게 참전을 요구하면 주저 없이 복종해야 한다고 믿었다.

이러한 이견에도 불구하고 개혁자 간에는 흩어질 이유보다 뭉칠 이유가 더 많았다. 이것은 우리가 온갖 사안에 합의해야만 하나님께 쓰임받는 것은 아님을 상기시킨다. 하지만 종교개혁이 부르짖은 기치만큼은 타협 불가한 요체였다. 오직 성경으로, 오직 은혜로, 오직 믿음으로, 오직 그리스도로, 오직 하나님의 영광을 위해(*sola Scriptura, sola gratia, sola fide, solus Christus, soli Deo gloria*).

우리는 여기에 우리 인생과 영원을 건다.

17

종교개혁은 끝났는가?

"**형**제자매여, 루터의 저항은 끝났습니다. 당신들은 어떻습니까?" 미국 성공회 주교 고(故) 토니 파머가 카리스마 운동의 선생인 케네스 코프랜드를 추종하며 환호하는 무리에게 던진 말이다. 파머의 노력으로 2014년에는 명망 있는 개신교 목회자들과 프란치스코 교황의 만남이 이루어졌다. 분명, 프란치스코 교황은 개신교도를 적극적으로 포용하려 했고, 종교 간 일치와 세계 기독교 포교를 위해 개신교와 협력하길 원했다. 2012년 호르헤 베르골리오(Jorge Bergoglio)가 프란치스코 교황으로 선출되자 복음주의자 루이스 팔라우는 아르헨티나에서 신임 교황과 함께 일한 적이 있다고 밝혔다. 이야기인즉슨 그래서 양 집단이 지속해서 일치를 도모할 무대가 마련되었다는 것이다.

복음주의와 가톨릭 사이에 새로운 개방의 물결이 일면서, 일부 복음주의자들이 관상기도 같은 가톨릭교회의 여러 관행을 배우려 하고 예배 및 선교 관련 합작 사업을 추진하는 것은 하등 놀랄 일이 아닙니다. 복음주의권 목사들과 기관들은 교회의 일치성을 과시하며 양측의 공통분모를 탐색하기 위해 유대를 형성하고 있다. 많은 복음주의자는 이를 대단히 좋은 아이디어라고 여기면서 왜 진작 우리 교회, 성경 대학, 신학교에서는 이런 시도를 더 많이 하지 않았는지 의아해한다. 더욱이 1999년 10월 31일, 독일 아우크스부르크에서는 가톨릭과 개신교 간에 '이신칭의 교리에 관한 공동 선언'이 채택되었다(더러는 이를 통해 칭의론에서 합의에 도달했다고 믿곤 한다). 이제 다음 순서는 함께 기도하고 함께 선교할 방안을 모색하는 일만 남은 것 같다. 사실 예수님도 하나 됨이야말로 그의 백성 가운데 당신이 계신다는 강력한 표징이라고 말씀하셨다.

2005년 존경받는 역사가 마크 A. 놀은 캐롤린 니스트롬과 함께 《종교개혁은 끝났는가?》(*Is the Reformation Over?*)[1]를 공동집필했다. 간단히 말하자면 그들의 답은 '그렇다'였다. 하지만 아직 완전히 끝난 건 아니라고 토를 달긴 한다. 그들은 가톨릭과 개신교 사이에 여전히 차이점이 존재한다고 인정한다. 하지만 16세기의 종교개혁에 한정해 보자면 '그' 개혁은 끝났다고 말한다. 가톨릭주의와 복음주의를 가르는 선은 더 이상 뚜렷하지 않다. 우리는 일치, 타협, 사명 공유가 화두인 새 시대에 접어들었다.

이 일치 운동에 힘을 실어준 것이 '프리즌 펠로우십'(Prison Fellowship)의 고(故) 찰스 콜슨이었다. 1994년 그는 리처드 노이하우스와 함께 〈함께 가는 복음주의와 가톨릭〉(Evangelicals and Catholics Together)이라는 문서를 발표했다.[2] 많은 복음주의자는 가톨릭 신도들도 자신처럼 그리스도를 사랑하고 서구의 도덕적·영적 쇠락을 우려한다는 사실을 발견하고는 이전에는 생각조차 할 수 없던 일을 고려하기 시작했다.

마크 놀의 책은 가톨릭과 복음주의자 사이에 오간 여러 모임에 관한 설명과 함께, 그들이 얼마나 합의에 근접했는가를 세세하게 묘사하고 있다. 제2차 바티칸 공의회(1962~1965)는 개신교에 대해 너그러운 관점을 취하며 개신교도를 "떨어져 있는 형제들"이라고 부르면서 협력과 대화의 문을 열었다. 이제는 성경 공부를 하는 가톨릭 교회들도 있고 복음에 대한 복음주의적 이해가 여러 교구에 제법 퍼진 것 같다.

놀은 가톨릭, 루터교, 복음주의 간의 다양한 대화를 이렇게 요약했다. "35년간의 교회 일치 협의 덕분에 개신교와 가톨릭 사이에는 놀랄 만큼 폭넓은 합의점이 있음이 드러났다."[3] 양측 다 동의할 수 있도록 진술에서 신중히 단어를 선택한 덕분에 어느 정도 일치를 달성했다. 하지만 놀은 구원의 문제에서는 여전히 불일치가 있음을 인정한다. 그러니까 복음주의는 일회적 사건(회심)으로서의 구원을 강조하는 데 반해, 가톨릭은 구원이 평생에 걸친 과정임을 강조한다. 이런 이견에도 불구하고, 개신교와 가톨릭은 아래 진술에 동의했다. "우리는 칭의가 하나님이 그리스도 안에서 성취하신, 전적으로 거저 베푸시는 하나님의 역사라는 것을 인정한다. 칭의의 믿음 안에서 우리를 열납하신 것은 그 자체로 은혜의 선물임을 우리는 고백한다. … 구원을 얻기 위해 믿음 외에 다른 것에 의존하는 일은 예수 그리스도 안에서 달성되고 제공되는 온전성을 훼손한다."[4]

1999년 루터교와 가톨릭이 채택한 공동 선언은 이런 주장을 담고 있다. "칭의는 죄의 용서다. … 칭의는 하나님과의 교통 안으로 받아들여지는 것이다. … 칭의는 세례 안에서 성령을 받고 한 몸으로 통합되면서 일어난다. 이 모든 것은 그리스도로 말미암아, 은혜에 의해, 믿음을 통해, '하나님의 아들의 복음' 안에서 오직 하나님으로부터 비롯된 것이다."[5]

위의 진술을 다시 찬찬히 읽어보면 실제로 가톨릭 신학과 전적으로 일관됨을 발견할 것이다. 가톨릭교회는 항상 그리스도가 우리 죄를 위해 죽으셨다고 가르쳤다. 가톨릭교회는 우리가 항상 자신의 믿음과 참회하는 자에게 주어지는 은혜에 의해 (세례와 함께 시작되는 여러 성례를 통한 협력 안에서) 용서받는다고 믿었다. 가톨릭은 칭의 교리를 언제나 신적인 죄 사함과 내적 사람의 갱신으로 보았다. 다만 부가적 요구 조건을 덧붙였을 뿐이다. 가톨릭이 시종일관 부정한 것은, 구원이란 오직 구원하는 믿음에 대한 반응으로 전가된 의를 선물로 거저 받았다는 점이다.

복음을 타협하다

이 모든 것의 귀착점은 무엇일까?

나 자신을 포함한 많은 복음주의자는 우리 주 예수 그리스도의 귀한 복음이 교회 일치 운동으로 인해 심각한 절충점을 찾아야 하는 현실에 탄식한다. 물론 우리는 복음주의와 가톨릭 사이에 조성된 선의를 환영한다. 우리는 종교의 자유를 위해 싸우는 일과 동성 결혼 및 낙태 반대 등 여러 사안에서 공조할 수 있음을 다행스럽게 여긴다. 그러나 복음의 핵심 쟁점에 이르면 둘 사이에 있는 골이 어느 때보다 깊어진다. 사실 얼핏 보면 복음이란 사안에서 가톨릭과 개신교

사이에는 어느 정도 유사성이 있는 듯하지만, 이견은 그대로다. 가장 결정적인 사안, 즉 인간 영혼의 구원에 관해 보자면 루터가 시작한 종교개혁의 끝은 요원하다.

물론 오늘날 성당에서도 성경 공부를 하며 그 과정에서 개인 회심이 일어나고 있다. 서구에는 상당히 복음주의적인 사고를 하는 사제도 있다(수년 전 별세한 시카고의 버나딘 추기경은 복음주의 신앙에 개방적이었다). 그러나 가톨릭교회는 인간 공로가 구원 과정에 '협력'한다는 공식 입장을 바꾸지 않았다(이 점은 버나딘도 마찬가지다). 시카고의 로욜라 대학 졸업생인 나는 가톨릭교회가 제아무리 많은 변화를 시도하더라도 복음주의 구원관을 수긍하지 않을 것이며, 실은 그렇게 하지 못할 것이라는 확신에 도달했다(로욜라 대학은 가톨릭 계통의 대학이다—옮긴이). 이는 내가 수년간 직접 부딪히면서 얻은 결론이다.

첫째, 면죄부나 마리아에게 바치는 기도, 연옥 같은 사안을 논의하지 않는다면 구원의 복음에서 일치를 볼 수 없다. 가톨릭과 복음주의 신도들은 수년간의 대화 끝에, 양측을 갈라놓았던 많은 사안에서 '긴밀한 합의'를 도모하는 하나의 성명서를 도출했다. 그렇다고 해서 두 신념 체계 간의 골이 메워진 것은 전혀 아니며 종교개혁이 끝났다는 신호탄도 아니다.

존 칼빈은 구원에 관한 성명서 하나로 양 집단의 차이를 뛰어넘을 수 있다는 식으로 칭의에 관한 언어적 합의를 끌어낼 수 있다는 주장에 대해 경고한 바 있다. 그의 시대에도 교회를 통일하려는 여러 시도가 있었다. 가톨릭 위정자들은 이신칭의를 수긍하는 문서를 제시했지만, 이는 철저히 가톨릭에서 제시하는 맥락에 둘러싸여 있었다. 칼빈은 슬로건만으로는 외따로 설 수 없다는 입장이었다. 복음의 여러 진리는 상호 의존하며 일맥상통해야 한다. 교리에 관한 각각의 진술은 큰 교리적 틀 안에서 서로 상응해야 한다는 뜻이다. 요컨대 가톨릭이 면죄부, 보속, 마리아와 성인에게 바치는 기도, 유물 숭상, 임종 시 최후 의례, 죽은 자를 위한 미사 등을 실천하는 한, 즉 구원에 이르는 은혜가 여러 성례를 통해 주어진다는 가르침을 계속 실천하는 한 이신칭의를 신봉한다고 말하는 것은 무익하다. 가톨릭교회는 언어적 합의에도 불구하고 위의 관행들과 더불어 철야(vigils), 묵주 사용, 미사 중 요소 경배 등으로 하나님의 영광을 훔친다고 칼빈은 말했다.

더욱이 개신교에선 칭의 교리가 구심점인 반면(교회는 이 교리 위에 서거나 넘어진다) 가톨릭에서는 변방에 있을 뿐이다. "미국 추기경 에이버리 덜레스는, 칭의는 개신교에 반대하는 논쟁이나 대화를 하는 경우를 빼놓고는 자세히 논의된 적이 거의 없다고 인정한다. 루터파 학자 제임스 프레우스는 더 대담하게 이 문제를 표현했다. '[칭의] 교리는 기껏해야 우리 태양계 가장자리에 있는 명왕성처럼 그들의 교리집 끝자락에 손톱처럼 달려 있다.'"[6] 여타 교리를 다루지 않은 채 칭의에 관한 언어적 합의에 도달했다는 것만으로는 달라지는 것이 없다.

방 안에 앉아 상대방의 구미에 맞게 자기 신념을 요리조리 잡아 늘이는 학자들과는 의미 있는 합의를 이루어내기 어렵다. 수 세기 동안 가톨릭교회는 오직 믿음으로만 의롭게 된다는 교리에 상충하는(심지어 정죄하는) 도그마를 견지해왔다(일례는 트렌트 공의회였다). 그들은 수년간의 대화에도 불구하고 한 번도 이 도그마를 부인한 적이 없으며 여전히 활발하게 가르치고 있다.

요즘에는 사도신경이 일치를 위한 충분조건이라고 말하는 게 유행인 듯하다. 그러나 사도신경은 복음에 관해 명확하게 해설하고 있지 않으며, 복음을 어떻게 받아들이는지를 설명하지도 않는다. 비록 우리는 이 신경에 열거된 기독교 신앙의 기본 교리를 감사하며 암송하지만, 이 신경은 어떻게 구원받는지에 관해서는 침묵한다. 바로 이 때문에 가톨릭과 복음주의 모두 양자 간의 이견을 해소하지 않은 채 사도신경을 채택할 수 있는 것이다.

양 집단의 통합을 바라는 사람들은 종종 요한복음 17장에 있는 예수님의 기도를 인용한다. 예수님은 모든 자녀가 '하나' 되길 기도하셨다는 것이다. 그러나 앞뒤 맥락을 보면 예수님은 단지 주님의 이름을 부르는 자가 아니라 참으로 그에게 속한 모든 자를 그렇게 칭하셨다. 의심할 나위 없이 주님의 기도는 오순절 날 응답되었고, 오늘날에도 모든 믿는 자에게 주어지는 성령세례(고전 12:13)로 응답되고 있다. 또한, 믿는 자들이 그리스도의 이름으로 모여 성도와 세상에 대한 사랑을 보여줄 때 그 기도가 실현된다. 우리는 신자들 사이에서 일치를 이루기 위해 분명히 힘써야 하지만, 거짓 복음을 신봉하는 자들을 포함하는 일치가 예수님의 기도를 실현하는 길은 아닐 것이다.

현대의 가르침

지금의 가톨릭은 수십 년 전이나 수 세기 전의 흘러간 과거의 가톨릭과는 상당히 다르다는 이야기를 종종 듣는다. 확실히 가톨릭이 지배적인 다른 나라에 비하면 미국의 가톨릭은 복음주의에 더욱 열린 자세를 취한다는 점은 인정한다.

하지만 그사이에 어떤 변화가 있었는지 보기 위해 잠시 1994년 판 《가톨릭교회 교리서》에 나온 가르침을 몇 가지 간단하게 검토해보면 이야기가 달라진다. 가톨릭교회는 늘 그랬듯이 마리아에 관한 전통을 여전히 고수하고 있다. 즉, 마리아의 평생 동정녀설, 무죄 상태 잉태설(이는 만인이 죄를 지었다는 성경의 진리를 부인하는 것이다), 몸과 영혼의 승천설(1950년에 교황 비오 12세가 공포했다), 하늘 여왕 등극설, 그리고 가장 심각한 것은 그녀가 모든 은혜의 중개자라는 가르침이다(이로써 인류에게 구원을 제공하는 사역을 주 예수 그리스도와 공유한다). 교리서에 적힌 바로는 이러하다. "마리아는 그녀의 중보로써 영원한 구원의 선물을 우리에게 계속 가져다준다. … 그러므로 복된 동정녀께서는 교회에서 변호자, 원조자, 협조자, 중개자라는 칭호로 불린다." 마리아의 "보호의 품속으로 신도는 모든 위험과 궁핍의 순간에 날아든다."[7]

이는 1995년에 발간된 사제 지침서와도 통한다. "마리아는 인간을 위한 신성한 아드님의 희생 안으로 영적인 진입을 함으로써 인간의 죄를 대속했고… 그리스도의 구속적 은혜의 적용을 받을 공로가 있다. 이런 식으로 그녀는 인류의 주관적 구속에 협력한다."[8] 다음은 가톨릭 예배 지침서에 실린 글이다. "마리아는… 하늘의 문으로 불린다. 그녀를 통과하지 않고서는 누구도 그 복된 나라에 들어갈 수 없기 때문이다."[9]

보다 순수한 형태의 가톨릭주의를 엿볼 수 있는 유럽의 교회에서는 예수님이 왕관을 들어 '하늘 여왕'인 마리아에게 씌우는 그림도 보았다. 지면 제약으로 가톨릭교회에서 마리아가 담당하는 역할을 여기서 상세히 다루지는 못하지만 몇 가지만 살펴봐도 그녀에게 바쳐진 경배는 신성 모독임을 겸허히 수긍할 수밖에 없다. 한 가톨릭 신학자와의 토론에서, 마리아는 그녀에게 빈 기도를 하나도 듣지 못할 것을 확신한다고 내가 말하자 그는 이렇게 대꾸했다. "하나님이 그녀에게 듣기를 원하시는 기도는 마리아가 모두 들었습니다." 그 말에는 동의하지만, 그녀가 기도를 듣길 하나님이 원하신다는 성경적 증거는 없다고 나는 지적했다. 나는 이 땅의 무수한 사람이 마리아에게 날마다 바치는 끊임없는 경배를 그녀가 알지 못하도록 하나님이 자비로 그녀를 감싸주시기를 진심으로 바란다. 비록 가톨릭교회는 마리아가 사모의 대상이나 예배의 대상은 아니라고 가르치지만, 그녀 앞에 절하고 그녀에게 기도하고 그녀에게 애정을 쏟는 수백만의 사람들을 보면 그런 구분은 의미가 없어진다.

화체설

1994년 판 《가톨릭교회 교리서》는 화체설을 옹호하는 트렌트 공의회를 긍정적으로 인용한다. 화체설이란 모든 미사에서 성결된 빵과 포도주가 '실제' 그리스도의 몸과 피가 된다는 것이다.[10] 성체(Eucharist)는 "그리스도인 삶의 원천이자 정점"이며 "신성한 생명과 교통하는 원인"[11]이다.

이게 전부가 아니다. "그리스도의 희생제와 성체의 희생제는 하나의 희생제다. … '십자가 제단 위에 한때 피 흘리심으로써 자신을 내어주신 바로 그 그리스도가 피 흘림 없는 방식으로 담기고 바쳐진다.'"[12] 가톨릭 신도들은 이 성결된 전병이 감실(성막) 안에 전시될 때 경배하라고 배운다. 기실 교구민들은 이 성체에 가장 높은 형태의(성

삼위일체에만 드리는 경배와 동등한 수준의) 경배를 드리라는 안내를 받는다. 역사적으로 그리고 현재까지 가톨릭교회는 (그들 말로는) 구원이 '오직' 참여자와 그리스도를 연합시키는 성례 안에서 주어진 은혜를 통해서만 임한다고 가르쳤다.

몇몇 가톨릭 교인에게서 들은 바로는, 사제의 말에 따르면 미사 불참은 (병이나 응급사태로 부득이한 경우를 제외하고는) 대죄에 해당한다. 가톨릭에서 대죄란 지옥에 갈 죄다. 이쯤 되면 많은 가톨릭 신자가 자신에 대해 하나님이 기뻐하실지 분노하실지 갈피를 못 잡는 모습을 보더라도 하등 이상하지 않다. 모든 가산점과 벌점을 챙기면서 끝없이 오르락내리락하는 하나님과의 관계를 추적하는 일은 너무나 고단한 일이다.

면죄부

종교개혁의 시발점이 된 면죄부 교리는 어떠한가? 이 책의 3장에서 이미 인용했지만, 근래의 《가톨릭교회 교리서》(1994년 발간)는 면죄부를 이렇게 정의한다. "이미 용서된 죄의 현세적인 잠벌(暫罰)을 면제하는 것이다 … 죄로 인한 현세적 잠벌의 일부 또는 전부를 제거한다는 면에서 부분 대사 혹은 전 대사가 된다. 대사는 산 자나 죽은 자에게 적용될 수 있다."[13] 이 진술 다음에 대죄(처리하지 않으면 영벌을 초래하는 죄)와 소죄(小罪, 이 땅에서 깨끗하게 하지 않으면 연옥에 가게 되는 죄)의 구분에 관한 논의가 나온다. 그렇다. 교리서는 이 면죄부가 산 자만을 위한 게 아니라 죽은 자에게도 적용될 수 있다고 가르친다.

아직도 이 교리가 중세시대에 국한된 가르침일 뿐이라고 생각했더라면, 중세 이래로 교회의 공식 가르침에 변화가 없었음을 보여주는 최근 사례가 있다. 3장에서 언급했듯이 2013년 프란치스코 교황이 세계청소년의 날을 맞아 브라질을 방문했을 때, 바티칸 교황청은 행사에 불참했으나 트위터나 다른 수단을 통해 동참한 사람들에게 전 대사를 제공했다. 차이점이라면 이제는 면죄부를 판매하지는 않는다는 것이다. 교황이 요구하는 의례적 처방을 준수하거나 하나님에 대한 적절한 신심을 보여주면 면죄부를 얻을 수 있다. 가톨릭의 공식 신학에 의하면 면죄부로 (하나님만이 용서하실 수 있는) 영벌이 소멸하는 건 아니지만, 연옥을 포함한 현세적 벌은 소멸한다.

나는 여러 번 로마를 방문했는데, 갈 때마다 공항에 비치된 면죄부 획득에 관한 안내문이 눈길을 끌었다. 루터 시대와 똑같이 사람들은 면죄부를 획득하고 유물을 관람하기 위해, 그리고 초를 태우고 특별 기도를 함으로써 신의 은총을 얻고자 로마로 영적 순례를 온다. 로마를 순회하는 가톨릭 신자들의 소망은 결국 '이 모든 것이 합산되어' 최종 점수가 올라가는 것이다.

다가오는 일요일에는 수백만의 가톨릭 신도들이 성당을 찾을 것이고, 루터가 수도원에서 했던 것과 똑같이 고해성사를 할 것이다. 그러나 하나님이 자기를 영원히 받아주신다는 확신은 결코 얻을 수 없다. 그들은 고해가 기껏해야 과거의 죄를 덮을 뿐임을 안다. 고로 만일 그들이 미사 직후 죽는다면 천국에 입성할 확률이 상당히 높아진다. 만약 수요일에 죽는다면 최근의 죄를 고해하여 '하나님과의 관계를 돈독히 할' 기회를 갖지 못할 것이다. 많은 이들이 두려워하는 지점이 바로 이 부분이다.

안타깝게도 이 수백만은 복음을 듣지 못할 것이 거의 확실하다. "오직 그리스도는 죄를 위하여 한 영원한 제사를 드리시고 하나님 우편에 앉으사… 그가 거룩하게 된 자들을 한 번의 제사로 영원히 온전하게 하셨느니라"(히 10:12~14 참조). 만일 그들이 스스로 의를 세우려는 시도에서 돌이켜 그들을 위한 좋은 소식을 믿는다면, 하나님의 약속에 관한 확신과 성령의 내적 증거를 갖게 될 것이다(롬 8:16). 신약성경에 따르면, 그리스도는 단지 우리 구원을 위한 '필요조건'이 아니시다. 그리스도는 우리 구원을 위해 필요한 '전부'이다.

미신

성베드로대성당을 찾은 사람들은 길게 줄지어 서서 동상의 발가락을 만지거나 입을 맞춘다. 관광 가이드는 이렇게 설명했다. "베드로의 발가락을 만지면 죽어서 연옥을 건너뛰고 곧장 천국으로 간다는 전통이 있어요." 물론 가톨릭 신학은 이런 미신에 대해 말하지 않는다. 그런데 왜 로마가 (그것도 하필 바티칸에서!) 이런 미신을 조장하고 독려하여 수백만을 그릇된 길로 인도할까? 왜 로마나 서구의 사제들은 이런 행태가 잘못되었다고 비판하지 않을까? 사람들이 (영생의 약속까지 포함한) 특별한 축복을 받으려고 바티칸에 가서 계속 줄지어 서서 베드로의 발가락을 만지는데, 그들이 개신교와 칭의에 관한 협정을 맺었다고 해서 과연 달라지는 게 있을까?

전 세계에서는 유물이 전시될 때마다 줄이 길게 늘어선다. 만일 동상이 '눈물'이라도 흘리면 그걸 보려고 또 떼 지어 몰려든다. 1978년 뉴멕시코의 한 시골 마을에서 마리오 루비오라는 남자가 브리토를 말다가 토르티야의 석쇠 자국이 예수님의 얼굴 형상과 비슷하다는 걸 발견했다. 곧 8천여 명의 순례자들이 이 화상(畫像)을 관람하고 축복받고자 그 작은 토담집을 찾았다. 시카고에서도 육교 틈새로 떨어진 물이 마리아의 얼굴 형상과 비슷하다는 소식을 듣고 그걸 보려고 차를 몰고 온 사람들로 여러 블록이 장사진을 이뤘다. 사제, 대주교, 추기경은 왜 이런 반응을 질타하지 않을까? 누군가는 사람들에게 이런 미신이 성경에서 벗어난 것이며 거짓 희망을 준다는 경고를 해야 하지 않을까?

세심하게 조정한 언어적 합의를 통해 개신교와 가톨릭을 하나로 모은다고 해서 미신, 그릇된 관행, 가톨릭교회의 공식 가르침이 없어지는 것은 아니다. 그렇게 하나 된 교회는 강력한 증인 역할을 할 수 없을 것이다.

성인(聖人) 제도

성인 제도는 또 어떠한가? 신약은 반복적으로 모든 그리스도인을 성도라고 칭한다(엡 1:1, 빌 1:1). 그런데 2014년 4월 27일에도 두 교황이 사후에 적어도 두 가지 기적을 나타냄으로써 성인 자격을 획득해 시성(諡聖) 되었다. 분명 가톨릭교회는 칭의에 관해 다른 이해를 하고 있으며, 영화에 관해서도 다르게 이해하고 있다. 이 부분은 내가 여기서 제시할 만한 내용이 아니고, 훨씬 더 많은 분량으로 논의가 필요하다.

가톨릭교회가 참 하나님을 예배하므로 전통과 미신이라는 측면은 못 본 척 넘겨야 한다고 말하는 개신교인을 이따금 본다. 하지만 예수님이 지상에 다니셨을 때 바리새인 역시 아브라함, 이삭, 야곱의 하나님을 예배했다. 예수님은 그들이 "사람의 계명으로 교훈을 삼아 가르치니 나를 헛되이 경배[한다]"라고 말씀하셨다. 그렇다. 인간의 전통은 바리새인의 하나님 경배를 무의미한 것으로, 허사로 만들었다.

가톨릭교회는 오직 그리스도를 통해, 오직 은혜로, 오직 믿음으로만 구원받는다는 확신을 강하게 반대해왔다(여전히 그렇다). 구원은 믿음에 대한 반응으로 전가된 하나님의 의로서 거저 주어진 선물이거나, 그렇지 않으면 우리의 협력을 필요로 하는 것이다. 내 요지는 둘 중에 하나라는 점이다. 우리가 받는 의는 구원하는 믿음에 대한 직접적 반응으로 주어지는 하나님의 온전한 선물이다. 그게 아니라면 세례, 미사, 최후 의례 등의 성례를 통해 매개되고 선행과 결합한 것이어야 한다. 둘 중 하나인 것이다. 양립은 불가하다.

종교개혁은 끝났는가? 유럽의 지도를 영영 뒤바꾸고 갖은 분쟁을 야기했던 복잡다단한 16세기의 종교개혁을 말한다면, 그런 종교개혁은 끝났다. 그러나 루터와 칼빈이 반대했던 교리에 대한 종교개혁은 아직 미완이다. 나와 토론하던 한 사제는, 마약 중독자들은 그리스도의 고난 속으로 들어가므로(비록 그런 시련이 자초한 것이긴 하지만) 그들의 고난은 구원에 공헌한다고 말했다. 그 토론만큼이나 종교개혁은 오늘의 현실과 맞닿아 있다.

한 독실한 가톨릭 신자는 그가 '스카풀라'(scapular, 불시에 죽게 되면 최후 의례 역할을 하는 목에 두르는 물건 또는 펜던트)를 착용하고 있으므로 천국에 간다고 내게 말했다. 그의 이야기만큼이나 종교개혁은 오늘의 현실과 맞닿아 있다. 과다루페의 제단(祭壇)을 방문했을 때 아이를 품에 안은 어머니를 비롯하여 수백 명이 동정녀 마리아에게 축복을 얻으려고 무릎에 피가 나도록 엉금엉금 기어가는 광경을 목격했다. 그 광경만큼이나 종교개혁은 오늘의 현실과 맞닿아 있다. 어떤 가톨릭 냉담자는 자신이 하나님과 어떤 관계에 있는지 모르겠다면

서 미사 후엔 기분이 좀 좋아지다가도 그다음에 죄를 지으면 절망으로 곤두박질친다고 내게 말했다. 그는 불확실성과 실패와 더 큰 불확실성으로 순환하는 쳇바퀴 안에 있었다. 그 신자만큼이나 종교개혁은 오늘의 현실과 맞닿아 있다.

프란치스코는 교황으로 승격되기 전, 유일하게 저술한 《예수회의 역사》(*The History of the Jesuits*)라는 책에서 "종교개혁이 서구 사회 만악의 근원"이라고 했다.[14] 그러던 그가 오늘날에는 복음주의자들이 '복음주의적 가톨릭 신자'가 되도록 구애를 펼친다. 역사가 보여주는 바에 의하면, 그들이 교회에 더해지는 일은 있더라도 교회를 개혁하는 일은 하지 못할 것이다.

현재를 살아가는 우리의 딜레마

복음주의와 가톨릭 신도들이 상대방의 교회당에서 기도하고 공동 사명을 모색하면 안 되는 이유가 무엇인가? 간단히 말하면 이런 일치된 외양이 그릇된 인상을 주기 때문이다. 어떻게 인식되는가는 참으로 중요하다. 갈라디아에 간 바울은 베드로에게 반대하여 날카롭게 그를 책망했다. "책망받을 일이 있기로 내가 그를 대면하여 책망하였노라"(갈 2:11). 이유는? 베드로가 그릇된 복음을 전해서였을까? 아니다. 베드로는 복음 앞에 바로 서 있었고 자기 메시지를 타협하지 않았다. 그가 책망받은 이유는 유대주의자들이 도착하자 이방인들과의 식사 자리를 지키지 못하고 일어섰기 때문이었다. 당시 유대주의자들은 구원이 율법 준수와 그리스도의 합작품이라고 가르쳤다. 그릇된 인상을 줄 수 있다는 이유 하나만으로도 바울은 그런 행동을 취했다.

　복음주의와 로마 가톨릭교회의 구원 교리가 하나이고 동일하다는 그릇된 인상만으로도 얼마든지 믿는 자들을 혼란에 빠뜨리고 그릇 인도할 수 있다.

　내가 35년간 목사로 섬겼던 무디교회는 교인의 약 20퍼센트가 성장기 시절 성당에 다녔다. 그들은 양 집단이 본질에서 하나다, 혹은 모종의 복음적 합일성을 공유한다는 말에 낙담한다. 자신이 성장기에 접했던 복음은 회개하는 죄인에게 주어지는 값없는 선물이 아니라는 것을 그들은 겪어봐서 아는 것이다. 가톨릭에서 중요하게 여기는 건 성례, 양초, 기도, 면죄부, 마리아의 도움이라는 걸 그들은 안다. 그리고 '예수 희생제'의 도움도 빼놓을 수 없다! 하지만 이 모든 것을 다 합쳐도 하나님을 흡족하게 했다는 확신을 얻지 못했다.

　요약하자면 종교개혁은 끝났다고 가르치는 사람들은 가톨릭교회의 공식 가르침을 외면한 채 방 안에 둘러앉아 합의문을 짜내는 학자들에게 희망을 건다. 이런 일치는 달성된다고 해도 대부분의 가톨릭교회에서 여전히 선포되는 실제 가르침에는 거의 영향을 미치지 못할 것이다. 가톨릭교회에 거듭난 신자들이 더러 있다는 건 좋은 소식이다. 하지만 이것이 교회 전체의 성격에 영향을 주는 건 아니다.

　오늘날 교회 내에 쓸데없이 많은 분열이 있는 것은 의심의 여지가 없다. 그러나 쟁점이 구원 교리라면 더더욱 쟁론할 필요가 있다. 그렇다. 우리는 일치를 향해 노력을 기울여야 하지만, 일치를 얻고자 성경의 중심 교리를 타협해서는 안 된다. 옛말에도 있듯이 "오류로 하나 되는 것보다는 진리로 나누어지는 게 더 중요하다."

복음을 건져내기 위해

마르틴 루터는 가톨릭주의의 왜곡으로부터 복음을 구출해야 했다. 어떤 의미에서 우리의 과제는 이보다 더 어려울 수 있다. 우리는 가톨릭뿐 아니라 다른 숱한 운동으로부터 복음을 구출해야 한다. 이런 운동에는 사기꾼 같은 자칭 복음주의자들이 많다. 그들은 텔레비전(혹은 인터넷) 프로그램 전체를 '잘 먹고 잘사는' 신학으로 도배하고 돈을 송금하는 사람에게는 특별한 '돌파구'를 약속한다. 우리는 기독교 신앙의 초자연적 특성을 부정하는 자유주의 신학에서 복음을 구출해야 한다. 우리는 사람들의 충성을 얻고자 경쟁하는 거짓 종교에서 복음을 구출해야 한다.

우리는 대문을 두드리는 사이비 종교에서 복음을 구출해야 한다. 즉, 구원은 자기 하기 나름이며 구원받기 위해서는 스스로 가치 있는 사람이 되어야 한다고 생각하는 모든 사람에게서 복음을 구출해야 한다. 신약의 복음은 하나님께 드릴 것이 아무것도 없는, 영적으로 곤궁한 자들을 위한 것이었음을 우리는 세상에 다시 알려야 한다. 이 곤궁한 자들은 주기 위해 오지 않고 받기 위해 온다. 그들은 단지 도움받는 차원을 넘어 구조받기 위해 온다. 그들이 구원에 기여할 바는 그저 그들 죄밖에 없다. 하나님의 은혜가 여타 모든 것을 공급한다.

사도 바울은 모든 시대가 깨어 있어야 함을 알았다.

여러분은 자기를 위하여 또는 온 양 떼를 위하여 삼가라. 성령이 그들 가운데 여러분을 감독자로 삼고 하나님이 자기 피로 사신 교회를 보살피게 하셨느니라. 내가 떠난 후에 사나운 이리가 여러분에게 들어와서 그 양

떼를 아끼지 아니하며 또한 여러분 중에서도 제자들을 끌어 자기를 따르게 하려고 어그러진 말을 하는 사람들이 일어날 줄을 내가 아노라.

  그러므로 여러분이 일깨어 내가 삼 년이나 밤낮 쉬지 않고 눈물로 각 사람을 훈계하던 것을 기억하라. 지금 내가 여러분을 주와 및 그 은혜의 말씀에 부탁하노니 그 말씀이 여러분을 능히 든든히 세우사 거룩하게 하심을 입은 모든 자 가운데 기업이 있게 하시리라(행 20:28~32).

이것이 시대를 막론하고 우리가 해야 할 일이다.

주

서문: 성도에게 단번에 주신 믿음의 도를 지키는 길
1. Quoted in Alister McGrath, *Christian Theology: An Introduction*, 5th ed. (Malden, MA: Wiley-Blackwell, 2011), 108. (《신학이란 무엇인가》, 복있는사람, 2014).

1. 권력, 스캔들, 부패
1. Justo L. González, *The Story of Christianity* (Peabody, MA: Prince, 2001), 2:6. (《초대교회사》, 은성, 2012).
2. Andrea Di Strumi, "Pataria," in *Medieval Italy: Texts in Translation*, ed. Katherine L. Jansen, Joanna Drell, and Frances Andrews, trans. William North (Philadelphia: University of Pennsylvania Press, 2009), 339.
3. John Foxe, *Foxe's Book of Martyrs* (Uhrichsville, OH: Barbour, 2001), 37. (《순교사 열전》, 포이에마, 2014).

2. 새벽별, 거위, 백조
1. Bruce L. Shelley, *Church History in Plain Language* (Waco: Word, 1982), 250. (《현대인을 위한 교회사》, 크리스천다이제스트, 2011).
2. Shelley, *Church History*, 250.
3. http://sourcebooks.fordham.edu/mod/1415janhus.asp (단축 주소 https://goo.gl/rKTEbu)
4. Matthew Spinka, *John Hus and the Council of Constance* (New York: Columbia University Press, 1965), 230.
5. Spinka, *John Hus*, 233.
6. Spinka, *John Hus*, 233.

7. Martin Luther, *Commentary on the Alleged Imperial Edict Promulgated in the Year 1531*, quoted in Heiko A. Oberman, *Luther: Man between God and the Devil*, trans. Eileen Walliser-Schwarzbart (New York: Image, 1982), 55.

3. 비텐베르크 문

1. Quoted in William Roscoe Estep, *Renaissance and Reformation* (Grand Rapids: Eerdmans, 1986), 107. (《르네상스와 종교개혁》, 그리심, 2002).
2. Roland H. Bainton, *Here I Stand: A Life of Martin Luther* (New York: Mentor, 1950), 56. (《마르틴 루터》, 생명의말씀사, 2016).
3. Bainton, *Here I Stand*, 57.
4. *The Catechism of the Catholic Church* (New York: Doubleday, 1995), 411.
5. http://www.news.va/en/news/papal-indulgences-for-world-youth-day (단축 주소 https://goo.gl/9YDgU)
6. Bainton, *Here I Stand*, 59.
7. Bainton, *Here I Stand*, 60.
8. John D. Woodbridge and Frank A. James III, *Church History* (Grand Rapids: Zondervan, 2013), 2:107.
9. Timothy F. Lull, ed., *Martin Luther's Basic Theological Writings* (Minneapolis: Fortress, 1989), 21-28.
10. Bainton, *Here I Stand*, 65.
11. Bainton, *Here I Stand*, 65.

4. 마르틴 루터는 누구인가?

1. Roland H. Bainton, *Here I Stand: A Life of Martin Luther* (New York: Mentor, 1950), 26.
2. Bainton, *Here I Stand*, 26.
3. Bainton, *Here I Stand*, 28.
4. Bainton, *Here I Stand*, 30.
5. Bainton, *Here I Stand*, 31.
6. Bainton, *Here I Stand*, 34.
7. Bainton, *Here I Stand*, 37.
8. Heiko A. Oberman, *Luther: Man between God and the Devil*, trans. Eileen Walliser-Schwarzbart (New York: Image, 1982), 149.
9. Oberman, *Luther*, 149.

5. 위대한 발견

1. Roland H. Bainton, *Here I Stand: A Life of Martin Luther* (New York: Mentor, 1950), 41.
2. Bainton, *Here I Stand*, 41.
3. Bainton, *Here I Stand*, 42.
4. Bainton, *Here I Stand*, 45.
5. Bainton, *Here I Stand*, 49.
6. See Luther's letter to George Spenlein, April 8, 1516, in *Luther: Letters of Spiritual Counsel*, ed. and trans. Theodore G. Tappert, Library of Christian Classics (Philadelphia: Westminster, 1960), 110.
7. James Kittleson, *Luther the Reformer* (Minneapolis: Fortress, 2003), 107.
8. Bainton, *Here I Stand*, 66.
9. Kittleson, *Luther the Reformer*, 112.
10. Kittleson, *Luther the Reformer*, 112.
11. Kittleson, *Luther the Reformer*, 112.
12. Bainton, *Here I Stand*, 71.
13. Bainton, *Here I Stand*, 79.
14. Kittleson, *Luther the Reformer*, 138.
15. Bainton, *Here I Stand*, 90.
16. Bainton, *Here I Stand*, 92.

6. 무너지기 시작하는 도미노

1. Philip Schaff, *History of the Christian Church* (1910; repr., Grand Rapids: Eerdmans, 1980), 7:206-7. 《교회사전집 7: 독일 종교개혁》, 크리스천다이제스트, 2004).
2. Heiko A. Oberman, *Luther: Man between God and the Devil*, trans. Eileen Walliser-Schwarz bart (New York: Image, 1982), 43.
3. Roland H. Bainton, *Here I Stand: A Life of Martin Luther* (New York: Mentor, 1950), 119.
4. Quoted in R. Paul Stevens, *The Other Six Days: Vocation, Work, and Ministry in Biblical Perspective* (Grand Rapids: Eerdmans, 2000), 77.
5. *Luther: Selected Political Writings*, ed. J. M. Porter (Philadelphia: Fortress, 1971), 44.
6. *Luther: Selected Political Writings*, 46.
7. Schaff, *History of the Christian Church*, 7:209-10.
8. Schaff, *History of the Christian Church*, 7:14.

9. Reinhold Seeberg, *Textbook of the History of Christian Doctrines*, trans. Charles E. Hay (Grand Rapids: Baker, 1964), 1:68.
10. Alphonse de Liguori, *The Dignity and Duties of the Priest* (Milwaukee: Our Blessed Lady of Victory Mission, 1927), 1.1.3.
11. Philip Schaff, *The Creeds of Christendom* (Grand Rapids: Baker, 1983), 2:131.
12. Bainton, *Here I Stand*, 107.
13. Bainton, *Here I Stand*, 109.
14. Quoted in James Kittleson, *Luther the Reformer* (Minneapolis: Fortress, 2003), 153.
15. Schaff, *History of the Christian Church*, 7:16.

7. 주님의 포도밭에 있는 멧돼지

1. Roland H. Bainton, *Here I Stand: A Life of Martin Luther* (New York: Mentor, 1950), 114.
2. Bainton, *Here I Stand*, 141.
3. Bainton, *Here I Stand*, 115.
4. Bainton, *Here I Stand*, 115.
5. Bainton, *Here I Stand*, 116.
6. Bainton, *Here I Stand*, 126.
7. Martin Luther, *The Freedom of a Christian*, in *Martin Luther's Basic Theological Writings*, ed. Timothy E. Lull (Minneapolis: Fortress, 1989), 593.
8. Luther, *Freedom of a Christian*, 588.
9. Luther, *Freedom of a Christian*, 596.
10. Luther, *Freedom of a Christian*, 623.
11. Luther, *Freedom of a Christian*, 619.
12. Luther, *Freedom of a Christian*, 619.
13. Bainton, *Here I Stand*, 124.
14. Bainton, *Here I Stand*, 127-28.
15. Bainton, *Here I Stand*, 128-29.
16. Henry Clay Vedder, *The Reformation in Germany* (London: Macmillan, 1914), 140.
17. Hans Hillerbrand, ed., *The Reformation: A Narrative History Related by Contemporary Observers and Participants* (Grand Rapids: Baker, 1991), 85.
18. Hillerbrand, *Reformation*, 86.

8. 여기 내가 섰으니

1. Roland H. Bainton, *Here I Stand: A Life of Martin Luther* (New York: Mentor, 1950), 137.
2. Bainton, *Here I Stand*, 139.
3. Bainton, *Here I Stand*, 139.
4. David Otis Fuller, *A Treasury of Evangelical Writings* (Grand Rapids: Kregel, 1974), 119.
5. Bainton, *Here I Stand*, 144.
6. Bainton, *Here I Stand*, 144.
7. Bainton, *Here I Stand*, 145.
8. Bainton, *Here I Stand*, 147.
9. Bainton, *Here I Stand*, 150.
10. Bainton, *Here I Stand*, 151.
11. Heiko A. Oberman, *Luther: Man between God and the Devil,* trans. Eileen Walliser-Schwarzbart (New York: Image, 1982), 104.
12. Oberman, *Luther*, 105.
13. Oberman, *Luther*, 105-6.
14. Oberman, *Luther*, 177.
15. Oberman, *Luther*, 179.
16. Bainton, *Here I Stand*, 284.
17. Bainton, *Here I Stand*, 159-60.
18. Bainton, *Here I Stand*, 207.
19. Martin Luther, *Against the Heavenly Prophets, in Luther's Works*, vol. 40, Church and Ministry II, ed. Helmut H. Lehman (Philadelphia: Fortress, 1958), 222.

9. 우리는 이제 프로테스탄트다

1. Roland Bainton, *The Reformation of the Sixteenth Century* (Boston: Beacon, 1952), 149. 《16세기의 종교개혁》, 은성, 1992).
2. John D. Woodbridge and Frank A. James III, *Church History*, vol. 2, From *Pre-Reformation to the Present Day* (Grand Rapids: Zondervan, 2013), 137.
3. http://en.wikisource.org/wiki/Augsburg_Confession
4. Woodbridge and James, *Church History*, 2:138.
5. Woodbridge and James, *Church History*, 2:138.
6. Bainton, *Reformation of the Sixteenth Century*, 155.
7. Martin Rinkart, "Now Thank We All Our God," trans. Catherine Winkworth, in *The*

English Hymnal with Tunes (London: Oxford University Press, 1933), no. 533.

10. 분쟁, 불일치, 운명

1. Martin Luther, *An Admonition to Peace,* quoted in *Luther: Selected Political Writings*, ed. J. M. Porter (Philadelphia: Fortress, 1974), 72.
2. Luther, *Admonition*, 75.
3. Martin Luther, *Against the Robbing and Murdering Hordes of Peasants,* quoted in *Luther: Selected Political Writings*, 86.
4. Luther, *Against the Robbing and Murdering Hordes*, 87.
5. Martin Luther, *An Open Letter on the Harsh Book against the Peasants,* quoted in *Luther: Selected Political Writings*, 90.
6. Luther, *An Open Letter on the Harsh Book*, 92.
7. Luther, *An Open Letter on the Harsh Book*, 93.
8. Luther, *An Open Letter on the Harsh Book*, 93.
9. Martin Luther, *Whether Soldiers, Too, Can Be Saved*, quoted in *Luther: Selected Political Writings*, 104.
10. Barmen Confession; quoted in Peter Matheson, ed., *The Third Reich and the Christian Churches* (Grand Rapids: Eerdmans, 1981), 46.
11. This section contains material that has been summarized from *The Doctrines That Divide: A Fresh Look at the Historic Doctrines That Separate Christians*, 2nd ed. (Grand Rapids: Kregel, 1998). Thanks to Kregel Publications for permission for its use.
12. Martin Luther, *The Bondage of the Will*, trans. Henry Cole (Grand Rapids: Baker, 1976), 36.
13. See, for instance, Erasmus Middleton, "Life of Martin Luther, the Great Reformer," in Martin Luther, *A Commentary on St. Paul's Epistle to the Galatians* (London: James Cundee, 1807), viii, xli.
14. Quoted in E. Gordon Rupp, introduction to *Luther and Erasmus: Free Will and Salvation*, ed. E. Gordon Rupp, Library of Christian Classics (Philadelphia: Westminster, 1969), 2.
15. Luther, *Bondage*, 69.
16. Luther, *Bondage*, 69–70.
17. Luther, *Bondage*, 159.
18. Luther, *Bondage*, 183.
19. Luther, *Bondage*, 70.

20. Luther, *Bondage*, 73.
21. For those who are interested in reading more about the free will versus predestination debate, I devoted four chapters to this discussion in my book *The Doctrines That Divide*.
22. William L. Shirer, *The Rise and Fall of the Third Reich: A History of Nazi Germany* (New York: Simon & Schuster, 1959), 91.
23. Martin Luther, *On the Jews and Their Lies*, in *Luther's Works*, vol. 47, ed. Martin Bertram (Philadelphia: Fortress, 1971), 268-72.
24. Luther, *On the Jews*, 268-70.
25. Martin Luther, *The Christian in Society II*, in *Luther's Works*, vol. 45, ed. Helmut T. Lehmann and James Atkinson (Philadelphia: Fortress, 1962), 229.

11. 루터와 성경

1. James Kittleson, *Luther the Reformer* (Minneapolis: Fortress, 2003), 113.
2. Heiko Oberman, *Luther: Man between God and the Devil*, trans. Eileen Walliser-Schwarzbart (New York: Image, 1982), 169.
3. Philip Schaff, *History of the Christian Church* (1910; repr., Grand Rapids: Eerdmans, 1980), 7:35.
4. Quoted in Schaff, *History of the Christian* Church, 7:35.
5. http://www.vatican.va/archive/hist_councils/ii_vatican_council/documents/vat-ii_const_19651118_dei-verbum_en.html (단축 주소 https://goo.gl/kn8J)
6. John Warwick Montgomery, "Lessons from Luther on the Inerrancy of Holy Writ," *Westminster Theological Journal* 36 (1974): 286.
7. Montgomery, "Lessons from Luther," 279-80.
8. Martin Luther, *Table Talk*, in *Luther's Works*, vol. 54, ed. Theodore G. Tappert and Helmut T. Lehmann (Philadelphia: Fortress, 1967), 3. (《탁상담화》, 크리스천다이제스트, 2005).
9. Luther, *Table Talk*, 3.
10. Kittleson, *Luther the Reformer*, 190.
11. Oberman, *Luther*, 172-73.
12. Oberman, *Luther*, 172-73.
13. Oberman, *Luther*, 172-73.
14. Ruth H. Sanders, *German: Biography of a Language* (Oxford: Oxford University Press, 2010), 122.
15. http://www.economist.com/node/16740435

16. Eric Solsten, *Germany: A Country Study* (Washington, DC: Library of Congress, 1999), 20.

12. 루터, 카타리나, 자녀, 죽음

1. Roland H. Bainton, *Here I Stand: A Life of Martin Luther* (New York: Mentor, 1950), 223.
2. Bainton, *Here I Stand*, 226.
3. Philip Schaff, *History of the Christian Church* (1910; repr., Grand Rapids: Eerdmans, 1980), 7:461.
4. Bainton, *Here I Stand*, 225.
5. Bainton, *Here I Stand*, 230-31.
6. Schaff, *History of the Christian Church*, 7:462.
7. Schaff, *History of the Christian Church*, 7:462.
8. Bainton, *Here I Stand*, 236–37.
9. Schaff, *History of the Christian Church*, 7:463.
10. Bainton, *Here I Stand*, 237.
11. Schaff, *History of the Christian Church*, 7:465.
12. Schaff, *History of the Christian Church*, 7:465.
13. John D. Woodbridge and Frank A. James III, *Church History*, vol. 2, *From Pre-Reformation to the Present Day* (Grand Rapids: Zondervan, 2013), 141.
14. Schaff, *History of the Christian Church*, 7:299.
15. Martin Luther, sermon on Matt. 11:25-30, February 15, 1546, Eisleben, Germany, in *Luther's Works*, vol. 51, *Sermons I*, ed. John W. Doberstein and Helmut T. Lehmann (Philadelphia: Fortress, 1959), 383.

13. 츠빙글리: 취리히를 개혁하다

1. Timothy George, *Theology of the Reformers* (Nashville: Broadman, 1998), 114.
2. Roland H. Bainton, *The Reformation of the Sixteenth* Century (Boston: Beacon, 1952), 86.
3. Bainton, *Reformation*, 89.
4. Bainton, *Reformation*, 90.
5. This section contains material that has been summarized from *The Doctrines That Divide: A Fresh Look at the Historic Doctrines That Separate Christians*, 2nd ed. (Grand Rapids: Kregel, 1998). Thanks to Kregel Publica-tions for permission for its use.

6. Donald J. Ziegler, ed., *Great Debates of the Reformation* (New York: Random House, 1969), 71-107.
7. Bainton, *Reformation*, 93.

14. 재세례파: 약속과 박해
1. William R. Estep, *The Anabaptist Story* (Grand Rapids: Eerdmans, 1963), 13-14.
2. Estep, *Anabaptist Story*, 11.
3. Roland H. Bainton, *The Reformation of the Sixteenth Century* (Boston: Beacon, 1952), 101-2.
4. Bainton, *Reformation*, 97.
5. Bainton, *Reformation*, 97.
6. Hans Hillerbrand, ed., *The Reformation: A Narrative History Related by Contemporary Observers and Participants* (Grand Rapids: Baker, 1972), 233.
7. Bainton, *Reformation*, 105.
8. Bainton, *Reformation*, 102.

15. 칼빈: 제네바를 개혁하다
1. Timothy George, *Theology of the Reformers* (Nashville: Broadman, 1988), 180.
2. John Calvin, *Institutes of the Christian Religion* 3.21.1-2, trans. Robert Van Voorst in Readings in Christianity, 3rd ed. (Stamford, CT: Cengage Learning, 2015), 203. (《기독교강요》, 크리스천다이제스트, 2015).
3. For a detailed discussion of these issues, see Erwin Lutzer, *The Doctrines That Divide: A Fresh Look at the Historic Doctrines That Separate Christians*, 2nd ed. (Grand Rapids: Kregel, 1998).
4. William Stevenson, *The Story of the Reformation* (Richmond: John Knox, 1959), 84.

16. 칼빈주의의 지속적 영향
1. Timothy George, *Theology of the Reformers* (Nashville: Broadman, 1988), 167.
2. William Stevenson, *The Story of the Reformation* (Richmond: John Knox, 1959), 91-92.
3. Stevenson, *Story of the Reformation*, 92.
4. Sidney Z. Ehler and John B. Morrall, *Church and State through the Centuries: A Collection of Historic Documents with Commentaries* (New York: Biblo and Tannen, 1967), 211.
5. *Occasional Services: A Companion to Lutheran Book of Worship* (Minneapolis: Augsburg, 1982), 18.

17. 종교개혁은 끝났는가?

1. Mark A. Noll and Carolyn Nystrom, *Is the Reformation Over?* (Grand Rapids: Baker Academic, 2005), 84. 《종교개혁은 끝났는가?》, 기독교문서선교회, 2012).
2. Noll and Nystrom, *Is the Reformation Over?*, 84.
3. "Evangelicals and Catholics Together," in *Evangelicals and Catholics Together at Twenty*, ed. Timothy George and Thomas G. Guarino (Grand Rapids: Baker Academic, 2015), 6-23.
4. Noll and Nystrom, *Is the Reformation Over?*, 90-91.
5. Noll and Nystrom, *Is the Reformation Over?*, 109.
6. Scott M. Manetsch, "Is the Reformation Over? John Calvin, Roman Catholicism, and Contemporary Ecumenical Conversations," Themelios 36, no. 2 (August 2011), http://themelios.thegospelcoalition.org/article/is-the-reformation-over-john-calvin-roman-catholicism-and-contemporary-ecum (단축 주소 https://goo.gl/d9KWNN)
7. *Catechism of the Catholic Church* (New York: Doubleday, 1995), 275.
8. Ludwig Ott, *Fundamentals of Catholic Dogma* (St. Louis: B. Herder, 1955), 213.
9. St. Alphonsus de Liguori, *The Glories of Mary* (Brooklyn: Redemptorist Fathers, 1931), 160.
10. *Catechism*, 384-85.
11. *Catechism*, 381.
12. *Catechism*, 385.
13. *Catechism*, 411.
14. The book is not available in English. It was reprinted in Italian in 2013, after he became pope.

이미지 출처

10-11면 © Baker Publishing Group. Map by International Mapping.
31면 © Universal History Archive/ UIG / Bridgeman Images.
52면 © Universal History Archive/ UIG / Bridgeman Images.
66면 © Alinari / Bridgeman Images.
73면 © The Stapleton Collection / Bridgeman Images.
112면 © Bibliotheque Nationale, Paris, France.
134면 © Victoria & Albert Museum, London, UK / Bridgeman Images.

퍼블릭 도메인

17면 Life of Martin Luther and heroes of the reformation / H. Breul; original by H. Brückner.
19면 Grossmünster (Great Cathedral) in Zurich. Public Domain.
26면 Abbé pratiquant la simonie, by Gratianus.
27면 Jensky codex, 1490s.
30면 Lutherdenkmal, Worms, 1868 by Ernst Rietschel. Phograph by Immanuel Giel.
33면 William Frederick Yeames, 1835-1918.
36면 Papal Bull of Pope Urban VIII / 1637 / Aberystwyth University School of Art Gallery & Museum. Wikimedia Commons.
41면 Spiezer Chronik, 1485.
46면 Portrait of Pope Leo X with Two Cardinals by Raphael, circa 1517.
49면 By Lucas Cranach the Elder. Wikimedia Commons.
53면 Wikimedia Commons.
60면 Portrait of Martin Luther as an Augustinian monk by Lucas Cranach the Elder.
70면 Albrecht Dürer, 1496.
78면 Memorial to Martin Luther in Heidelberg. Public Domain.
82면 St. Thomas Church. Public Domain.
87면 Town of Wittenberg, 1536. Public Domain.
88면 Marktplatz, Wittenberg, by Johann Gottfried Schadow, 1805.
96면 Tridentine Mass (Roman Rite Mass celebrated in Latin). Public Domain.
100면 "Bull against the errors of Martin Luther and his followers." Public Domain.
106면 Public Domain.

108면 Wikimedia Commons.
111면 Portrait of Charles V on Horseback by Anthony van Dyck, 1620. Galleria degli U#zi, Florence, Italy.
118면 Luther at the Diet of Worms, by Anton von Werner, 1877.
120면 Public Domain.
123면 Luther's study inside Wartburg Castle. Public Domain.
131면 Photograph by Jean-Christophe Benoist. Licensed under CC BY 2.5. Wikimedia Commons.
137면 By Lucas Cranach the Elder, 1537.
147면 Jäcklein Rohrbach Burned Alive, 1551, drawing from Peter Harrer from Description of the Peasants' War.
153면 Desiderius Erasmus, 1622, by Hendrick de Keyser.
160면 Public Domain.
162면 Wikimedia Commons.
166면 By Torsten Schleese.
175면 Paul T. McCain. 2006. Lutherhaus Museum, Wittenberg, Germany. Wikimedia Commons.
179면 Wikimedia Commons.
184면 Private collection of S. Whitehead.
186면 Luther Making Music in the Circle of His Family, 1875, by Gustav Spangenberg.
192면 Paul T. McCain. Wikimedia Commons.
195면 By Roland Zumbühl.
199면 Public Domain.
204면 Wikimedia Commons.
207면 (위) By Heinrich Thomann(1748-1794).
207면 (아래) Memorial plate beside the Limmat River. Public Domain.
210면 Wikimedia Commons.
216면 Menno Simons. Public Domain.
218면 Wikimedia Commons.
222면 Wikimedia Commons.
223면 Christian Fritzsch (b. 1660) Mittweida, Bautzen, Sachsen, Germany.
224면 Wikimedia Commons.
229면 Wikimedia Commons.
233면 By François Dubois (born ca. 1529).
236면 Statue of John Knox in New College, Edinburgh.
241면 Public Domain.
243면 Public Domain.

국제제자훈련원은 건강한 교회를 꿈꾸는 목회의 동반자로서 제자 삼는 사역을 중심으로
성경적 목회 모델을 제시함으로 세계 교회를 섬기는 전문 사역 기관입니다.

하룻밤에 읽는 종교개혁 이야기

초판 1쇄 발행 2017년 4월 14일
초판 5쇄 발행 2022년 2월 16일

지은이 어윈 루처
옮긴이 손현선

펴낸이 오정현
펴낸곳 국제제자훈련원
등록번호 제2013-000170호(2013년 9월 25일)
주소 서울시 서초구 효령로68길 98(서초동)
전화 02)3489-4300　**팩스** 02)3489-4329
이메일 dmipress@sarang.org

ISBN 978-89-5731-724-2　03230

※ 책값은 뒤표지에 있습니다. 잘못된 책은 구입하신 곳에서 교환해드립니다.